Maser / Devrient · Mein Schüler Hitler

W0067073

Mein Schüler Hitler

Das Tagebuch seines Lehrers Paul Devrient

Bearbeitet und herausgegeben von

Werner Maser

ILMGAU VERLAG 8068 PFAFFENHOFEN/ILM

ISBN 3-7787-1022-2

1. bis 50. Tausend

© Copyright 1975 by Ilmgau Verlag, Pfaffenhofen
Alle Rechte der Verbreitung auch durch Film, Funk, Fernsehen, fotomechanische Wiedergabe,
auszugsweisen Nachdruck und Tonträger jeder Art, sind vorbehalten.
Satz und Druck: Ilmgaudruckerei Pfaffenhofen/Ilm

Hitlers „Kunst der Massenführung", schrieb Joseph Goebbels 1936, „ist so einmalig und einzigartig, daß darauf kein Schema und kein Dogma paßt. Es wäre absurd, zu denken, daß er eine Redner- oder Sprachschule besucht hätte; er ist ein Genie der Redekunst, das ganz eigengewachsen ist, ohne Zutun von irgendeiner anderen, womöglich gar bewußten Seite."[1] Anders argumentierte Bert Brecht, der andere Fachmann. Er mutmaßte 1941, daß Hitler sich von einem Provinzschauspieler namens Basil „Unterricht" in Deklamation und edlem Auftreten habe erteilen lassen.[2] In seinem Parabelstück „Der aufhaltsame Aufstieg des Arturo Ui"[3], das er zu der Zeit in Finnland schrieb, ließ er den von ihm als „Gangsterchef" bezeichneten Titelhelden Arturo Ui (Adolf Hitler) Rhetorik- und Schauspielunterricht nehmen.[4] Der Schauspieler (Basil) bringt dem „Gangsterchef" in Versform und durch Gestik und Demonstration bei, wie er zu sprechen, zu gehen und zu stehen, wie die Arme über der Brust zu verschränken und zu sitzen habe, wenn er erreichen wolle, was er bezwecke: nämlich — den kleinen Leuten zu imponieren.[5]

Der Führer sprach und bewegte sich von Natur aus immer „einmalig und einzigartig", so Joseph Goebbels — und Hitler lernte reden und gehen, so Bert Brecht, der seinen Bühnen-„Gangsterchef" Arturo Ui — Hitler sagen läßt: „Wenn ich gehe, wünsche ich, daß es bemerkt wird, daß ich gehe."[6]

Bislang war — auch der Forschung — nicht bekannt, was wirklich gewesen ist.

---

[1] Adolf Hitler. Bilder aus dem Leben des Führers. Altona/Bahrenfeld 1936, S. 31.
[2] Brecht, Berthold, Der aufhaltsame Aufstieg des Arturo Ui, Berlin 1973. Zit. nach der Suhrkamp-Edition 144, S. 127.
[3] Vgl. die letzte Anmerkung.
[4] ebenda, S. 54—60.
[5] Brecht (ebenda, S. 56) in Verssprache: „Selbstredend / Ist's für die kleinen Leute".
[6] ebenda, S. 55.

Erst Devrients Tagebuch klärt dieses Detail. Paul Stieber-Walter, der 1890 in Wandsbek geborene und 1973 in Bayern verstorbene, in den zwanziger und dreißiger Jahren nicht nur in Berlin, Barcelona, London und New York gefeierte Operntenor, der sich als Opernstar unter Berufung auf seine Verwandtschaft mit der Berliner Schauspieler-„Dynastie" Devrient (Ludwig, Kurt, Eduard, Emil, Otto und Max) Paul Devrient nannte und nach 1945 zurückgezogen und unbeachtet lebte, hat Hitler 1932 (während seiner Wahlreisen und „Deutschlandflüge") unterrichtet. Allerdings ist dies unter „Ausschluß der Öffentlichkeit" und so geheim geschehen, daß nicht einmal Hitlers unmittelbare Umgebung auch nur etwas davon ahnte. So hörte zum Beispiel der Flugkapitän Hans Baur, mit dem Hitler von 1932 bis 1945 flog, erst während der Vorbereitungen für dieses Buch von der Tatsache.[8] Ernst („Putzi") Hanfstaengl, 1932 einer der ständigen Wahlreisen-Begleiter Hitlers, erinnert sich nicht mehr[9], seinerzeit Devrient in der Begleit-„Mannschaft des Führers" bemerkt zu haben. Heinrich Hoffmann jr., der Sohn des „Leibfotografen" Hitlers, der früh schon das Vertrauen seines „Chefs" genoß[10], was nur ganz wenige der „alten Kämpfer" für sich (bis zum Ende Hitlers) in Anspruch nehmen konnten, erfuhr von seinem Vater nicht einmal nach 1945 etwas darüber, obwohl er Devrient sogar zusammen mit Hitler fotografiert hatte.[11]

---

[7] Nach 1945 war Devrients Stimme verbraucht. Er trat gelegentlich zwar noch auf; aber er war nicht mehr der gefeierte große Star. In einigen Filmen spielte er — so z. B. neben Rudolf Platte und Ruth Leuwerik — kleine Rollen in Fernseh-Filmen, um seinen Lebensunterhalt zu bestreiten. Sein Vermögen hatte er 1945 verloren.

[8] Schriftliche Mitteilung vom 24. 4. 1975.

[9] Vgl. Der Spiegel vom 3. 2. 1975.

[10] Hoffmann stand Hitler schon sehr früh persönlich nahe. Bei ihm lernte er 1929 Eva Braun kennen (vgl. Maser, Adolf Hitler. Legende — Mythos — Wirklichkeit. München 1971. Zit. nach der 6. Aufl. von 1974, S. 317 ff.; fortan zit. als Maser, Adolf Hitler ...). Hoffmann war es auch, der Hitler 1936 den Arzt Dr. Theo Morell als „Leibarzt" vermittelte. Vgl. Maser, Adolf Hitler ... S. 372 ff.

[11] Vgl. z. B. die Abbildung S. 19. Hoffmann wußte zeitlebens ganz offenbar nicht, welche Rolle Devrient 1932 im Rahmen der „Hitler-Mannschaft" spielte.

Die von Heinrich Hoffmann jr. aus dem Bildarchiv seines Vaters für Publikationen zur Verfügung gestellten Fotos, die Hitler (infolge der 1925 noch in den Kinderschuhen steckenden Fototechnik) in zum Teil komisch-theatralischen Rednerposen zeigen[12], sind keine Belege für den Devrient-Unterricht. Im Gegenteil! Heinrich Hoffmann fotografierte Hitler in diesen „Theaterszenen" bereits 1925, unmittelbar nach dessen Entlassung aus der Landsberger Festungshaft.[13] Bis 1934 wurden diese Bilder, seit Ende des Krieges immer wieder falsch bezeichnet und legendenhaft eingeordnet, als Postkartenserie über den Buchhandel verkauft. Hitler verbot ihren Vertrieb, nachdem er sie mit den Fotos verglichen hatte, die von ihm nach Devrients Lehrtätigkeit entstanden waren.

Heinrich Hoffmann, der als Fotograf Hitlers Verhalten genau beobachtete, fiel 1932 auf, daß Hitler als Redner anders geworden war. „In dieser Zeit",

[12] Aus dieser Serie stammt z. B. die Abbildung S. 103. Hitler, der sich anfänglich weigerte, für Redner-Fotos zu posieren, verfocht zunächst die Auffassung, daß die Presseleute, die ihn als Redner fotografieren wollten, in seine Versammlungen zu kommen hätten. Nach seiner Entlassung aus der Festungshaft in Landsberg, wo er den ersten Band von „Mein Kampf" verfaßt hatte (vgl. dazu Maser, Adolf Hitler, Mein Kampf. Der Fahrplan eines Welteroberers. München 1974; fortan zit. als Maser: Hitler. Mein Kampf ...), änderte er seine diesbezügliche Einstellung. Dennoch hatten die Fotografen es auch dann nicht leicht mit ihm. Da die Fototechnik 1925 noch in den Kinderschuhen steckte und z. B. Blitzlichtaufnahmen nur möglich waren, wenn auf Blechpfannen angezündetes Magnesiumpulver die Umgebung erleuchtete, was meist mit einem üblen Geruch verbunden war, wollte Hitler sich durch derartige „Manipulationen" nicht ablenken lassen. „Bei einer Versammlung im Zirkus Krone in München", schreibt Heinrich Hoffmann jr., „machte mein Vater solch einen Versuch. Der Erfolg: eine riesige, stinkende Rauchwolke. Hitler bekam einen Hustenanfall, und die Versammlung mußte unterbrochen werden. Was Hitler meinem Vater sagte, weiß ich nicht, aber ich kann es mir vorstellen. Jedenfalls wurde nie wieder geblitzt, und die SA hatte noch 1934 als Saalschutz den strikten Auftrag, Blitzaufnahmen zu verhindern". Schriftliche Mitteilung vom 28. 4. 1975.
[13] Schriftliche Mitteilung vom 28. 4. 1975.
[14] Hoffmann, Heinrich, Hitler, wie ich ihn sah. Aufzeichnungen seines Leibfotografen, München 1974, S. 133.
[51] ebenda.

schreibt er in seinen Erinnerungen, „waren seine Reden faszinierend und mitreißend wie nie zuvor. Eine suggestive Kraft ging von ihm aus, wenn er am
Rednerpult stand. Der Dynamik seiner Worte konnte sich niemand entziehen."[14] Hoffmann, von Hitler nicht informiert, suchte sich diesen „neuen" Hitler durch folgende Vermutung zu erklären: „Mir schien, als suchte Hitler im
Trubel der Versammlung Betäubung von seinem furchtbaren Schmerz".[15] Im
September 1931 hatte sich seine große Liebe, seine Nichte Angela Raubal
(genannt: „Geli"), in seiner Wohnung in München erschossen[16], was ihn so
schwer traf, daß er sich eine Zeitlang sogar mit Selbstmordabsichten trug. Der
Schlüssel zur Erklärung seines Wandels als Redner war es nicht.

Hitler, den die amerikanische Illustrierte „Vanity Fair" schon 1931 unter die
besten Redner der Gegenwart einreihte[17], sah zu der Zeit in einem Rhetorik-
Unterricht zunächst ganz offenbar etwas, was ihm in der Öffentlichkeit schaden könnte, wenn es bekannt würde. Die Tatsache, daß bedeutende Staats-
männer und Redner aller Zeiten einen derartigen Unterricht absolvierten,
zählte für ihn nicht. Er war fest überzeugt, wie er schon 1925 in „Mein
Kampf" schrieb[18], auch als Redner ein Naturtalent zu sein, das daher einer
solchen Schulung nicht bedürfe, zumal namhafte Fachleute ihm seit Jahren at-
testierten[19], in dieser Hinsicht tatsächlich eine Ausnahmeerscheinung zu ver-
körpern. Den Opernsänger Devrient akzeptierte er als Lehrer nur, weil der
Hals-, Nasen- und Ohrenarzt Dr. Dermitzel es ihm aus medizinischen Erwä-
gungen dringend empfohlen hatte.[20] Der Facharzt hatte festgestellt, daß nicht

[16] Vgl. Maser, Adolf Hitler, u. a. S. 305, 313 und 316.
[17] Vgl. Berliner Illustrirte vom 13. 12. 1931. Vgl. auch die Abb. S. 165.
[18] Das war für Hitler so typisch, daß er es bereits auf S. 3 seines Buches „Mein Kampf"
schrieb. „Mein Kampf" wird nach der 469.—473. Auflage von 1939 zitiert: als Hitler, S. . . .
Zur Information über „Mein Kampf" vgl. Maser, Mein Kampf . . . und Maser, Hitlers
Briefe und Notizen. Sein Weltbild in handschriftlichen Dokumenten.
[19] Vgl. S. 76 f. und Maser, Adolf Hitler . . ., u. a. S. 108.
[20] Vgl. S. 21.

nur das Innere der Nase seines Patienten deformiert[21], sondern auch die Stimmbänder gefährlich strapaziert waren. Der Operntenor wurde 1932 Hitlers Lehrer, nicht womöglich, weil Hitler oder jemand anders meinten, daß der Führer der NSDAP eines Nachhilfeunterrichts als Redner bedürfte und lernen müßte, bühnenreif zu gehen, zu sitzen, zu stehen und zu grüßen, sondern weil Dermitzel es als Arzt für geboten hielt. Und ein Arzt war es denn auch, dem Hitler zwölf Jahre später — sogar von sich aus — erzählte, vor seiner Machtübernahme den Opernstar Devrient als „Helfer in der Not" engagiert gehabt zu haben.[22]

Von sich aus weitete Devrient, unter Bühnenleuten als „Stimmbildner" sehr geschätzt, den mit monatlich 1000 Mark ungewöhnlich hoch dotierten[23] Auftrag aus und brachte Hitler nicht nur bei, was die deutsche Wirtschaft und Industrie ihre Führungskräfte gegenwärtig in Bad Harzburg und die Gewerkschaften ihre Funktionäre in Hattingen in Rhetorik-Seminaren lernen lassen: „öffentliches Verhalten" und Reden nach Formeln und Regeln, die teilweise geradezu Kochrezepten gleichen.

Paul Devrient hielt sein Tagebuch[24] 40 Jahre lang geheim, obwohl er durch eine Publikation seine sehr dürftige wirtschaftliche Lage hätte verbessern kön-

---

[21] Vgl. S. 27.
[22] Persönliche Mitteilung von Dr. Erwin Giesing. Vgl. dazu auch S. 21.
[23] Ein Facharbeiter erhielt 1932 bei 40 Wochenstunden 32,40 Mark wöchentlich, ein Abteilungschef in einem Ministerium ein Gehalt von 503 Mark monatlich und ein Ministerialrat in einem Reichsministerium ein Monatsgehalt von 1 200 Mark brutto. Hitler, Devrients Arbeitgeber, stand 1932 als Regierungsrat nur rund die Hälfte des Gehalts zu, das er an Devrient zahlte.
[24] Devrient hatte sich nach den Begegnungen mit Hitler jeweils die Einzelheiten notiert, die er für wichtig hielt. Später ergänzte er diese Notizen und übertrug sie mit der Schreibmaschine. Als eine Art „Loseblattsammlung" hinterließ er sie seinem Sohn Hans Stieber, der sie mir zur Prüfung, Bearbeitung und Herausgabe zur Verfügung stellte. Da Paul Devrient — auch nach seinem Tode — niemanden „belasten" wollte, verzichtete er (bis auf 2 Ausnahmen: 13. und 20. April) grundsätzlich darauf, Daten, Namen und Orte zu nen-

nen, in der er sich befand, nachdem er sein bemerkenswertes Vermögen verloren hatte und auch nicht mehr singen konnte. Er kannte Brechts Parabelstück „Der aufhaltsame Aufstieg des Arturo Ui" und registrierte die dann und wann meist von namenlosen Provinzschauspielern verbreiteten Behauptungen, irgendwann einmal Hitler Rhetorik- und Schauspielunterricht erteilt zu haben; aber er schwieg — bis zu seinem Tode, nicht zuletzt auch von dem absurden Trauma geplagt, durch seinen Unterricht „Hitler zur Macht verholfen" zu haben.[25]

Paul Devrient, von Hitler treffend als ein „typischer Künstler" bezeichnet, „der erst erwache, wenn es zu spät" sei[26], sah alles durch das Prisma des Bühnenkünstlers, der nicht gerade selten „die Theaterbühne mit der Bühne des Lebens"[27] verwechselte. Begegnete er Personen, sinnierte er, welche Bühnenrolle zu ihnen passen würde. Verhielten sie sich nicht bühnengerecht — oder nicht so, wie er sich es wünschte, stufte er sie als „Fehlbesetzungen" ein. Hitler, der Politiker und Redner, hielt seine Reden nicht, sondern lernte und „sprach" sie — wie ein Schauspieler seine Rollen. Er begab sich nicht zu Versammlungen, sondern zu seinen „Auftritten". Wurde Hitler Beifall gespendet, fragte Devrient sich, wieviele „Vorhänge" er wohl auf der Bühne gehabt hätte. Ihm, dem Mimen, der alles nur spielte, ging es auch dort primär um das „Wie", wo Hitler grundsätzlich das „Was" wollte. Und aus der Perspektive

---

nen, so daß es erheblicher Bemühungen bedurfte, nicht nur die Daten festzustellen und die Ereignisse zu lokalisieren. Manches hatte sich darüber in Devrients Erinnerung verschoben und Proportionen angenommen, die in den Bereich der Fabel gehörten.

[25] Lediglich seinem Sohn Hans und dem Verleger Wilhelm Ludwig, der 1969 sein Büchlein „Weißblauer Requisitenteufel" veröffentlichte, berichtete er von seiner Tätigkeit bei Hitler.

[26] Vgl. S. 171.

[27] 37 Jahre nach seiner Tätigkeit bei Hitler begann er das „Vorwort" für sein Büchlein „Weißblauer Requisitenteufel" mit der für ihn bezeichnenden Feststellung: „Es war nie langweilig an den Theatern des schönen Bayernlandes. Dafür sorgten schon seine ... von Geblüt dramatisch begabten Bajuwaren. Als geborene Komödianten verwechselten sie oft die Theaterbühne mit der Bühne des Lebens".

versuchte er Hitler beizubringen, was er an namhaften Kollegen besonders schätzte: die souveräne Beherrschung des Publikums. „Er gewann", so schilderte er 1969 beispielsweise einen Filmschauspieler, „durch seine Ausstrahlung eine derartige Wirkung auf sein Publikum, daß er praktisch mit ihm machen konnte, was erwollte".[28]. Der Inhalt hatte sich der Form unterzuordnen. Die dekorative Uniform eines Polizeioffiziers, Hitlers effekvoll wirkende Panzerweste, die „dünnen Stimmen" von Störenfrieden[29] und ähnliche Nichtigkeiten erschienen ihm interessanter und wichtiger als die politischen Ereignisse, die sein tatsächliches Leben bestimmten. Die Politik und deren Hintergründe lagen außerhalb seines Interessenbereiches. So findet sich in seinem Tagebuch beispielsweise unter den umfangreichen Aufzeichnungen über die letzten 10 Juli-Tage nicht einmal ein Hinweis auf Papens Staatsstreich vom 20. Juli 1932 und dessen Folgen.[30] Ganz offenbar hat Devrient nicht einmal nachträglich registriert, daß in Berlin am 20. Juli 1932 etwas geschehen war, was nicht nur die innere Schwäche der Weimarer Republik verhängnisvoll belegte, sondern auch den 30. Januar 1933 vorbereitete. Daß Papen und sein „Kabinett der Barone" die sozialdemokratische preußische Regierung Otto Braun aus dem Amt vertrieben und damit Preußen dem im übrigen Reich bereits praktizierten — und von Devrient in Hitlers unmittelbarer Umgebung auf den Wahlreisen hautnah erfahrenen — antidemokratischen Kurs auslieferte, war für den Künstler kein Ereignis, das eines Kommentars bedurfte.

Devrient hat seine Aufzeichnungen später nur umfangmäßig ergänzt. Nirgendwo unternahm er, obwohl als Sänger und Schauspieler oft schulmeisterhaft

[28] Stieber, Walter: Weißblauer Requisitenteufel. Pfaffenhofen 1969, S. 61. In diesem Büchlein findet sich S. 95 unter den 51 Histörchen auch die einzige ausdrücklich erwähnte Anekdote, die er Hitler 1932 ein wenig abgewandelt erzählte, nachdem er ihn (Vgl. S. 95) aufgefordert hatte: „Erzählen Sie mir von Ihren Kollegen ... etwas typisch Künstlerisches".
[29] Vgl. S. 114 ff.
[30] Vgl. dazu besonders Matthias, Erich und Morsey, Rudolf: Das Ende der Parteien 1933. Düsseldorf 1960, S. 127 ff.

redend und schreibend, auch nur den Versuch, nachträglich in seine unmittelbar formulierten Notizen Zeitanalysen oder politische „Weisheiten" hineinzutragen, die ihn vor den Nachgeborenen klüger erscheinen lassen sollten, als er es 1932 tatsächlich gewesen ist. Sein Tagebuch ist ein Spiegel des Augenblicks, und um diese Unmittelbarkeit zu erhalten, wird von hier ab die Stilform des Präsens auch für die Kommentare gewählt.[31]

Paul Devrient — kniend — im „Fidelio"

Es ist eine politisch turbulente Zeit, als Devrient sich anschickt, seinen „Dienst" bei Hitler anzutreten.

[31] Von hier ab beginnt die Numerierung der Fußnoten noch einmal mit 1.

12

„Achtung! Adolf Hitler spricht zu Deutschland", lautet die Schlagzeile auf der Titelseite des Völkischen Beobachters vom 3./4. April 1932. Adolf Hitler „ist" mit dem Flugzeug „über Deutschland", wie die Zeitung immer wieder besonders pointiert hervorhebt. Hitler will die letzte Hürde nehmen, die ihn noch vom höchsten Amt im Reich trennt, dem Amt des Reichspräsidenten. Er will mit der „Lügenfront der anderen"[1] abrechnen — und beginnt seinen „Deutschlandflug" selbst (nicht nur) mit einer gezielten Lüge und Täuschung seiner Anhänger. Am 1. April hat er im Völkischen Beobachter unter der Überschrift „Das Reich wird unser" behaupten lassen[2], daß er und seine Partei bei der Reichspräsidentenwahl vom 13. März 1932 in Schleswig-Holstein, in Pommern und in Thüringen, bereits die absolute Mehrheit der Stimmen erhalten hätten.

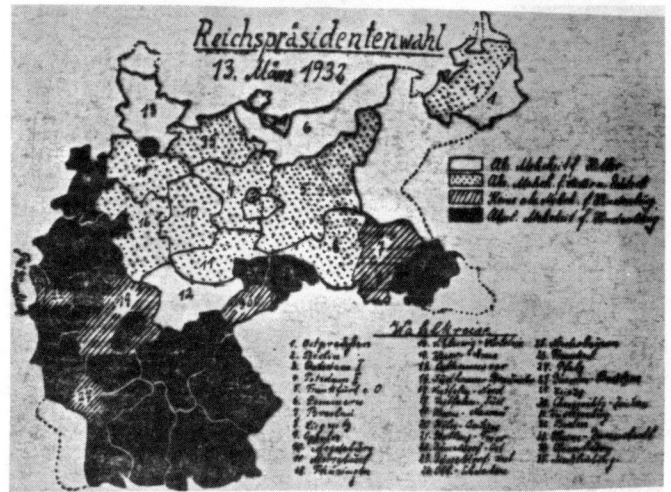

[1] Schlagzeile auf der Titelseite des Völkischen Beobachters vom 3./4. April 1932.
[2] „Nichts bezeichnet besser den gewaltigen Vormarsch der deutschen Freiheitsbewegung im ganzen Reich", kommentierte der Völkische Beobachter vom 1. April 1932 seine Wahlanalyse, „als die Kartenskizze, auf der sich das Ergebnis des Wahlganges vom 13. März widerspiegelt". ☐ Mehrheit für Hitler ▦ Mehrheit für Hitler und Duesterberg zusammen ▨ keine absolute Mehrheit für Hindenburg ▬ Absolute Mehrheit für Hindenburg

Daß dies nur eine Propaganda-„Wahrheit" ist, erfahren die Leser des Völkischen Beobachters erst am 10. April. Infolge der „Notverordnung" ist Hitler gezwungen, eine Richtigstellung zu veröffentlichen. Er muß kommentarlos[3] zugeben, in Schleswig-Holstein 42,7 %, in Pommern 37,4 % und in Thüringen 33 % aller abgegebenen Stimmen für sich gewonnen zu haben[4].

Zunächst jedenfalls wirkt sein Täuschungsmanöver. Wo immer er eintrifft, wird er als der kommende Sieger gesehen: gefeiert, verflucht und bekämpft. Namhafte Exponenten aus dem Kulturleben, Nobelpreisträger wie Lenard und Johannes Stark, Schriftsteller (u. a. Kurt Aram, Richard Euringer, Hans Grimm, Rudolf Herzog, Hanns Johst, Eberhard König, Rudolf Paulsen, Edgar Schmidt-Paul, Bogislaw von Selchow, Will Vesper, Ernst und Hans von Welzogen), Professoren (u. a. Adolf Bartels, Karl Berger, Hans F. K. Günther, Haberland, Müller-Rhein und Hermann Wirth), Verleger (Hugo Bruckmann),

[3] Im Völkischen Beobachter vom 10./11. 4. 1932 heißt es lakonisch: „Auf Grund der Notverordnung des Reichspräsidenten … müssen wir uns … eines Kommentars … enthalten."
[4] Vgl. Völkischer Beobachter 10./11. 4. 1932.

14

Theaterdirektoren und Komponisten, bezeichnen ihn als den Kandidaten „der deutschen Geisteswelt" und werben öffentlich für ihn[5]. Als Kenner der Massen-Psychologie veröffentlicht er einen Teil dieser Huldigungen und Bekenntnisse denn auch in der Nummer seiner Zeitung, die die erzwungene Richtigstellung der Wahlergebnisse vom 13. März 1932 enthält.

Am Donnerstag, dem 8. April, berichtet der Völkische Beobachter ausführlich über des „Führers Sturmfahrt von Ostpreußen nach Franken" und beschreibt den vierten Tag „des Deutschlandfluges: Berlin-Würzburg-Nürnberg in Sturm und Regenböen".

„Dienstag noch im äußersten Osten des Reiches (gemeint ist Königsberg, Dr. M.), Mittwoch schon in Main-Franken. Dazwischen lag eine Nacht voll Räderrollen, dem eintönigen Lied des Schienenstranges. Sturm und Regen über Pommern und dem polnischen Korridor. Graues dunstverhangenes Wetter in Berlin. Noch klingt uns das Rattern unseres Kraftwagens in den Ohren, dann werfen sie schon auf dem Tempelhofer Flughafen die Luftschrauben der dreimotorigen Rohrbach an, die uns durch Wind und Regen nach dem Süden tragen soll." An diesem Tage steht der Opernsänger Paul Stieber-Devrient auf dem Tempelhofer Flugplatz in Berlin und wartet auf seinen „Schüler" Adolf Hitler, den er „unterrichten" soll. Noch kennt er ihn nicht persönlich. Hitler, der sich seiner „streng geheim" zu bedienen wünscht, hat es nicht für angemessen gehalten, ihn, den selbstbewußten Künstler, zuvor auch nur irgendwo zu empfangen. Und so beginnt die Schüler-Lehrer-Beziehung denn an einem „neutralen" Ort, auf einem Flugplatz. Devrients Tagebuch-Aufzeichnungen, aus denen diese Enttäuschung mehr als deutlich herauszulesen ist, sprechen für sich[6].

[5] Vgl. Völkischer Beobachter vom 10./11. April 1932.
[6] Von hier ab werden die Maser-Kommentare kursiv gesetzt.

Devrient in seiner Glanzzeit

Hitler mit seiner Mannschaft auf der Wahlreise 1932. Links im Hintergrund (mit Schillerkragen) Paul Devrient. Abbildung im „Völkischen Beobachter" vom 17./18. 7. 1932.

Hitler begrüßt „seinen" Flugkapitän Hans Baur vor dem Abflug zur Wahlreise.
Foto: Hans Baur.

Das Tagebuch

Sechsunddreißig Stunden liegen zwischen meinem Gespräch mit dem Hals-, Nasen-, Ohrenarzt, der mich dem Führer der Nationalsozialistischen Deutschen Arbeiterpartei, Adolf Hitler, als Stimmbildner und Sprechlehrer empfohlen hat — und dem Telegramm: „Abflug 7 Uhr abends!" Der Befund des Arztes lautete: „Drohende Stimmbandlähmung infolge Überanstrengung".

Dr. Erwin Giesing, der Hals-, Nasen- und Ohrenarzt, der Hitler nach dem 20. Juli 1944 behandeln muß, erfährt von Hitler während einer Behandlung im Herbst 1944, daß er 1932 durch einen Giesing-Kollegen auf Devrient als „Lehrer" hingewiesen worden ist[7].

Seit 18.45 Uhr stehe ich mit leichtem Gepäck und hochgeschlagenem Pelzkragen auf dem Berliner Flughafen „Tempelhofer-Feld" und warte auf Adolf Hitler. Das Flugzeug, mit dem er (mit mir) fliegen will, hat einen Probeflug in mehreren Schleifen absolviert und wartet — wie ich — mit weiterlaufenden Propellern auf seinen spektakulären Passagier: auf Adolf Hitler.

In meiner Tasche steckt griffbereit eine Ausweiskarte mit folgendem Text: „Inhaber ist Teilnehmer der Wahlreise des Führers der NSDAP und gehört zu dessen Begleitung." Es folgen Unterschriften und ein Rundstempel mit Adler. Punkt sieben Uhr kommen mit geschlossenen Verdecken drei graue Mercedes auf das Rollfeld. Sie stoppen direkt vor dem Flugzeug[8]. Heraus springt eine

[7] Dr. Giesing, der diesen Kollegen (es war Dr. Dermitzel) persönlich sehr gut kannte, wußte zu dieser Zeit bereits davon. Persönliche Mitteilung von Dr. Erwin Giesing (9. 5. 1975).
[8] Während der Wahlrede-Reise vom 1. bis 11. März 1932 (1. März: Hamburg, 2. März: Stettin, 3. März: Breslau, 4. März: Leipzig, 5. März: Bad Blankenburg, 6. März: Weimar, 6. März: Frankfurt/M., 7. März: Nürnberg, 8. März: Stuttgart, 9. März: Köln, 10. März: Dortmund und 11. März: Hannover; an dieser Stelle werden nur die wichtigsten Orte aufgezählt) zur Reichspräsidentenwahl benutzte Hitler seinen Mercedes. Danach flog er vornehmlich mit verschiedenen Flugzeugen.

Gruppe von Herren in Reithosen mit Stiefeln und langen Trenchcoat-Mänteln. Hitler trägt nach Art der englischen Offiziere eine Reitpeitsche. Einer der Herren hält mich zurück, bis alle anderen im Flugzeug verschwunden sind, zieht mich dann als Letzten über die schwankende Gangway hinein.

Die Herren finden im Dämmerlicht so rasch ihre Plätze im Flugzeug, daß mir sofort klar wird, daß sie seit langem mit diesem Vorgang vertraut sind.

Die „Sitzordnung" im Flugzeug ist festgelegt: „Auf dem ersten Platz rechts sitzt der Bordfunker ... hinter ihm Adolf Hitler, der von Zeit zu Zeit die Meldungen des Funkers entgegennimmt. Links vom Führer sein Adjutant Brückner. Die nächsten beiden Plätze nimmt der Reichspressechef mit seinem Mitarbeiter ein. Dahinter handhabt der Fotograf seine Kamera."[9]

In den wenigen Minuten zwischen dem Fallen der Startflagge, der grünen Signalrakete und dem Aufheulen der Flugzeug-Motoren, werde ich Hitler mit den Worten vorgestellt: „Hier ist der Schauspiellehrer"!

Hitler mustert mich aus müden Augen und nickt stumm. Ich bin befremdet. Ich habe mir die erste Begegnung mit meinem prominenten Schüler ergiebiger vorgestellt ... Eine kurze Unterhaltung — oder wenigstens einige Begrüßungsworte, hatte ich erwartet; doch nichts dergleichen geschieht.

Hitler, der seit Jahr und Tag landauf, landab von seinen Anhängern gefeierte und auch von seinen Gegnern bewunderte „große Redner"[10], will dem von ihm bezahlten Bühnenkünstler Devrient offenbar sofort deutlich demonstrieren, daß er hier grundsätzlich nur eine Nebenfigur zu sein hat. Immer wieder hebt J. Berchthold, der „Sonderkorrespondent" des Völkischen Beobachters, in seinen Berichten über diesen „Deutschlandflug" seines Führers hervor, daß

---

[9] Hitlers Sonderberichterstatter Berchthold im Völkischen Beobachter vom 9. 4. 1932.
[10] Vgl. dazu u. a. den Artikel im Illustrirten Berliner Beobachter vom 13. 12. 1931 und die Abb. S. 165 in diesem Buch.

Hitler trotz aller großen Anstrengungen immer nicht nur frisch, kraftvoll und unbelastet wirke[11], sondern geradezu ein unerschöpflicher Kraftquell sei.

„Ein Wunder ist geschehen. Ein unbekannter Soldat aus dem großen, grausamen Elend des Weltkrieges", so schreibt Berchthold in diesen Tagen, „ein Held aus dem größten Ringen in geschichtlicher Zeit ist uns gesandt worden: Adolf Hitler.

Es liegt ein Symbol und ein Programm in diesem Namen. Was einem Hermann, dem Befreier, Luther, Gustav Adolf, Friedrich dem Großen und Bismarck nicht gelungen ist, weil die Zeit noch nicht reif war, weil alle Fehler die sie begingen, davon abhängig waren, daß sie nicht in Rassenfragen aufgeklärt und dadurch in ihrem Handeln gehemmt waren. Weil alle die jetzigen gewaltigen Ergebnisse der Wissenschaft über unsere Vorfahren, nordisches Kulturringen und nordisches Völkerleben der historischen, theologischen, archäologischen und rassenbiologischen Forschung für sie noch verborgen und nicht zugänglich waren, ist ihm gelungen.

Keinem anderen Menschen sind diese Tatsachen so klar geworden wie Adolf Hitler. Nur einem Menschen von gottbegnadetem seelischen und geistigem Format konnten alle diese Tatsachen innerlich verständlich werden, nur er konnte sie durchschauen und zum Verteidigungskampf ausnutzen.

Er ist ein Kämpfer, ein Held, ein seelisch, moralisch und ethisch hochstehender nordischer Kulturmensch, ein Mann, dessen ganzes Leben, Handeln und Denken ein Programm ist.

Seit 1927 habe ich ihn vielmals getroffen und reden gehört, ein Erlebnis von seltsamem Maß. Er ist ein Felsblock von Willen und Kraftkonzentration. Eine strahlende Persönlichkeit voll Klarsicht und feinseelischem, moralischem und ethischem Gefühl. Ein Führer ohne Furcht und Tadel.

[11] Vgl. dazu besonders auch den Berchthold-Bericht über den von Devrient beschriebenen Flug vom 6. 4. 1932 im Völkischen Beobachter vom 8. 4. 1932.

Und jetzt verkörpert er in seiner Person und seiner herrlichen Bewegung den organisierten Willen des deutschen Volkes."[12]

Auch unterwegs, an Bord des Flugzeuges und im Auto, gibt es zu allererst stets nur ihn: Adolf Hitler, den „beispiellosen und vollkommenen" Führer.[13]

Bald hat sich der „Vogel" auf rund 2 500 Meter hochgeschraubt. Er jagt durch Wolkenfetzen dahin. Das Gestänge unter den Drahtflächen sieht aus, als wäre es voller Reif. In der „Rohrbach" wird es kalt. Einige Herren ziehen sich Decken über ihre Beine. Eisblumen bilden sich auf den Fensterscheiben. Rechts vorn sitzt Hitler, mein zukünftiger „Schüler". Es wird nur das Nötigste gesprochen.

Berchthold berichtet über den Flug von Berlin nach Würzburg am 8. April im Völkischen Beobachter: „Unser Pressechef Dr. Dietrich . . . bespricht mit seinen Mitarbeitern die kommende Arbeit. Und Dr. Hanfstaengl, der die Auslandspresse betreut, disputiert mit seinem englischen Begleiter (meist Sefton Delmer, Dr. M.) die letzte Nummer des ‚Daily Express'. Der Adjutant Adolf Hitlers, Brückner, zeigt dem Führer auf der Karte, wo wir uns befinden."

Lange geschieht nichts. Dann geht die Tür des Pilotenraums auf. Ein Blatt wird hereingereicht. Hitler ergreift es, wirft ungeduldig einen Blick darauf und gibt es an seine Begleitung weiter. Es wandert durch die Sesselreihen: die Standortmeldung.

Dann sitzen wir — in der dunklen Kabine — wieder stumm da. Nur die Motoren sind zu hören, und aus dem Pilotenstand die Morsezeichen der Flugwarten, die vom Boden her den Kurs herauffunken. Plötzlich geht in der Kabine das Licht an. Die gegen den Sturm schwer ankämpfende Maschine fliegt eine Schleife. Unten liegt eine Stadt.

---

[12] Völkischer Beobachter, 10./11. 4. 1932.
[13] Zur Geschichte des „Führers" vgl. besonders Maser, Der Sturm auf die Republik S. 266 ff.

Devrient kann nicht wissen, wieso dies geschieht. Die Stadt ist Neustadt an der Aisch, die Hitler bereits zum Ehrenbürger gemacht hat[14], die „Schleife" eine Reverenz des Geehrten an die Bürger dieser Stadt.

Nicht lange dauert es mehr und tief unten sind Blinkfeuer zu sehen. Der „Vogel" neigt sich, hält auf sie zu, zieht drei Schleifen. Wir sehen auf dem erleuchteten Flugfeld Menschen winken. Magnesiumfackeln flammen auf, die Räder setzen auf. Die Maschine holpert, steht.

Hitler ist in Würzburg eingetroffen. Devrient notiert über die Begrüßung bei der Ankunft auf dem Flugplatz: „Ekstatisches Schreien gellt auf, rhythmisch wiederholend: ‚Heil dem Führer! Heil dem Führer'!" Berchthold ergänzt: „Ehe das Flugzeug noch richtig zum Stehen gekommen ist, wird es schon von einer Menschenmauer umringt, die den Führer jubelnd begrüßt. Der Wagen bringt ihn zur Stadt hinunter, wo ihn Zehntausende in der Frankenhalle erwarten."[15]

Von Würzburg fliegt Hitler noch am selben Tag nach Fürth, von wo er mit dem Auto nach Nürnberg fährt, um in der „Festhalle" zu sprechen. „Es ist eine bodenlose Frechheit von diesen Parteilügnern", beginnt er, „daß sie uns Dinge in die Schuhe schieben, die sie selbst auf dem Gewissen haben."[16] Zwei Tage zuvor hat er in Königsberg in Ostpreußen geredet und am Schluß seiner Rede beschwörend ausgerufen: „Herrgott, wir haben alles getan, was Menschen tun können. Gib Du uns Deinen Segen! Ich glaube, daß diese Bewegung bestimmt ist, einmal Deutschland zu führen. Meine Volksgenossen, nun tun Sie Ihre Pflicht!"[17] Anklagen und Beschwörungen bestimmen Tenor und Ton seiner Reden, über die der Völkische Beobachter am 7. April 1932 schreibt:

[14] Vgl. dazu auch S. 126 und S. 279 in diesem Buch.
[15] Völkischer Beobachter vom 8. 4. 1932.
[16] ebenda.
[17] Völkischer Beobachter vom 7. 4. 1932.

„Neuen Glauben haben . . . Tausende getrunken aus dem Munde des Führers." Hitlers Anhänger sind begeistert, von seinen Fähigkeiten als Redner fasziniert. „Der Führer spricht", schreibt Berchthold, „hart und kantig fallen die Worte, überzeugend, kampfentschlossen und siegesgewiß"[18]. Anders reagiert der Opernsänger Paul Devrient, als er Hitler erstmals reden sieht.

Während die Menge ringsum mit gebannten, ja entrückten Gesichtern Hitler lauscht, schmerzt mich buchstäblich jedes Wort, jeder Ton. Hitler spricht falsch. Ich werde rot vor Pein, möchte mir die Ohren zuhalten, balle unwillkürlich die Fäuste. Dann überfallen mich Mitleid und der Wunsch, diesem Manne möglichst bald zu helfen.

Hitler spricht immer heiserer und ist schließlich so angespannt, daß seine Adern anschwellen und sein Kehlkopf „auf- und abfliegt". Sein gravierendster Fehler, ein gaumiggutturaler Ton, unter dem landläufigen Ausdruck „Knödel" bekannt, entsteht dadurch, daß sich der Zungenrücken nach hinten bäumt, den Atem am freien Durchzug hindert, und der Ton so gewissermaßen abgewürgt wird. Schmerzhafte Quetschlaute sind das Produkt solcher physischen Fehlhaltung. Auch erscheint mir Hitler mit deformierten Nasenraumverhältnissen behaftet[19]. Ich glaube zu erkennen, daß hier die Wege zu den „Kopf-Schallräumen" versperrt sind, so daß ein Spezialarzt die wuchernden Hindernisse beseitigen müßte, damit die natürlichen Stimmresonanzen wieder frei werden.

Hitler atmet stoßweise, gewissermaßen explosiv, ähnlich wie beim Kommandoton. Durch die falsche Führung wird seine Stimme zusätzlich forciert, und die Summe gewaltsamer Anspannungen von Halsmuskeln und Stimmbändern äußert sich immer mehr in einer fast blauroten Verfärbung seines Gesichts.

Vor Überanstrengung, infolge des Bemühens, das Letzte aus sich herauszupressen, tritt in Hitlers ganzem Körper eine bis zum Krampf sich steigernde Hoch-

[18] ebenda.
[19] Vgl. S. 27.

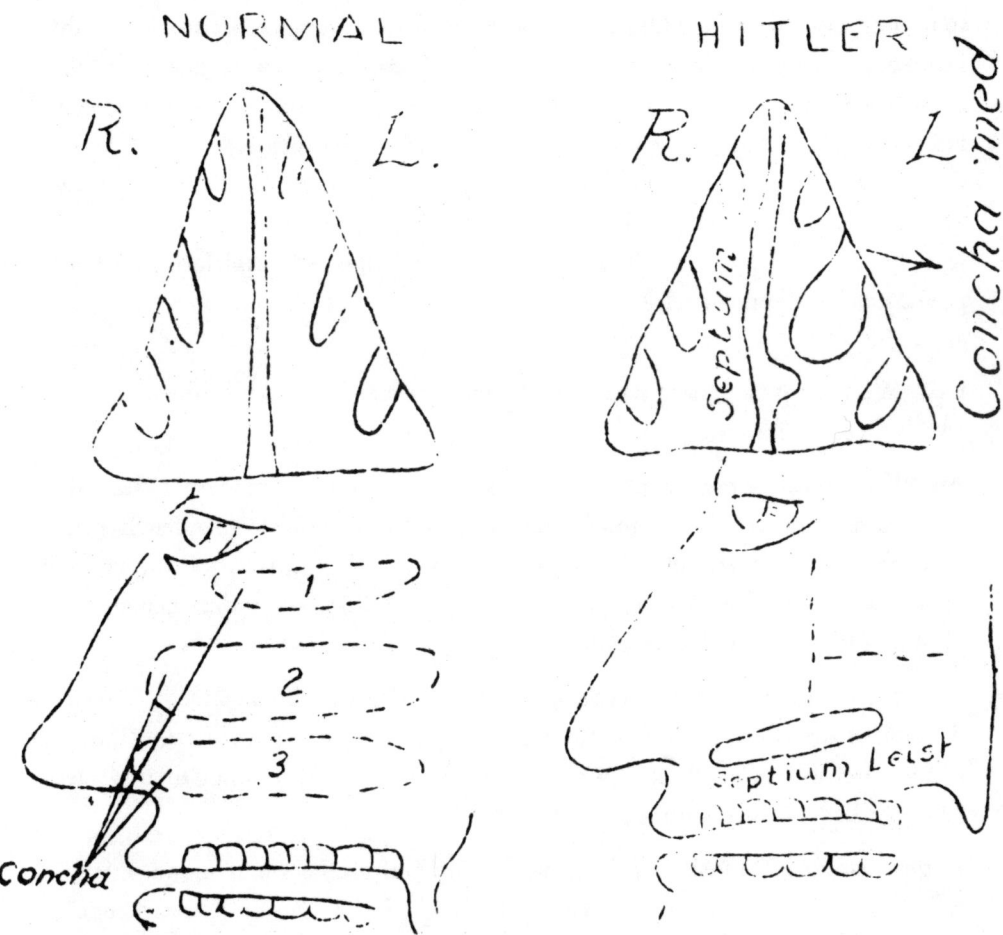

NORMAL   HITLER

R.   L.   R.   L.   Concha med

Septum

Concha

2

3

Septum Leist

Hitlers Nase

Linke Seite: Skizze einer normalen Nase. Rechte Seite: Hitlers Nase. Skizzen vom 12. 6. 1945 für den US-Geheimdienst von Dr. Erwin Giesing, der Adolf Hitler 1944 als Hals-, Nasen- und Ohrenarzt behandelte. Hitlers Nase war, wie die Gegenüberstellung deutlich zeigt, anatomisch verengt. Die mittlere linke choncha (Schleimhaut) war übermäßig groß und deformiert, die Nasenscheidewand an mehreren Stellen verbogen und in der Nähe der Wurzel auf der linken Seite stark verdickt. Dok.: Dr. Giesing

spannung ein, die auch Hände und Füße, jede Bewegung ergreift. Er müht sich, seiner rasch nachlassenden Stimmkraft durch Gebärden zu begegnen, die er bis zum Exzeß steigert: ein geradezu besessenes sich Hin- und Herbewegen, Händefuchteln, Augenrollen — ein wildes „Schmierentheater", wie Bühnenleute das nennen. Dazu eine anomal „nasse Aussprache", deren Speichelspuren man deutlich gegen das Scheinwerferlicht in den Raum fliegen sieht. Es ist jene Art Podiumshysterie, die man bei dilettantischen Schauspielern und Sängern antrifft, die nicht selten schließlich den Ausfall des Stimmtones zu beklagen haben.

Kein Wunder, daß Hitler nach knapp einstündiger Rede schweißbedeckt, erschöpft, verbraucht ist.

Als Hitler nach seiner Rede im geschlossenen Auto sitzt, fordern ekstatische Sprechchöre immer wieder, ihn zu sehen. Trotz des noch strömenden Regens, und erhitzt wie er ist, läßt Hitler das Verdeck öffnen und schüttelt die Hände vieler Menschen. Als sein Wagen endlich weiterfährt, singt die Menge, entblößten Hauptes, das Deutschlandlied ...

Zurück zum Flugzeug! Im Gepäckkorb über Hitler sind bis zur Decke duftende Blumensträuße[20] gestapelt: Rosen, Nelken, Astern usw., die seine Parteigänger ihm in den geöffneten Wagen warfen, oft mit „Gott mit Dir und Deinem Werke!" — oder einfach „Hilf uns!"

Hitler liest das Manuskript seiner Rede. Obgleich er sie schon soundsooft gehalten hat, feilt er immer noch daran, mit Bleistiftstrichen und Anmerkungen — wie ein Schauspieler in seinem Rollenbuch!

Plötzlich beugt Hitler sich zu seinem Hintermann und fragt trotz Heiserkeit so akzentuiert, daß ich es deutlich verstehe: „Wie war ich?". Worauf ihm — für mich unverständlich — lobende Anerkennung zuteil wird. Ich bin ver-

---

[20] Hitler ertrug den starken Blumenduft nicht gut. Deshalb nahm er während der Flüge oft neben dem Flugkapitän Platz. Vgl. dazu auch Baur, S. 86.

Eine _____ Bürokratie —

und _____ die billigste Verwaltung

Eine kapitalistische _____

und durch

Wirtschaftl. Unabhängig...
Eisenbahn- u.
Zollwesen —
Währung

Soziale Gesetzgebung —

Einen unterdrückten Polizeistaat

und doch dem —
freie Kritik
die Schriftsteller.

Ein — Pfund Zufluß

über keine
politischen Gerichtshöfe

Militarismus.

Ja was soll man da der _____, heute sagen
wenn das alles _____
_____ wer
er bleibt der der _____
„_____"

Eine verrottete Bürokratie_____

        und durch ———
        die billigste Verwaltung

Eine kapitalistische Sauwirtschaft
        und danach

        wirtschaftl.(iche) Unabhängigkeit
        Eisenbahn usw.
Soziale Gesetzgebung — — Goldlohn ————
        Währung
einen indirekten Polizeistaat

        und trotzdem —————
        freie Kritik
        Kein Schutzgesetz

Eine Schund Justiz

        aber keine
        politische Gerichtshöfe

Militarismus.

        Ja was soll man den(n) da jetzt, heute sagen
        wenn das alles nicht
        Dreck war
        wo bleibt den(n) da jetzt das
        „Verdienst"

Dok.: Bundesarchiv Koblenz, NS 26/49.

blüfft: vertraute Reaktionen und Worte, wie ich sie auch von meinen Bühnen-
kollegen kenne: die oftmals bange Frage nach ihren Auftritten ... das hatte
ich hier nicht erwartet!

Später wird das Licht gelöscht. Der Flug geht weiter durch die Nacht. Nur die
Auspufftöpfe glühen draußen und erhellen schwach die zitternden Tragflächen.
Jeder ißt, was er sich als Wegzehrung mitgebracht hat. Wir lehnen uns nach
hinten und versuchen zu schlafen. Mir ist der Motorenlärm zu laut. Hitler
schläft fest. Er sitzt nicht erst seit heute im Flugzeug. Schon seit fast acht Tagen jagt er zu immer neuen Versammlungen und neuen Auftritten. Es ist ein
wildes Tempo, das er vorlegt.

Mitunter sackt die Maschine in ein Luftloch, dann schimpfen wir, und einige
der Herren gebrauchen saftige Flüche. Doch rasch beruhigen wir uns wieder.
Manchmal geht für kurze Zeit das Licht wieder an.

Hitler ist erwacht und verfolgt auf seiner Flugkarte ungeduldig die Route.
Wir richten uns blinzelnd auf. Doch schon hat uns die Dunkelheit wieder. Wir
fliegen in sehr großer Höhe, über 300 Stundenkilometer der nächsten Wahl-
versammlung entgegen ...

Noch immer kaum ein privates Wort von Hitler, der fast täglich in vier Versammlungen spricht[21], also an vier verschiedenen Orten. Wir leben „Gepäck
bei Fuß". Das Flugzeug wartet stets mit angeworfenen Propellern, die Startflagge fällt — und schon sind wir wieder in der Luft, über Regensburg, Frankfurt und Darmstadt.

[21] Vgl. dazu z. B. S. 34. An dem Tag (3. April 1932), an dem Hitler mit seiner gigantischen
„Redeschlacht" beginnt, die wochenlang „über ganz Deutschland" zu hören sein soll, wie
der Völkische Beobachter in diesen Tagen immer wieder schreibt, lesen seine Anhänger: „Heute
in Königsberg, morgen in Essen, übermorgen da und dort, und jeden Tag vor über hundert-
tausend Menschen, wird Adolf Hitler das Lügennetz unserer Gegner zerreißen. Das wird
Schlag auf Schlag gehen, ohne Atempause, und unseren Lesern wird die Luft ausgehen, wenn
sie auch nur den Versuch wagen sollten, diesem gewaltigen Zug durch Deutschland mit Lü-
gen und Verleumdungen nachzukommen." Völkischer Beobacher vom 3./4. 4. 1932.

Die Daten und die wichtigsten Orte, in denen Hitler 1932 sprach:

3. April: Dresden,

3. April: Leipzig,

4. April: Berlin und Potsdam, von dort flog Hitler nach Danzig,

5. April: Danzig,

5. April: Elbing,

5. April: Königsberg/Pr.,

6. April: Berlin,

6. April: Würzburg, Nürnberg und Regensburg,

7. April: Frankfurt/M.,

7. April: Darmstadt,

7. April: Ludwigshafen,

8. April: Düsseldorf,

8. April: Essen,

8. April: Münster,

10. April: München (Wahltag),

18. April: Beuthen, Görlitz und Breslau,

19. April: Allenstein, Willenberg und Lyk,

20. April: Königsberg, Halle, Kassel und Marburg,

21. April: Bad Kreuznach, Koblenz und Trier,

22. April: Frankfurt/O., Neuruppin und Berlin[22].

---

[22] Für seine Wahlrede-Reise zum zweiten Wahlgang der Reichspräsidentenwahl charterte Hitler für die Zeit ab 3. April 1932 ein Flugzeug. Fortsetzung der Daten und Orte S. 91 f. und S. 258 f.

Erster Ruhetag in einem Fischerdorf. Ein Schreiben von Hitler wird mir gebracht, verschlossen, kaum leserlich. Ich möge um 20 Uhr kommen, doch niemandem sagen, wohin ich gehe. Er wolle seine Ruhe haben.

Es sind noch zwei Stunden Zeit. Ich lege mich „aufs Ohr", um dann frisch zu sein — und verschlafe. Ich eile zu meinem Quartiergeber, einem alten Fischer. Er soll mich rasch mit seinem Pferd zu Hitlers Unterkunft kutschieren. Dort spähe ich zunächst durch's erleuchtete Fenster, sehe Hitler vor einem flackernden Herdfeuer sitzen, die nackten Füße in einer altertümlichen Waschschüssel . . .

Der Anblick verwirrt mich so, daß ich nach meinem Eintreten, anstatt um Entschuldigung zu bitten, nur ungeschickt sage: „Ich hoffe, daß ich mich nicht zu sehr verspätet habe!"

Hitler erhebt sich, beginnt mit langen Schritten auf und ab zu gehen, nicht darauf achtend, daß er dabei nasse Fußstapfen hinterläßt, blickt mich vorwurfsvoll an, sagt heiser: „Ich sitze hier und warte auf Sie, und Sie ‚hoffen' nur, daß Sie sich ‚nicht zu sehr' verspätet haben. Sie haben mich warten lassen und mir dadurch alle Lust zur Arbeit mit Ihnen genommen. Welches Recht haben Sie, mir meine Zeit zu stehlen?"

Ich will antworten, aber da bricht es aus Hitler hervor: „Was zwingt mich denn zu diesem Unterricht? Habe ich es nötig, damit meine Ruhepausen zu verbringen? Habe ich es denn nötig, tagaus, tagein, in immer neuen Versammlungen, zu mahnen, zu beschwören? Wissen nicht längst alle Volksgenossen, daß es hierbei nicht um mich, sondern um das Vaterland geht, das viele Jahre marxistischer Mißwirtschaft in den Abgrund führten und daß dieses Unglückssystem niemals fähig sein wird, Arbeit und Brot zu schaffen?"

Hitlers Stimme streikt. Er räuspert, setzt sich und „krächzt": „Von Ihnen verlange ich die gleiche Disziplin, wie ich sie von mir verlange. Für diesmal begnüge ich mich mit dem Tadel, aber Sie müssen sich entschuldigen und schwören, in Zukunft pünktlich zu sein!"

Ich beeile mich, um Entschuldigung zu bitten und „schwöre", es zu keiner Verspätung mehr kommen zu lassen. Doch Hitler will nicht mehr mit dem Unterricht beginnen. Heute sei ihm der Tag durch meine Schuld verdorben. Die erste Stunde soll morgen sein. Ich gehe.

Als ich ins Freie trete, fährt dort vom erleuchteten Fenster ein Späher ins Dunkel zurück: es ist mein alter Fischer. Aufgeregt, ein ganz anderer Mensch als noch eben auf unserer Herfahrt, ruft er mir beim Getrappel seines Pferdes immer wieder zu: „Ich hab meinen Führer nackbeenig (mit nackten Beinen) gesehen! Ich hab meinen Führer nackbeenig gesehen! Welch ein Glück! Nun kann unser Kampf meinetwegen noch zehn Jahre dauern . . .!"

Ich nehme mir vor, sehr früh schlafen zu gehen, da ich nach meinem heutigen Mißgeschick unter allen Umständen vermeiden will, nochmals verspätet zu Hitler zu kommen. Da fällt mein Blick auf eine Tafel Schokolade. Mir kommt der Gedanke, mir damit einen Bart anzuschminken, wie Hitler ihn trägt. Danach beginne ich, genau wie er, die Zähne zu fletschen, die Augen zu rollen. Spielfreude reißt mich hin. Ich verwandle mich in Hitler. Nichts erfinde ich, wiederhole bloß, was ich bisher bei ihm und an ihm gesehen habe. Dabei gelingt es mir, mich immer mehr in Hitler hineinzufühlen.

Und da erlebe ich Hitler ganz anders als bisher. Hitlers Gebärden und Töne, die ich während meines Spiels kopiere, erscheinen mir mit einem Mal nicht mehr zu seinem wahren Wesen zu passen, ja, nicht einmal sein privates Auftreten und Gehabe, wie ich es bisher beobachtete, scheint mit ihm übereinzustimmen!

Der Spiegel enthüllt bittere Eckigkeit, viel qualvolles Gehemmtsein, so daß ich mich wundere, dies bisher bei Hitler übersehen zu haben. Und vor dieser Entlarvung weicht mein Ingrimm über den Rüffel, den mir Hitler erteilte. Abermals bin ich überzeugt, Hitler auch auf diesem Gebiet zu helfen . . . mit allem, was mir dafür zu Gebote steht!

Meine Wirtsleute beginnen indes im Nebenraum hörbar zu Bett zu gehen. Um ihre Neugier nicht zu wecken, stelle ich meine akustische Beschäftigung sofort ein, trällere ein harmloses Liedchen, spreche wie mit mir selbst einige belanglose Worte.

Und diese „Ablenkung" bringt mich auf die Idee, wie ich Hitler am wirksamsten für mein Unterrichtsziel gewinnen könne. Nicht auf seinem Redegebiet, wo er sich gewiß für unfehlbar hält, verführt vom Applaus überall, sondern auf einem Gebiet, das ihm bisher fremd ist, dafür aber zu meinen ureigensten Erfahrungen gehört.

Gleich bei meinem Eintritt am nächsten Tag erkläre ich Hitler, vor einem erfolgreichen Unterricht hielte ich es für unerläßlich, eine sogenannte „Spielprobe" voranzustellen, um ihn aus der Routine seines Redneralltags herauszulösen und die verborgensten Anlagen seiner Person sichtbar machen zu können. Hitler: „Was ist das denn, Ihre Spielprobe?". Ich erkläre: „Eine . . . kleine Theatervorstellung, in der der Schüler eine Szene seiner Wahl nicht nur sprechen, sondern möglichst auch spielen soll!" Ich hätte das Bühnenpodium im Hinterzimmer des hiesigen Gasthauses bereits für diesen Zweck reserviert.

Ich befürchte eine Explosion nach Hitlers gestrigem Zorn wegen meiner Verspätung. Ein Parteiführer auf einer Bühne? Profanierung, Frevel gegen Person und Auftrag! Doch nichts dergleichen geschieht. Zu meiner Überraschung akzeptiert Hitler diesen Vorschlag, offenbar, weil er jede Bemühung um seine Person akzeptiert.

Und dann folgt die nächste Überraschung. Hitler selbst schlägt als Probe eine Szene aus einem Laienspiel „Der Wildschütz vom Hölltal" vor, in dem er, wie er sagt, als Schüler mitgewirkt habe. Den Part habe er noch im Kopf.

Wir gehen zum „Fischerwirt". Das Podium im Hinterraum ist — bis auf ein paar Stühle und eine Lampe — leer. Ich erkläre Hitler, daß ich mit Stegreifspielen während meiner Lehrtätigkeit immer Erfolge erzielt habe: durch Auflockern und Bereitmachen der Schüler für folgende Unterweisungen. Doch Hitler beginnt sogleich, ohne überhaupt zuzuhören, mit seinem Spiel. Ohne sich zu bewegen, bleibt er, wie von seinen Reden gewohnt, auf dem Podium stehen und deklamiert den ihm in der Tat noch erinnerlichen Wildschütz-Part. Seine Deklamation ist ein ausgesprochener Rede-Text. Ohne diese nach seiner Meinung erfolgreich praktizierten Formen meint er offenbar nicht auskommen zu können.

Doch dann erinnert er sich an das Spiel und geht mehrmals hin und her und stößt an die Stühle, die er beiseite schiebt. Er stockt, sieht irritiert auf mich herunter und demonstriert, daß er den Text doch teilweise vergessen hat. Doch auf einmal packt es ihn. Zu der Figur des Wilddiebs, die nun offenbar vor seinen Augen steht, beginnt er Worte zu erfinden. Er „extemporiert", wie die Bühnenleute sagen, und es gelingt ihm, in seine Sätze etwas hineinzulegen. Es reißt ihn fort, mit wachsendem Feuer, zunächst zu seinen alten Gebärden, dem Grimassenschneiden, Fuchteln ... Plötzlich jedoch scheint es mir, als wandele sich sein Äußeres: er sieht mit seinem Bart, der in die Stirne fallenden dunklen Strähne auf einmal wie ein „Wildschütz vom Hölltal" aus. Dicht an der Bühnenrampe, an die er vorspringt, die rechte Faust wie um den Lauf einer Büchse geballt, entringt sich ihm der Schrei: „Rache!" — und nochmals „Raaache!". Er erleuchtet jäh wie ein Blitz aus der Finsternis die Figur des Jägers ... Das heißt Talent! Schauspielerisches Talent!

Hitler ist mein Erstaunen nicht entgangen. Erhaben, in würdevoller Haltung, ganz wie es einem großen Darsteller gebührt, steigt er vom Podium herunter.

Ich sage befangen und überrascht: „Ich habe gesehen, was ich zunächst erst einmal sehen wollte" — und dann: „Würden Sie mir bitte das Stück erklären?"

Und schon beginnt Hitler teilnehmend über den Inhalt zu reden, über die Person des Wilderers, über den Zorn dieses Mannes aus dem Volke, der sich plötzlich dem hinterhältigen Verführer seines Mädchens gegenübersieht. „Ich behielt den Text, weil ich Mitleid mit diesem einfachen Menschen fühlte!", schließt Hitler. Er ist zu Tränen gerührt! Seine Augen werden naß, so wahr ich dies schreibe!

„Sie sind ein Mensch", sage ich, „der dem Zuhörer große Vorgänge und Haltungen überzeugend sichtbar machen kann! Die Vorstellung zeigte mir, was Sie auch als Redner könnten".

„Könnten?", fragt Hitler unwirsch und befremdet.

Um seinen Unwillen nicht noch mehr zu provozieren, lenke ich ein: „Wenn ich dazu noch Ihre Werkzeuge, Ihre Sprache und Bewegung, von einigen Schlacken befreie, werden Sie es können. Meinen Unterricht werde ich speziell darauf ausrichten!"

Da gesteht Hitler mir, daß er das längst vorgehabt und alles Erreichbare darüber gelesen habe. „Fast jeder berufene und unberufene Lehrer preist eine andere Methode an, unter bombastischen Namen, oft sich widersprechend: ‚Physiologisches Training', ‚Atemstau-Methode', ‚Die suggestive Stimme', ‚Ton ohne Schwere'... und andere Schlagworte nur zur Werbung für den Verkauf bestimmt."

Ich antworte ausweichend, daß ich ein schon vielfach erprobtes Rezept anwenden wolle, das ihm sicher rasch helfen werde; es stamme von dem erfolgreichen Wiener Stimmpädagogen Hintersteiner. „Ein Österreicher?", fragt Hitler und sagt dann: „Versuchen wir's mal mit ihm!"

Hitlers nächster „Auftritt" findet in einer großen Industriestadt statt. Dort sind infolge der Wirtschaftskrise Fabriken und Zechen stillgelegt, ja sogar abgebrochen worden. Jeder dritte Einwohner ist arbeitslos[23]; der Großteil der noch arbeitenden Bevölkerung ist zur Kurzarbeit gezwungen.

Fast 3 000 Zuhörer erwarten Hitler, als er das Rednerpult betritt. Er ist nicht nur allgemein in Bestform, sondern auch glänzend bei Stimme. Gleich zu Beginn legt er derart aus „vollem Rohr" los (während er sonst mit seinen Anfangsworten immer erst den Lautsprecher prüft, sich in die überall verschiedenen Mikrofonverhältnisse hineintastet), daß die Bedienungsmannschaft der Übertragungsanlage Mühe hat, das An- und Abschwellen seines heute durchschlagenden Organs auszubalancieren.

„Nachdem bisher in dieser Stadt immer wieder Angehörige meiner Partei von Gegnern verwundet, ja ermordet wurden", ruft Hitler sonor, „haben jetzt auch hier die Arbeiter eingesehen, daß der Hunger ihrer Kinder, das Elend in den Wohnbaracken und Stempelstellen nicht mit den beschönigenden Phrasen der bisherigen Regierung zu beheben sind . . ."

Nach dieser Eröffnung hätte man die berühmte „Stecknadel" fallen hören können, so gespannt lauschen die Zuhörer. Und in diese Stille der aufmerksamen Menge placiert Hitler jetzt eine explosive Zugabe, ein „Extempore" gewissermaßen, dessen Inhalt ihm eben auf einem Zettel hinaufgereicht wird: „Soeben erfahre ich", donnert er mit glänzend tragender Stimmgewalt los, „daß die Direktoren des Elektrizitätswerkes eure Stadt und damit euch durch Effektenschiebungen um mehrere Millionen betrogen und geschädigt haben, während zur selben Zeit eine Fabrik, eine Zeche, ein Hochofen nach dem anderen stillgelegt werden mußten . . .!"

Ein so haßerfüllter Aufschrei der Zuhörer ist die Antwort, daß es mich kalt überläuft. Rhythmisch rufen sie nach dem „Galgen für die Verbrecher".

---

[23] Von Hitler immer neu strapazierte Feststellung. Vgl. auch seine (S. 92 ff. zitierte) „Standardrede" vom 15. Juli 1932.

40

„Macht Schluß mit euren Ausbeutern!", schreit Hitler in wildem Diskant in die Menge hinein: „Gebt ihnen die Quittung am kommenden Wahltag!" Den ekstatischen Beifall, der ihn daraufhin minutenlang umbraust, genießt er, sich nach allen Seiten drehend und grüßend, einem gefeierten Bühnendarsteller ähnlich. Als er am Schluß durch die ihn umdrängende Zuhörermenge zu seinem Wagen schreitet, umtost ihn immer noch der Ruf nach Rache.

Die nächste Unterrichtsstunde beginnt mit einem regelrechten „Streitgespräch". Hitler begrüßt mich bei meinem Eintreten mit den triumphierenden Worten: „Na — was sagen Sie nun zu meiner angeblich ‚so schwachen‘ Stimme?" „Meinen Glückwunsch!", entgegne ich und fahre fort: „eine solche, ohne Schulung erzielte Leistung, bleibt purer Zufall. Sie ist von einer momentanen, günstigen Disposition und unkontrollierbaren Einflüssen abhängig!" Hitler macht ein „saures" Gesicht. Dennoch rede ich in diesem Sinne weiter: „Bleibt eine Stimme ungeschult, wird der Redner immer wieder gegen physiologische Gesetze verstoßen. Die seltenen Erfolge ziehen immer häufiger Versager und schließlich den Stimmruin nach sich!"

„Gegen welche Gesetze verstoße ich denn?" fragt Hitler geradezu drohend. Um seinen Unwillen oder gar Zorn nicht unnötig heraufzubeschwören, versuche ich diplomatisch zu sein und aufs Allgemeine auszuweichen: „Die Verstöße sind oft so fein, daß sie selbst Fachleuten verborgen bleiben können, besonders, wenn die Stimme von Natur aus klangvoll ist. Ihr angeborener Schmelz verdeckt dann die Sünden. Die schönsten Organe können durch solche Tatsachenverkennung oder Selbsttäuschung vorzeitig ihren Reiz einbüßen."

„Das ist doch pure Schulmeisterei und Theoretisiererei", unterbricht Hitler mich, über meine Kritik an seiner Stimme ungehalten. Ich muß meine „Schulmeisterei" jedoch durchsetzen und erkläre ihm, daß die Luftwellen, die der Hörer als Töne empfindet, durch Schwingungen des den Lungen entströmenden Atems auf den gespannten Stimmbändern erzeugt werden. „Bei gewöhnlichem Sprechen", fahre ich fort, da er mir zuzuhören scheint, „bewegt sich die Stimme nur innerhalb von fünf Tönen. Doch schon bei Erregung, um so mehr beim Vortrag einer längeren Rede, benötigen wir mehr Töne, mehr Atemluft für unser Organ. Soll es dies ohne Schaden überstehen, muß es methodisch geschult werden, denn die angeborenen menschlichen Stimmittel — mögen sie noch so kraftvoll sein — genügen niemals auf Dauer! Nur der Redner, der sie richtig trainiert hat, spricht mühelos und wirksam — bis ins Alter."

„Was ist das für ein Training?", fragt Hitler mißtrauisch.

„Es ist nichts anderes", erkläre ich ihm, „als ein Exerzieren aller an der Ton-bildung beteiligten Muskeln, bis sie dem Redner unabhängig von Dispositio-nen und Zufällen optimal zur Verfügung stehen. Und so banal es sich anhört, alles, was einem Sprecher hilft, sein Publikum zu überzeugen, ist letztlich bloß Muskelspiel. Daß er es vollkommen beherrscht, also stets die notwendigen Muskelkombinationen und -modifikationen anwendet, das allein ist das Ziel richtiger Schulung!"

Hitler wird sichtlich unwillig. Er bekommt „rote Ohren". „Wo bleibt da die Seele, das gestaltende Gefühl", fragt er sichtlich unwirsch und doziert: „Ich sehe mich schon, von Ihnen aufgefordert, wie Demosthenes einen Kieselstein in den Mund stecken und — mit zugehaltener Nase die Tonleiter rauf- und runtersummen. Eine solche Gymnastik kann noch keine Rednerwirkung schaffen! Derart kindische Mätzchen können sicher nicht ein Geheimnis lüften. Zum Teufel mit einer solchen nervtötenden Technik. Redekunst ist doch kein Exerzierplatz! Dort, in der Kaserne, ist Drill unerläßlich. Die weltberühmten Redner aller Zeiten vollbrachten doch nicht dadurch ihre Wunder, daß sie sol-cherart ‚Turnübungen‘ ausführten. Solche Mätzchen drücken die Praktiker nur zu Boden! Ich brauche Flügel, nicht Kriechen am Boden, brauche Großes, Er-hebendes" — und dann: „vermiesen Sie mir das nicht!"

Solche und ähnliche Worte gibt es mehr oder minder leidenschaftlich, denke

42

ich mir, an allen Bühnenschulen der Welt. Es sind die Worte der Anfänger vor dem ersten Technik-Unterricht.

Ich versuche einzulenken und sage: „Wer weiß bei der menschlichen Stimme schon, wo das Stoffliche aufhört und das Seelische anfängt. Da sind die Grenzen so fließend, daß selbst Analytiker unsicher werden!"

Hitler paßt dies alles nicht, und er will ganz offensichtlich nicht „Lehrling" oder „Schüler" sein. Er sträubt sich und belehrt mich: „Es erscheint mir nahezu unmöglich, gleichzeitig auf mehreren Hochzeiten zu tanzen: auf irgendwelche Sprechtechniken zu achten, auf die Zuhörer, die ich keine Sekunde aus den Augen lassen kann, auf den Text meiner Rede und auf die unerläßliche Überzeugungskraft des Vortrages — nein, das zerstört doch nur, anstatt zu fördern!"

Ich versuche ihn umzustimmen und für den Unterricht, zu dem ich ja gerufen wurde, zu gewinnen.

Hitler zuckt nur mit den Schultern — und geht, läßt mich stehen.

Doch schon am nächsten Tag geschieht etwas Entscheidendes. Von außen. Noch bevor Hitler mit seiner Wahlrede beginnen kann, fällt die Stromversorgung am Versammlungsplatz jäh aus. In der mit mehr als 4000 Zuhörern besetzten Sporthalle erlischt das elektrische Licht — und damit jede Lautsprecher-Übertragung. Draußen sieht man, in der Ferne, den Himmel flackernd glühen: Hitlers Widersacher haben lange Eisenketten über die Hochspannungsleitung geworfen und damit nicht nur Hitlers Auftrittslokal, sondern die halbe Stadt stromlos gemacht[24].

[24] Hitlers Gegner, vor allem die Kommunisten und die Sozialdemokraten, arrangierten nicht selten derartige Anti-Hitler-Aktionen. So weigerten sich z. B. die Mannschaften eines Flugplatz-Bodenpersonals, Hitlers Maschine zu warten — und teilweise sogar, sie landen zu lassen. Vgl. dazu auch Baur, S. 87 ff.

Unruhe erfaßt die im Dunkeln sitzende Menge. Ich steige im Finstern auf eine Bank und rufe mit voller Stimmkraft in die Dunkelheit, daß man sich doch ruhig verhalten möge, da gleich das Notlicht eingeschaltet werde.

Die Menge wird daraufhin tatsächlich wieder ruhiger. Dann tritt der Batteriescheinwerfer in Aktion, den Hitlers Umgebung für solche Fälle stets mitführt. Doch die Lautsprecher sind weiterhin ohne Strom! Hitler muß sie durch die Lautstärke seiner Stimme ersetzen. Und er will auch reden. In aller Hast weise ich ihn in die notwendigsten Sprechregeln ein: „Maske" sprechen, das heißt, bewußt mit Kopfresonanz, nicht mit roher Kraft, locker bleiben, die Stimme kontrolliert „klingen" lassen und alle sogenannten Forcierungen (Schwelltöne) strikt vermeiden; und dies sich immer wieder suggestiv ins Bewußtsein rufen, konsequent dabei bleiben — und was es dergleichen technischer Hilfen mehr sind, die zum A und O eines jeden Schauspielers und Sängers gehören.

Dann beginnt Hitler zu reden. Doch schon nach seinen ersten, den Raum allerdings füllenden — und überall zweifellos gut verständlichen Sätzen, beginne ich zu gestikulieren. Von meinem Platz aus versuche ich ihn zu dirigieren, weil ich meine, daß es in des Wortes tatsächlichem Sinne notwendig (Not wendend!) sei. Alle zehn Finger, meinen Kopf, meinen ganzen Körper und meine Lippen, setze ich in meiner Zeichensprache ein. Ich greife mir an den Kehlkopf, an die Stirne, an die Nase und fuchtele in einer Weise bildhaft herum, daß meine Nachbarn meinen müssen, daß ich nicht ganz normal sei. Sie können ja nicht wissen, was sich hinter meinen „Zeichen" verbirgt.

Hitler, der sich in diesem Moment in seinem ureigensten Element fühlt, achtet nicht auf mich und meine „Ratschläge". „Ich hätte, wie Millionen meiner Kameraden, an der Front fallen können!" sagt er — und läßt sich selbst als das Geschenk der „Vorsehung" erscheinen, die dem deutschen Volke durch ihn — und mit ihm — diene. Dann „kommen" die Wörter nicht mehr. Hitlers Stimme ist „erloschen". Noch einmal versucht er mit aller Kraft den Riesenraum zu durchdringen, doch das läßt ihn nur noch heiserer werden. Die Zuhörer auf den entfernteren Plätzen werden unruhig. Sie verstehen ihn nicht mehr.

Da bricht Hitler ab, macht eine ungelenke, linkische Gebärde, verläßt das Podest. Seine auf dem Holzboden hallenden, vermutlich nur von mir vernommenen Schritte, gehen unter in brausendem Beifallsklatschen. Die Zuhörer durchbrechen die Absperrmannschaft, strecken ihm die Hände entgegen ...

Danach, ich halte diese „Vorstellung" für ein Desaster, weil ich als Bühnenkünstler eigentlich nur auf Hitlers Stimme geachtet habe, meine ich, es leicht mit meiner Rechtfertigung zu haben. Und tatsächlich: noch am selben Abend ruft Hitler mich. Ich gehe zu ihm — und erzähle ihm gleich eingangs, daß geschulte Redner schon im Altertum Riesenarenen mit ihren Stimmen „beherrschten", klar verständlich bis in deren letzte Winkel: ohne jede Hilfe, ohne Mikrofone und Lautsprecher, nur mit ihren menschlichen Organen. Hitler weiß es und nennt Beispiele. Ich ziehe mich auf die „Technik" zurück, die ich beherrsche — und erkläre ihm, daß die menschliche Stimme in ihrer natürlichen Vollkommenheit alle künstlichen Instrumente hinter sich lassen könne. „Dazu ist auch Ihre Stimme fähig, sobald sie entsprechend ausgebildet wird", sage ich.

„Ich will unabhängig werden, muß es werden, unabhängig von den Zufällen der Technik", erklärt Hitler engagiert. „Wie lange brauchen Sie, präzise — bis ich so weit bin, daß ich mit meiner Stimme mühelos die größten Räume fülle — ohne diese unzuverlässigen Mikrofone, Lautsprecher, Drähte?"

„Das hängt ganz von Ihnen ab", entgegne ich — „und nicht nur von der Zeit, die Sie mir widmen!"

Innenpolitische Ereignisse, die Hitler in diesen Tagen entscheidend zu seinen Gunsten zu wenden versucht hat, beherrschen sein Denken. Ich muß noch warten.

Die 2. Reichspräsidenten-Wahl am 10. April hat Paul von Hindenburg 19,3 Millionen, Hitler 13,4 Millionen und Ernst Thälmann 4,9 Millionen Stimmen eingebracht[25]. Hitler, der kurz zuvor Regierungsrat in Braunschweig und damit automatisch auch erst deutscher Staatsbürger geworden ist[26], hat mit rund 2 Millionen neuer Anhänger (unter ihnen zahlreiche Kommunisten) für sich und seine „Weltanschauung" zwar die Wahl „gewonnen", aber Reichspräsident ist er nicht geworden. Während der sich und seinen Einfluß auf Hitler maßlos überschätzende Devrient exaltiert einherstolziert und sich auf seinen Unterricht mit Hitler vorbereitet, ist Hitler mit Dingen beschäftigt, die er für weitaus wichtiger halten muß als den Sprechunterricht. Am 13. April hat der Reichspräsident eine Verordnung unterzeichnet, die bestimmt, daß „sämtliche militär-ähnliche Organisationen" der NSDAP mit sofortiger Wirkung aufgelöst werden müssen[27]. Hitler muß nun, so glauben seine Widersacher, auf seine SA und SS verzichten. Noch am selben Tage formuliert er folgenden Aufruf:

„Nationalsozialisten, Parteigenossen, ehem. SA.- und SS.-Männer, ehem. Mitglieder des NSKK. und der Fliegerstürme!

Nun wißt Ihr, weshalb ich versuchte, die Präsidentschaftskandidatur der schwarzroten Parteien zu verhindern. General Groener hat als Auftakt für die Länderwahlen die SA. und SS. aufgelöst. Reichsbanner und Eiserne Front dagegen werden als staatspolitisch wertvoll angesehen und daher nicht verboten. Parteigenossen, ich verstehe Eure Gefühle. Jahrelang seid Ihr getreu meinen Anordnungen legal den Weg zur Erringung der politischen Macht gegangen. Ihr seid in dieser Zeit auf das grausamste verfolgt und gequält worden. Hun-

---

[25] Am 13. März 1932 hatten 18,65 Millionen für Paul von Hindenburg, 11,34 Millionen für Hitler, 2,55 Millionen für den Stahlhelm und den DNVP-Kandidaten Duesterberg und 4,95 Millionen für den Kommunisten Thälmann gestimmt.

[26] Vgl. u. a. Maser, Hitlers Briefe und Notizen, S. 170 ff. und S. 49 f. in diesem Buch.

[27] Vgl. RGBl. 1932 I Nr. 22, S. 175.

derte von Kameraden wurden getötet, viele Tausende sind verwundet. Die feigen Mörder und Täter befinden sich zum überwiegendsten Teile jedoch auf freiem Fuß. Für jeden Versuch der Notwehr habt Ihr zahllose Gefängnis-, ja Zuchthausstrafen erhalten. Trotz der grauenhaften Not, die durch das Verschulden der heute herrschenden Parteien auch Euch getroffen hat, seid Ihr brave und ehrliche Deutsche geblieben.

Seumes Wort, daß einst die ärmsten Söhne unseres Volkes die treuesten Bürger sein werden, habt Ihr herrlich erfüllt.

Was General Groener, Herr Braun, Herr Severing, Herr Grzesinski, Herr Stützel, Herr Brüning usw. wollen, weiß ich, und Ihr wißt es auch. Unsere Antwort auf diesen neuen Verzweiflungsschlag des Systems wird keine Parade, sondern ein Hieb sein.

Am 24. April ist der Tag der Vergeltung. Zu dem Zwecke empfehle ich Euch, meine ehemaligen Kameraden der SA. und SS., folgendes an:

1. Ihr seid von jetzt ab nur noch Parteigenossen.

2. Ihr erfüllt als Parteigenossen Eure Pflicht, indem Ihr Euch in den Sektionen und Ortsgruppen zu der politischen Wahlarbeit als Parteigenossen freiwillig mehr als je zur Verfügung stellt.

Gebt den augenblicklichen Machthabern keinen Anlaß, unter irgendwelchen Vorwänden die Wahlen aussetzen zu können. Wenn Ihr Eure Pflicht erfüllt, wird dieser Schlag des Generals Groener durch unsere Propaganda tausendfach auf ihn selbst und seine Bundesgenossen zurückfallen.

Verliert nicht den Glauben an die Zukunft unseres Volkes, an die Größe unseres Vaterlandes und für den Sieg unserer Sache, die beiden dienen soll. Ich werde mein Letztes hergeben für diesen Kampf und damit für Deutschland. Ihr werdet mir folgen. Denn trotz General Groener: Solange ich lebe, gehöre ich Euch, und Ihr gehört mir.

Am 24. April jedoch möge es einer gerechten Vorsehung gefallen, unseren Kampf für Freiheit und Recht zu segnen. Es lebe unsere nationalsozialistische Bewegung, es lebe Deutschland!

Berlin, den 13. April 1932. *Adolf Hitler*[28]

Die Reaktion bleibt nicht aus. Paul von Hindenburg reagiert ungnädig und fordert den Reichsinnenminister Wilhelm Groener auf, auch die ähnlich gearteten Organisationen der anderen politischen Parteien aufzulösen, was für Groener nicht einfach ist. Er kann sich nicht leisten, das „Reichsbanner" so zu behandeln wie die SA und SS Adolf Hitlers. Hitler weiß es und läßt den Sturz Groeners und Brünings geduldig ausreifen. Am 16. April fährt er nach Augsburg, wo er in der „Sängerhalle" spricht und den „Tag der Vergeltung", die Landtagswahlen vom 24. April, vorzubereiten beginnt. Noch am selben Tag redet er in Donauwörth, in Rosenheim, in Schloßberg bei Rosenheim, in Traunstein und Miesbach. Dann beginnt sein nächster Flug. Am 18. April ist er in Schlesien.

Die zahlreichen Reden in gedrängt kurzer Zeit, die meist offenen Veranstaltungsarenen und die Fahrten im offenen Auto bei Regen und Wind, haben Hitler extrem strapaziert[29]. *Er sieht ein, daß er dem Rat Dr. Dermitzels folgen muß — und nimmt sich, nachdem er die große Kampange hinter sich hat, die Zeit für die von ihm schon vor diesem „Deutschlandflug" geplante „Sprechschulung". Bevor der Unterricht beginnt, muß Devrient allerdings im Völkischen Beobachter unter der Überschrift „Adolf Hitlers beispielloser Deutschlandflug im Lichte der Wahlergebnisse" lesen*[30], *was des Führers Stimme erreicht hat. Hitler, der „Schüler", kann etwas vorweisen, was dem „Lehrer" Respekt abnötigen muß. Die Positionen sind so verteilt, wie Hitler sie wünscht.*

[28] Völkischer Beobachter vom 15. 4. 1932.
[29] Dennoch läßt er im Völkischen Beobachter z. B. vom 17./18. 7. 1932 schreiben: „Man merkt ihm die Anstrengungen des Wahlkampfes der letzten Monate nicht an. Er sieht frei aus."
[30] Völkischer Beobachter vom 13. 4. 1932.

Der Vorsitzende
des Braunschweigischen Staatsministeriums.
. der Braunschweigische Finanzminister.
Nr. D Pers.Hitler.

Braunschweig, den 25. Februar 1932.
Bohlweg 38.
Postschließfach Nr. 447. — Angabe auf Briefumschlag erbeten.

Fernsprecher: 5800 — 5811.
Postscheckkonto: Hannover 422 19.
Bankkonto: Braunschw. Staatsbank.

An

den Reichsratsbevollmächtigten
Wirklichen Geheimen Rat
Herrn Dr.-Ing.h.c.Boden, Exzellenz,
~~Berlin W 62~~
~~Lützowplatz 11.~~

Das Braunschweigische Staatsministerium hat beschlossen den Schriftsteller Adolf Hitler in München, Prinzregentenplatz Nr.16^{II}, geboren am 20. April 1889 in Braunau a/Inn, mit Wirkung vom heutigen Tage im Braunschweigischen Staatsdienste unter Ernennung zum

Regierungsrat

anzustellen, ihm die freie planmäßige Stelle eines Regierungsrats bei dem Landeskultur- und Vermessungsamt zu verleihen und ihn zugleich mit der Wahrnehmung der Geschäfte eines Sachbearbeiters bei der Braunschweigischen Gesandtschaft in Berlin zu beauftragen.

Die Aufgaben Hitlers werden insbesondere darin bestehen für die Berücksichtigung der wirtschaftlichen Interessen des Landes Braunschweig in weitestem Umfange tätig zu sein, namentlich sich auch der Erlangung von Aufträgen für die Braunschweigische Wirtschaft anzunehmen.

Mit der Beauftragung Hitlers ist eine Bestellung zum stellvertretenden Bevollmächtigten zum Reichsrate nicht verbunden.

Die haushaltsmäßige Übertragung der Stelle eines planmäßigen Regierungsrats von dem Landeskultur- und Vermessungsamt auf die planmäßigen Mittel der Gesandtschaft ist in Aussicht genommen. Bis zur Übertragung der Stelle werden die Bezüge von dem Landeskultur- und Vermessungsamte, das entsprechend angewiesen ist, gezahlt werden.

Die über die Ernennung des Schriftstellers Adolf Hitler zum Regierungsrat ausgefertigte Urkunde ist diesem unmittelbar übersandt. Eine Abschrift der Urkunde liegt bei.

Das Besoldungsdienstalter Hitlers wird auf den Tag der

/Ernennung

Erste Seite der Mitteilung des Braunschweigischen Finanzministers vom 25. Februar 1932 an den Reichsratsbevollmächtigten Dr. Boden in Berlin über die Tatsache, daß der „Schriftsteller Adolf Hitler ... mit Wirkung vom" 25. April 1932 „zum Regierungsrat" ernannt worden sei. Dok.: Bundesarchiv Koblenz NS 26/7.

Berlin W. 62   26. Februar 1932
Lützowplatz 11
Fernspr.: B 2 Lützow 2887.

Nr. 710½

auf Nr. D Pers. Hitler vom 25. d. Mts.

Von dem Inhalt der Verfügung habe ich Kenntnis genommen. Ich habe sofort nach ihrem Empfang an Herrn Regierungsrat Hitler das Ersuchen gerichtet, sich zwecks Ableistung des vorgeschriebenen Diensteides und zwecks Dienstantritts unverzüglich auf der Gesandtschaft bei mir einzufinden. Daraufhin hat heute nachmittag die Ableistung des Diensteides durch Herrn Hitler vor mir auf der Gesandtschaft stattgefunden, wie ich aus dem abschriftlich anliegenden Protokoll über diesen Vorgang zu entnehmen bitte.

Anschließend hieran habe ich Herrn Hitler sogleich zu seinen Dienstgeschäften angewiesen, für die die Festlegung näherer Richtlinien noch vorbehalten geblieben ist. Regierungsrat Hitler hat damit heute seinen Dienst bei der Gesandtschaft angetreten.

Herrn Vorsitzenden des Staatsministeriums
den Herrn Finanzminister

Braunschweig

An den Finanzminister von Braunschweig gerichtete Mitteilung des Gesandten Dr. Boden von der Braunschweigischen und Anhaltischen Gesandtschaft in Berlin, wo Hitler im Februar 1932 als Regierungsrat angestellt wurde. Dok.: Bundesarchiv Koblenz NS 26/5.

Der Vorsitzende
Braunschweigischen Staatsministeriums.

Braunschweig, den 1. März 1932
Wohnung 38.
Postscheckkonto Nr. 302. — Angabe auf Schriftstück erbeten.

Pers.H.

Fernsprecher: 9000—908.
Bankkonto: Hannover 42291.
Konto: Braunschw. Staatsbank.

Das Braunschweigische Staatsministerium hat genehmigt,
daß der Regierungsrat Adolf Hitler einstweilen seinen Wohnsitz in München behält. Regierungsrat Hitler ist zu benach-
richtigen.

An
Reichsratsbevollmächtigten,
lichen Geheimen Rat,
n Dr.Jng.e.h.Boden,Exzellenz,
Berlin W 62
Lützowplatz 11.

Entscheidung des Braunschweigischen Staatsministeriums, das dem Regierungsrat Hitler er-
laubte, weiterhin in München wohnen zu dürfen, obwohl er in Berlin tätig zu sein hatte.
Dok.: Bundesarchiv Koblenz NS 26/6.

Abschrift

für Herrn Regierungsrat Hitler

in B e r l i n W 62

Lützowplatz 11

zur Kenntnisnahme.

Ihre Dienstbezüge betragen danach:

Grundgehalt	4.400,— RM
Wohnungsgeldzuschuß	691,20 "
jährlich	5.091,20 RM
monatlich	424,26 RM.
Ab Kürzungen 25 % - 2,50 RM =	103,56 "
	320,70 RM

Für Februar betragen die Dienstbezüge: 64,14 RM.

gez. Dr. Rittmeyer.

Tgb. Nr. 757

Abschrift

für die Braunschweigische Gesandtschaft

in B e r l i n W 62

Lützowplatz 11

zur Kenntnisnahme.

Braunschweig, den 8. März 1932.

Der Vorsitzende

des Landeskultur- und -vermessungsamts.

Information Hitlers über die ihm als Regierungsrat zustehenden Dienstbezüge.
Dok.: Bundesarchiv Koblenz NS 26/6.

Gh. Gesandsch.

777   2×

32

1.   An

 ....Herrn Regierungsrat Adolf H i t l e r

                B e r l i n

    Auf Ihr Jesuch vom 28.Februar d.Js. erteile ich gern den

von Ihnen erbetenen, auch bereits von mir vorläufig in der

Besprechung am 26.Februar gewährten Urlaub bis zur Beendigung

des Reichspräsidenten-Wahlkampfes.

    Zugleich beehre ich mich Sie zu benachrichtigen, daß das

Braunschweigische Staatsministerium genehmigt hat, daß Sie

einstweilen Ihren Wohnsitz in München behalten.

                                gez.Boden.

Dokumente vom 5. März, 16. März, 19. Oktober und 8. November 1932 über die Beurlau-
bung Hitlers für die jeweiligen Wahlen. Dok.: Bundesarchiv Koblenz NS 26/5 und NS 26/6.

Braunschweigische und Anhaltische
Gesandtschaft.

Mecklenburg-Strelitzsche Vertretung
bei der Reichsregierung.

Berlin W. 62   16.März 1932
Lützowplatz 11
Fernspr.: B 2 Lützow 2867.

Abschrift.

Nr. 7778

Herrn

Regierungsrat Adolf **Hitler**

München

    Ich empfing Ihr Gesuch von 10.d.Mts. und erteile darauf gern den erbetenen weiteren Urlaub bis zur Beendigung des zweiten Wahlganges der Reichspräsidentenwahl.

    In Abschrift

    für den Herrn Vorsitzenden des Staatsministeriums

Braunschweig

zur geneigten Kenntnisnahme.

gez. Boden.

München, den 19.10.32

14

Abschrift!

Braunschw.. Anhalt. u. Mecklg.. Strel.
Vertretung beim Reich
Eing. - . NOV. 1932
Tgb. Nr.: 2601

An

die Braunschweigische Vertretung beim Reich
z.Hd. des Herrn Gesandten Exzellenz Boden, Berlin.

Leider besteht keine Aussicht, dass mir die fortlaufenden
politischen Kämpfe in der nächsten Zeit die Erfüllung meines
Dienstauftrages ermöglichen.

Ich lege daher ein Urlaubsgesuch vor und bitte Sie, dasselbe an den Herrn Vorsitzenden des Braunschweigischen Staatsministeriums weiterzuleiten.

Ergebenst

gez. Adolf Hitler.

Der Vorsitzende
Braunschweigischen Staatsministeriums.

Braunschweig, den 8.November 1932.

Böhlweg 38.
Postschließfach Nr. 302. — Angabe auf Briefumschlag erbeten.

Pers.H.

Fernsprecher: 5800 — 5811.
Postscheckkonto: Hannover 42219.
Konto: Braunsch. Staatsbank.

Braunsche - Anhalt. u. Mecklng.-Stri.
Vertre...

Eing.: - 9. NOV. 1932 *

Tgb. Nr.: 2601

Auf den Bericht vom 3.d.Mts. Nr.2601.

————

     Dem Regierungsrat A. Hitler bewillige ich den erbetenen
Urlaub bis auf weiteres. Die Zahlung der Bezüge ist einem Wunsche
des Regierungsrats Hitler entsprechend während der Dauer des
Urlaubs einzustellen.

          gez. Dr. Küchenthal.

An
Braunschweigische,Anhaltische
Mecklenburg-Strelitz'sche
Vertretung beim Reich,
    Berlin W 62.
    Lützowplatz 11.

Beglaubigt:

Min.Oberinspektor.

Devrient notiert:

Ausgerechnet am 13. des Monats beginnt meine „Lehrtätigkeit". Hitler erklärt auf meinen Hinweis auf den 13. als Unterrichtsbeginn, wenn ich aber-
gläubisch sei, sei das meine Sache, er jedenfalls sei es nicht.

Ich beginne also zu „lehren", meine „Lehrtätigkeit" auszuüben. Zuerst ver-
gleiche ich das menschliche Stimmorgan mit einem Blasinstrument. Ich ver-
gleiche das Windrohr mit der Luftröhre, das Mundstück mit dem Kehlkopf,
das Ansatzrohr mit dem Schlund, der Mund- und Nasenhöhle. Man hat darauf, erläutere ich meinem erstmals wirklich interessierten Schüler, sogar ‚gemischte' Versuche aufgebaut. Hitler hört so aufmerksam zu, daß ich ausführlicher werden kann. Ich erzähle ihm, daß man, um die Gleichheit der Toner-
zeugung zu demonstrieren, durch einen toten ausgeschnittenen Kehlkopf genau so wechselnd Luft blasen könne wie durch eine Trompete ... „Die Luft,
der Atem, ist das Wichtigste für die Tonbildung, hier wie dort, beim Instrument — und bei der menschlichen Stimme!" Damit will ich Hitler auf die ihm
nach meiner Meinung langweilig werdenden Atemübungen vorbereiten, mit
denen ich ihn jetzt zunächst erst einmal traktieren muß. Doch wieder ist seine
Reaktion anders, als ich sie erwartet habe.

„Was Sie über die Versuche mit menschlichen Kehlköpfen berichten, halte ich
für aufschlußreich!" erklärt er und fährt fort: „Sicher gewinnt man daraus
wertvolle Erkenntnisse für den Gebrauch der eigenen Stimme. Schade, daß wir
nicht gleich hier einen solchen Versuch anstellen können; aber woher bekommen wir hier einen menschlichen Kehlkopf? Von einem zum Tode Verurteil-
ten?"

„Mit eindrucksvollen Versuchen allein ist mein Unterrichtsziel nicht zu erreichen", antworte ich. „Man muß lehren (zeigen) und lernen (üben). Worauf
es ankommt: immer ist nur das Sprechen richtig, das ohne sichtbaren Atem-
aufwand, also ohne spürbare Anstrengung, vor sich geht. Solche Tongebung,

die immer den richtigen Sitz des Tones zur Voraussetzung hat, bedingt stets eine erlernte Atemführung. Die zwei Vorgänge des Einatmens, des ohne den mindesten Hauch zu geschehenden Tonansatzes, müssen gewissermaßen in eins zusammenfallen."

Dann öffne ich das Fenster und demonstriere Hitler erst einmal systematisch tiefes Luftholen und ebenso gründliches Ausatmen, beginne dann mit den einfachsten Tonübungen, summe ihm langgezogene, kräftige Töne auf Umlaut-Mischvokale ‚ü' und ‚ö' vor, lasse ihn nachsummen. Um ihren von Anfang an klaren, energischen Ansatz zu üben, lasse ich Hitler die Töne ohne den mindesten Hauch so leise wie möglich beginnen und so laut wie möglich enden.

Ich erkläre ihm: „Der Ton muß gleichsam herausgezogen, nie aber herausgestoßen werden; man muß seinen Atem so anzuwenden lernen, daß man schon mit dem geringsten Hauch oder Luftstrahl einen Klang hervorbringt, der nach und nach zum stärksten Ton in alle Richtungen an- und abschwillt". Das mache ich ihm dann vor und lasse es ihn nachexerzieren. „So lange man nicht einen Ton vom leisesten Piano bis zum Fortissimo an- und abschwellen, in tausend Teile gleichsam zerpflücken und verhallen lassen kann, solange kann man nicht behaupten, daß man seines Atems mächtig sei!"

Hitler folgt mir in allem so eifrig und konzentriert, daß mir der Zeitpunkt zur Schulung der so wichtigen Pianotöne gekommen scheint. Kaum jemand, auch Hitler nicht, weiß: Nicht nur die Tonstärken Forte und Fortissimo verlangen die Anspannung unseres Organs, auch die vollkommene Bildung der leisen Pianotöne, namentlich bei schwer ansprechenden Stimmen wie der von Hitler, verlangt erst recht die Beherrschung der richtigen Spannungsverhältnisse, soll dem Piano-Ton größte Verständlichkeit und weiteste Tragfähigkeit verliehen werden.

Hitler ist so intensiv bei der Sache, daß sich schon jetzt, in der ersten Unterweisungsstunde, mit dem Wachsen seiner anfangs recht dünnen Übungstöne, seine Atmung verbessert, sein Stimmumfang zunimmt. Dabei entfällt jeder Zwang, an die Atemtechnik zu denken. Die Konzentration richtet sich allein auf den Ton, und alles übrige ergibt sich von selbst.

„Ich bin sicher", prophezeie ich Hitler, „daß Sie am Schluß des ‚Unterrichts' über eine vorzügliche, ja ganz ideale ‚Atemführung' wie kaum ein anderer Redner verfügen werden". Und dann überrasche ich ihn mit der Feststellung der Wissenschaftler, die nicht etwa Sportler als die großen Vorbilder in puncto Atmung herausstellen, nicht athletische Wettkämpfer, die sich bis zur Atemlosigkeit verausgaben, sondern die viel weniger auffälligen „gelernten" Redner und Sänger. „Wenn Sie nämlich Töne bilden, dann öffnen sich ihre Luftwege optimal weit. Der menschliche Kehlkopf soll ohnehin ursprünglich einmal ein Atemorgan gewesen sein!", doziere ich. „Das Singen, die Tonbildung, bei der die Spannung in unserer Lunge erhöht wird, ist das ideale Leistungstraining: Sänger atmen besser als Sportler!"

„Das haben also die Armeeführer aller Zeiten schon immer gewußt, die ihre Soldaten . . .", sagt er und will fortfahren: „singen ließen!" Doch er beendet den Satz nicht, sondern blickt stattdessen lächelnd aus dem von mir geöffneten Fenster. Als auch ich zum Fenster hinausschaue, sehe ich an der gegenüberliegenden Häuserfront aus den Fenstern heraus an die zwanzig bis dreißig Feldstecher auf uns gerichtet. Begeisterte Anhänger von Hitler haben alle Fenster dieses Hauses, das unserem derzeitigen Quartier gegenüberliegt, Kopf an Kopf besetzt und versuchen, mit Hilfe von Gläsern und Fernrohren, einen Blick „hinter die Kulissen" zu werfen.

Wer Hitler 1932 genau beobachtete (wie sein späterer Leibfotograf Heinrich Hoffmann es z. B. tat), konnte die unmittelbaren Folgen des Unterrichts in der Praxis feststellen.

1974 schrieb ich in meinem Buch „Adolf Hitler. Mein Kampf . . ." u.a.: „In den Jahren 1932 und 1933 sprach Hitler in vielen seiner Reden das anlautende ‚st' buchstäblich ‚s-t' aus, als sei er ein Hannoveraner oder Hamburger, der die deutsche Lautverschiebung nicht mitgemacht hat. Er versprach sich von solchen Floskeln und sprachlichen Anomalien eine günstige Wirkung auf die norddeutschen Zuhörer, und es scheint, er hatte recht damit." Hitlers Reden wirkten — im Rahmen der meist nach dem Muster kirchlicher Feiern sorgfältig vor- und zubereiteten Umgebung — jedoch primär durch den Rhythmus, die Melodik, die rhythmisch-melodische Gliederung und Betonungsstruktur, durch das Sprechtempo, die Dynamik, Stimmlage und Stimmfarbe Hitlers. Viele hörten nicht, was er sagte, sondern wie er es sagte. Nicht die Ratio, sondern die emotionalen Bereiche der Zuhörer sprach er an. Während es ihm auf diesem Wege möglich war, sehr vielen seiner Zuhörer bestimmte Ziele und Veränderungen so aufzudrängen, daß sie mindestens emotional nicht mehr von ihm loskamen, erzielte Mein Kampf *derartige Folgen nicht. Seine Leser konnte er weder durch gespielten Zorn noch durch theatralische Entrüstung oder durch die Steigerung der Klangfarbe seiner Stimme von den Tatsachen ablenken, die ihm nicht paßten, oder an die er nicht glaubte, obwohl er sie propagierte und sich — zum Teile dem Scheine nach — für sie einsetzte.*

Nach jüngsten, wissenschaftlich fundierten Erkenntnissen, beruhte ein beträchtlicher Teil der Erfolge Hitlers als Redner auf der Tatsache, daß er über eine so außergewöhnliche Modulationsfähigkeit seiner Sprechweise verfügte, daß es ihm möglich war, durch den $2^{1/2}$ Oktaven umfassenden Frequenzbereich seiner Sprechweise die logischen Denkfunktionen in der Großhirnrinde seiner Zuhörer mit Berechnung zu hemmen und zugleich auch die emotionalen Bereiche des Hirnstammes zu aktivieren. So war er, was exakt meßbar ist und als ein Beweis unter vielen anderen angeführt wird, stets in der Lage, die Töne, die sich aus den rhythmischen Hervorhebungen ergeben, zwischen 200 und 300 Hertz (Hz) auszusprechen, obwohl seine normale Tonlage zwischen 170 und 160 Hz aufwies[31]. *Hitler, dessen Sprecheigenarten nicht nur habituell*

---

[31] Die „Führtöne" Hitlers (die Töne, die sich aus den rhythmischen Hervorhebungssilben ergeben) lagen in einem Frequenzumfang von ca. 140 bis maximal 355 Hz, was nach der gül-

verankert waren, sondern von ihm auch zielgerichtet ausgenutzt wurden, gelang „es mit Hilfe von Rhythmus, Gliederungseigenart und Melodik, die logischen Denkfunktionen der Großhirnrinde weitgehend zu paralysieren und je nach Absicht die emotionalen Bereiche des Hirnstammes stärker zu aktivieren. Diese psycho-prosodischen Einflußmöglichkeiten benutzte er vor allem dann, wenn er ganz bestimmte Absichten, absurde oder auch unmenschliche Forderungen, entscheidende Wahrheits- und Geschichtsfälschungen oder notwendige Rechtfertigungen für unerwartete oder gar verbrecherische Taten dem Zuhörer aufzwingen wollte“[32]. *Nicht zufällig sind denn auch Hitlers Feststellungen in* Mein Kampf *über die Bedeutung und Wirkungsmöglichkeiten eines Redners — nicht nur für Politiker — aufschlußreicher als beispielsweise die Lehren über die Psychologie der Massen von Le Bon und McDougall, weil Hitler Erfahrungen ausbreitete und sowohl seine Wirkungsbestimmung der Propaganda als auch eine Apologie des gesprochenen Wortes vorlegte.* Mein Kampf *beweist, daß er seine Wirkungsmöglichkeiten als Redner kausal-psychologisch motivierte. So schrieb er zum Beispiel:*

tigen Grundtonbereichstabelle einem musikalischen Tonumfang von etwas unter d^0 bis etwas über f' (etwa einer Undezime) entspricht. Bei unbetonten Silben war ein Tonabfall bis zu 60 Hz feststellbar, so daß seine Sprechmelodik einen (sehr seltenen) Intervallumfang von ca. $2^1/_2$ Oktaven hatte. Wertungsgrundlage war hierbei Hitlers Rede zum Ermächtigungsgesetz, in der er z. B. die Hervorhebungssilben „blitz“ und „Zu“ in dem Satz „Nur durch ihr *blitz*schnelles *Zu*schlagen“ in Höhen von 355 Hz aussprach, ohne einen Registerwechsel vorzunehmen. Seine „Indifferenzlage“, d. h. seine Normaltonlage, lag unter 170 Hz, teilweise sogar unter 160 Hz, so daß sie sich in der unteren Hälfte eines gesanglich bestimmten Baritons befand (Bariton: 95 Hz bis 390 Hz). Dennoch war es Hitler möglich, sprechmelodisch ohne Registerwechsel in das obere Drittel eines Tenorbereiches (130 Hz bis 523 Hz, einschließlich Falsettregister) vorzudringen: bis zu der Stelle zwischen f' und g', an der viele Tenorstimmen bereits einen Registerwechsel in den Falsettbereich vornehmen müssen. Vgl. dazu Schnauber, S. 105 ff.

[32] Schnauber, S. 112. S. 113 stellt Schnauber ergänzend fest, daß Hitler „mit den Mitteilungen bestimmter emotionaler Werte gleichzeitig ganz bestimmte Vorstellungsbilder zu wekken“ verstanden habe und macht im gleichen Zusammenhang darauf aufmerksam, daß bestimmte Vorstellungsbilder und Begriffe umgekehrt auch ganz bestimmte Emotionen erzeugen, was vor allem Goebbels im Sinne Hitlers meisterhaft auszuwerten verstand.

,Wie schwer es ist, gefühlsmäßige Vorurteile, Stimmungen, Empfindungen usw. umzustoßen und durch andere zu ersetzen, von wie vielen kaum ermeßbaren Einflüssen und Bedingungen der Erfolg abhängt, das kann der feinfühlige Redner daran ermessen, daß selbst die Tageszeit, in welcher der Vortrag stattfindet, von ausschlaggebendem Einfluß auf dessen Wirkung sein kann. Der gleiche Vortrag, der gleiche Redner, das gleiche Thema wirken ganz verschieden um zehn Uhr vormittags, um drei Uhr nachmittags oder am Abend.

Ich selbst habe als Anfänger noch Versammlungen für den Vormittag angesetzt und erinnere mich im besonderen an eine Kundgebung, die wir als Protest gegen die Unterdrückung deutscher Gebiete im Münchener-Kindl-Keller abhielten. Er war damals Münchens größter Saal und das Wagnis schien sehr groß zu sein. Um den Anhängern der Bewegung und allen, die sonst kamen, den Besuch besonders zu erleichtern, setzte ich die Versammlung auf einen Sonntagvormittag, zehn Uhr, an. Das Ergebnis war niederdrückend, doch zugleich außerordentlich belehrend: Der Saal voll, der Eindruck ein wahrhaft überwältigender, die Stimmung aber eisig kalt; niemand wurde warm, und ich selbst als Redner fühlte mich tief unglücklich, keine Verbindung, nicht den leisesten Kontakt mit meinen Zuhörern herstellen zu können. Ich glaubte nicht schlechter gesprochen zu haben als sonst; allein die Wirkung schien gleich Null zu sein. Völlig unbefriedigt, wenn auch um eine Erfahrung reicher geworden, verließ ich die Versammlung. Proben, die ich später in gleicher Art unternahm, führten zu demselben Ergebnis.

Dies darf einen nicht wundernehmen. Man gehe in eine Theatervorstellung und besehe sich ein Stück nachmittags um drei Uhr und das gleiche Stück in gleicher Besetzung abends acht Uhr, und man wird erstaunt sein über die Verschiedenartigkeit der Wirkung und des Eindrucks. Ein Mensch mit feinem Gefühl und der Fähigkeit, sich selbst über diese Stimmung Klarheit zu verschaffen, wird ohne weiteres feststellen können, daß der Eindruck der Vorführung nachmittags kein so großer ist als der abends. Selbst für ein Kinostück gilt die glei-

che Feststellung. Wichtig ist dies deshalb, weil man beim Theater sagen könnte, daß vielleicht der Schauspieler nachmittags sich nicht so müht wie abends. Der Film jedoch ist nachmittags kein anderer als um neun Uhr nachts. Nein, die Zeit selbst übt hier eine bestimmte Wirkung aus, genau so wie auf mich der Raum. Es gibt Räume, die auch kalt lassen aus Gründen, die man nur schwer erkennt, die jeder Erzeugung von Stimmung irgendwie heftigsten Widerstand entgegensetzen. Auch traditionelle Erinnerungen und Vorstellungen, die im Menschen vorhanden sind, vermögen einen Eindruck maßgebend zu bestimmen. So wird eine Parsifalaufführung in Bayreuth stets anders wirken als an irgendeiner anderen Stelle der Welt. Der geheimnisvolle Zauber des Hauses auf dem Festspielhügel der alten Marktgrafenstadt kann nicht durch Äußeres ersetzt oder auch nur eingeholt werden.

In allen diesen Fällen handelt es sich um Beeinträchtigungen der Willensfreiheit des Menschen. Am meisten gilt dies natürlich für Versammlungen, in die an sich Menschen von gegenteiliger Willenseinstellung kommen, und die nunmehr einem neuen Wollen gewonnen werden müssen. Morgens und selbst tagsüber scheinen die willensmäßigen Kräfte der Menschen sich noch in höchster Energie gegen den Versuch der Aufzwingung eines fremden Willens und einer fremden Meinung zu sträuben. Abends dagegen unterliegen sie leichter der beherrschenden Kraft eines stärkeren Wollens. Denn wahrlich stellt jede solche Versammlung einen Ringkampf zweier entgegengesetzter Kräfte dar. Der überragenden Redekunst einer beherrschenden Apostelnatur wird es nun leichter gelingen, Menschen dem neuen Wollen zu gewinnen, die selbst bereits eine Schwächung ihrer Widerstandskraft in natürlichster Weise erfahren haben, als solche, die noch im Vollbesitz ihrer geistigen und willensmäßigen Spannkraft sind.

Dem gleichen Zwecke dient ja auch der künstlich gemachte und doch geheimnisvolle Dämmerschein katholischer Kirchen, die brennenden Lichter, Weihrauch, Räucherpfannen usw.

In diesem Ringkampf des Redners mit den zu bekehrenden Gegnern wird dieser allmählich jene wundervolle Feinfühligkeit für die psychologischen Bedingungen der Propaganda bekommen, die dem Schreibenden fast stets fehlen. Daher wird das Geschriebene in seiner begrenzteren Wirkung im allgemeinen mehr der Erhaltung, Festigung und Vertiefung einer bereits vorhandenen Gesinnung oder Ansicht dienen. Alle wirklich großen historischen Umwälzungen sind nicht durch das geschriebene Wort herbeigeführt, sondern höchstens von ihm begleitet worden.

Man glaube nicht, daß die französische Revolution je durch philosophische Theorien zustande gekommen wäre, hätte sie nicht eine durch Demagogen größten Stils geführte Armee von Hetzern gefunden, die die Leidenschaften des an sich gequälten Volkes aufpeitschten, bis endlich jener furchtbare Vulkanausbruch erfolgte, der ganz Europa in Schrecken erstarren ließ: Und ebenso ist die größte revolutionäre Umwälzung der neuesten Zeit, die bolschewistische Revolution in Rußland, nicht durch das Schrifttum Lenins erfolgt, sondern durch die haßaufwühlende rednerische Betätigung zahlloser größter und kleinster Hetzapostel.

Das Volk der Analphabeten ist wirklich nicht durch die theoretische Lektüre eines Karl Marx zur kommunistischen Revolution begeistert worden[33], *son-*

---

[33] Hitler, S. 530 ff. S. 536 schreibt Hitler: „Die Gemeinsamkeit der großen Kundgebung aber stärkt nicht nur den einzelnen, sondern verbindet auch und hilft mit, Korpsgeist zu erzeugen. Der Mann, der als erster Vertreter einer neuen Lehre in seinem Unternehmen oder in seiner Werkstätte schweren Bedrängnissen ausgesetzt ist, bedarf notwendig jener Stärkung, die in der Überzeugung liegt, ein Glied und Kämpfer einer großen umfassenden Körperschaft zu sein. Den Eindruck dieser Körperschaft erhält er jedoch erstmalig nur in der gemeinsamen Massenkundgebung. Wenn er aus seiner kleinen Arbeitsstätte oder aus dem großen Betrieb, in dem er sich recht klein fühlt, zum ersten Male in die Massenversammlung hineintritt und nun Tausende und Tausende von Menschen gleicher Gesinnung um sich hat, wenn er als Suchender in die gewaltige Wirkung des suggestiven Rausches und der Begeisterung von drei- bis viertausend anderen mitgerissen wird, wenn der sichtbare Erfolg und die Zustimmung von Tausenden ihm die Richtigkeit der neuen Lehre bestätigen und zum erstenmal den Zweifel an der Wahrheit

dern nur durch den gleißenden Himmel, den Tausende von Agitatoren, aller-
dings alle im Dienste einer Idee, dem Volke vorredeten."[34]

Devrient nimmt hier, ahnungslos und instinktlos, wo immer er sich auf Hitlers
ureigenstem Gebiet bewegt, für sich in Anspruch, was Hitler sieben Jahre zu-
vor bereits in „Mein Kampf" so differenziert vorweggenommen hat, daß
Mißverständnisse unmöglich sind. Der „Lehrer" bucht — Jahre später — auf
sein Konto, was dem „Schüler" zusteht.[35]

Für den 20. April 1932 hat Hitler eine weitere Unterrichtsstunde angesetzt.
Devrient notiert:

Die für den 20. April anberaumte Wiederholungsstunde fällt aus: Hitler hat
Geburtstag. Doch dies ist nicht allein der Grund dafür, wenigstens nicht direkt.
Er hat — vermengt in einem Berg von Geschenken und ebenso einladend ver-
packt — eine tote stinkende Ratte geschickt bekommen. Der „Begleittext":

> „Dem böhmischen Rattenfänger
> Verderber der deutschen Jugend
> Von einer ‚unpolitischen' Jugend-Gruppe."

Nach diesem „Zwischenfall" möchte Hitler (an diesem Tage) niemanden mehr
sehen, obgleich viele Geschenke, insgesamt fast ein Auto füllend, nur Zunei-
gung bekunden: unter anderem ein radgroßer Apfelkuchen mit riesigem Hakenkreuz aus Zuckerguß. Dazu zehn schwarz-weiß-rot perlbestickte Netze mit
ebenfalls hakenkreuzverzierten Karamelbonbons und Pfefferkuchen: Hitlers
Lieblings-Süßigkeiten! Von einem Fischzucht- und Anglerverein, der sich schon

seiner bisherigen Überzeugungen erwecken — dann unterliegt er selbst dem zauberhaften Einfluß dessen, was wir mit dem Wort Massensuggestion bezeichnen. Das Wollen, die Sehnsucht,
aber auch die Kraft von Tausenden akkumuliert sich in jedem einzelnen. Der Mann, der zwei-
felnd und schwankend eine solche Versammlung betritt, verläßt sie innerlich gefestigt: er ist
zum Glied einer Gemeinschaft geworden."
[34] Zit. aus Maser, Adolf Hitler. Mein Kampf. S. 61 ff.
[35] Vgl. dazu auch S. 180 ff.

jetzt verpflichtet, statt „Petriheil" künftig nur noch „Heil-Hitler" zu grüßen, einen in einem Eiskasten verpackten riesigen Hecht, gleichfalls eine Leibspeise Hitlers. Ferner eine kostbare silberbeschlagene Leine samt Halsband und Maulkorb für Hitlers Lieblingshund, „verehrt" von einem Polizei- und Apportierhunde-Club. Und dann — besonders sinnig — ein hölzernes Wetterhäuschen, das anstelle der üblichen Figuren für „Schönwetter" ein vergoldetes Hakenkreuz auftauchen läßt, für „Schlechtwetter" aber, blutrot bemalt, „Hammer und Sichel". Schließlich, bis zum letzten Uniformknopf getreu, ein vollzähliger SA-Sturm im Marschtritt, handgeschnitzt und geschenkt von einem weltbekannten deutschen Holzschnitzer-Ort.

Gleich anderntags[36] will ich — ohne ein Wort über die Verschiebung des Unterrichts zu verlieren — mit der Stimmschulung fortfahren. Doch zu meiner Überraschung kommt Hitler von selbst auf die anonyme Schmähsendung zurück, jedoch nur indirekt.

Wie alle seine Erlebnisse überträgt er auch dies nun ins Allgemeingültige. „Eigentlich sollte man über einen solchen Lausbubenstreich lachen" . . . erklärt er. „Ich kann es nicht, denn der Grund, aus dem so etwas geschieht, erscheint mir eher tragisch. Die heutige Jugend bleibt sich selbst überlassen, ohne Halt und Entwicklungsmöglichkeit durch Betätigung und Bestätigung. Und dies Versäumnis wird einschließlich allem anderen dem jetzigen System den Untergang bringen! Denn der Einzelne tut kaum Schlechtes. Erst der Zusammenschluß mehrerer bringt Gefahr, wenn dies aus Ziellosigkeit und Langeweile geschieht. Anführer ziehen an sich Gutartige mit! Junge Menschen suchen die Gemeinschaft, suchen Ziele, für die sie sich begeistern können. — Ich werde sie ihnen geben!" . . . Plötzlich wird er ungeduldig: „Bis es so weit ist, werde ich leider noch reden, reden müssen . . .!" Dann fragt er eindringlich, vor Erregung schon wieder buchstäblich heiser werdend: „Wann glauben Sie, daß ich ‚kuriert' bin?"

[36] Hitler sprach am 21. April in Bad Kreuznach, in Köln und in Trier.

„Das muß man abwarten!" erkläre ich ihm: „Auch Ihre angeborenen Stimm-Mittel genügen nicht für den strapaziösen Redner-‚Beruf‘, wenigstens nicht auf die Dauer. Erst durch methodische Übung und Schulung müssen sie dafür ‚tauglich‘ gemacht werden!"

„Ist das nicht zu sehr übertrieben?" fragt Hitler.

Ich weiche aus und sage: „Ein Pianist zum Beispiel muß Fingerfertigkeit und Anschlagtechnik lernen, ein Geiger Bogenführung und Saitenspiel. Dies gilt als selbstverständlich! Nur der Redner nimmt sein Instrument, die Stimme, als von Natur aus funktionierend hin, obgleich gerade er Technik und noch einmal Technik braucht. Anders als bei den künstlichen Instrumenten ermüdet sein Organ. Kein Instrumentalvirtuose würde ohne erlernte Technik aufzutreten wagen, im Gegensatz zum Redner, der sich einbildet, seine Naturstimme genüge, wenn er nur zu deklamieren verstehe."

Hitler wird unwillig wie ein ABC-Schütze, der seine Hausaufgabe satt hat. Er ist meiner Erläuterungen überdrüssig. „Und das Vertrackte dabei ist", fahre ich dennoch fort, „daß solche Unkenntnis beim Redner meistens versteckt bleibt hinter angeborenen Vorzügen wie Suggestivität, Feuer und anziehender Persönlichkeit. Sie decken die Mängel einfach zu. Das Publikum applaudiert ahnungslos, bei ihm kann man kein Verständnis voraussetzen für den Wert richtiger Stimmbildung und so weiter. Es fragt immer nur nach der Wirkung. Bei günstiger Veranlagung des ungeschulten Redners lassen sich bei ihm leicht ‚Erfolge erzielen, denn gewöhnlich wird ‚Material‘ für Können gehalten — ein Irrtum, der oft für den Redner, welcher dank seines Naturgeschenks so frühzeitig Lorbeeren pflückt, verhängnisvoll wird."

„Verhängnisvoll, wieso denn?" fragt Hitler.

Ich antworte: „Die Leute mit guten Naturstimmen wollen sich nicht der Mühe einer Schulung unterziehen und glauben, daß sie mit ihren Redetexten auch die Redekunst beherrschen."

„Ich", unterbricht mich Hitler barsch, „sehe darin kein Verhängnis!"

„Und doch ereilt es jeden", beharre ich auf meiner Version: „Mag noch so robustes Material, wie wir Fachleute sagen, die Mängel verdecken, das Publikum noch so laut applaudieren, weil es technische Mängel nicht wahrnimmt, ja mag ein Dilettant sogar eine Zeitlang über viele andere, die eine geringere Naturbegabung durch technisches Können wettmachen, triumphieren. Es bleiben zuletzt stets Triumphe, die nur von kurzer Dauer sind. Dies halte ich selbst größten Stimmtitanen im Rausch ihrer Erfolge entgegen: Ihr werdet an euren Fehlern scheitern!"

„Wollen Sie behaupten, daß auch ich an Fehlern scheitern könnte?", wehrt sich Hitler und — wird noch heiserer.

„Ja!" antworte ich. Hitler schweigt irritiert, schwankt sichtlich zwischen Zweifel, Ärger und Neugierde.

„Berufsredner ohne Ausbildung sind stimmlich bald aufgebraucht", erkläre ich. „Gewöhnlich schon zu einer Zeit, in der sie ihre höchste geistige Reife erreichen und ihre Stimme ihnen eine noch größere Überzeugungskraft verleihen würde. Dann versagen ausgerechnet die stimmlichen Mittel und die ideale Verschmelzung stimmlicher und deklamatorischer Wirkung bleibt ihnen unerreichbar."

„Suggerieren Sie mir nicht das", droht Hitler und belehrt mich: „Ich weiß, was ich an mir habe! Ich bin von Natur aus ein überzeugender Redner. Ich kann reden und lasse mir von Ihnen nicht einreden, daß ich womöglich nicht reden kann. Ich kann es! Verstehen Sie mich?"

Hitler ist zu der Zeit schon seit 13 Jahren fest überzeugt, ein glänzender Redner mit ungewöhnlichem Charisma zu sein[37]. *Bereits 1919, als er noch ein na-*

[37] Vgl. S. 77 ff.

menloser Soldat war, wie er immer wieder gern hervorhob, wurde ihm nicht nur von seinen Freunden bestätigt, daß er ein hervorragender Redner mit ungewöhnlicher Überzeugungskraft sei. So erklärte der nicht nur in Bayern viel gerühmte Historiker Alexander von Müller, bei dem Hitler 1919 Vorlesungen über „Deutsche Geschichte seit der Reformation" und über „Politische Geschichte des Krieges" hörte[38], nach seiner ersten Begegnung mit seinem „Schüler" Hitler:

„Nach dem Schluß meines Vortrags und der folgenden lebhaften Erörterung stieß ich in dem sich leerenden Saal auf eine kleine Gruppe, die mich aufhielt. Sie schien festgebannt um einen Mann in ihrer Mitte, der mit einer seltsam gutturalen Stimme unaufhaltsam und mit wachsender Leidenschaft auf sie einsprach: Ich hatte das sonderbare Gefühl, als ob ihre Erregung sein Werk wäre und zugleich wieder ihm selbst die Stimme gäbe. Ich sah ein bleiches, mageres Gesicht unter einer unsoldatisch hereinhängenden Haarsträhne, mit kurzgeschnittenem Schnurrbart und auffällig großen, hellblauen, fanatisch kalt aufglänzenden Augen."[39]

Die schriftlichen Angaben der 1919 aus der Gefangenschaft heimgekehrten deutschen Soldaten, die im bayerischen „Lager Lechfeld" landeten, wo sie dem „Bildungsoffizier"[40] Adolf Hitler begegneten, sind so beredt, daß Devrients Aufzeichnung, soweit sie seine Kritik an Hitlers Erfolgen als Redner betreffen, ad absurdum geführt werden. So hieß es zum Beispiel in den Berichten der von den in Bayern maßgeblichen Militärs besonders ausgewählten Vertrauensmänner an ihre militärischen Dienststellen:

„Die geschichtlichen historischen Vorträge des Herrn Beyschlag (dem Leiter des Militär-Lagers, Dr. M.) fanden bei weitem nicht den Anklang wie die temperamentvollen Vorträge (mit Beispielen aus dem Leben) des Herrn Hitler

[38] Vgl. Maser, Adolf Hitler, S. 161 ff. und Maser, Der Sturm auf die Republik, S. 134 f.
[39] Maser, Adolf Hitler, S. 163.
[40] Vgl. dazu Maser, Der Sturm auf die Republik, S. 138 ff.

... Während bei letzterem Rede und Gegenrede alle Anwesenden mitriß, fehlte dieses Moment bei den ersteren Vorträgen ... Besonders waren die Vorträge wirksam und leicht faßbar, die Herren Hitler und Beyschlag (...) sehr geeignet für diesen Zweck ... Herr Beyschlag und auch Herr Hitler haben es verstanden, durch ihre lehrreichen und leicht begreiflichen Vorträge die Leute in eine geradezu begeisterte Stimmung zu bringen ... ‚Ende gut, alles gut‘, so möchte ich auch hier sagen, denn ich bin sowohl überrascht, aber noch mehr erfreut über die Erfolge, die unser Aufklärungskommando in den 5 Tagen hier erzielt hat. Den Heldenanteil des Erfolges haben zweifelsohne die Herren Hitler und Beyschlag, die durch ihre hervorragenden Vorträge die Aufmerksamkeit und das Interesse der Kompanie Bendt, auf die ich nachher noch zu sprechen komme, erweckt haben. Besonders Herr Hitler ist, ich darf wohl sagen, ein geborener Volksredner, der durch seinen Fanatismus und sein populäres Auftreten in einer Versammlung die Zuhörer unbedingt zur Aufmerksamkeit und zum Mitdenken zwingt. Ich für meine Person suchte mein Tätigkeitsfeld in Kantinen, umliegenden Wirtschaften und als Zuschauer bei den Sportspielen ... Was nun die Aufklärungstätigkeit während unseres 5-tägigen Aufenthalts bei der Komp. Bendt betrifft, so war ein ganz befriedigendes Resultat zu verzeichnen, da die Mannschaften den verschiedenen Vorträgen mit großem Interesse folgten namentlich bei H. Beyschlag und Hitler. Letzterer namentlich entpuppte sich als hervorragender und temperamentvoller Redner und fesselte die Aufmerksamkeit der ganzen Zuhörer für seine Ausführungen. Einmal nun war es ihm nicht möglich, einen langen Vortrag zu beenden; er fragte die Leute, als er abbrechen mußte, ob sie vielleicht nach Dienst denselben zu Ende hören wollten und sofort waren alle einverstanden ... Es folgte ... eine Auslegung der Friedensbedingungen durch Herrn Hitle(r) in zwei Fortsetzungen. Dieses Thema zündete ein besonderes Interesse bei den Teilnehmern, man konnte es von den Gesichtern lesen.“[41]

[41] Zit. nach Maser, Der Sturm auf die Republik, S. 137 ff.

Dazu kommt, daß Hitler in diesen Tagen das ist, was der Opernsänger Paul Devrient immer auch gern sein möchte: ein berühmter, gefeierter, gefragter — und, wenn es sein muß, auch umstrittener Mann.

Der größte Teil der Presse fällt über Hitler her. Am 7. April soll er in einer Versammlung in Frankfurt gesagt haben: „Ich habe mein Gehalt als sogenannter Regierungsrat der Staatsbank von Braunschweig zur Verfügung gestellt zur Verteilung an ausgesteuerte Erwerbslose".[42] Ihm wird öffentlich vorgeworfen, was er trotz aller Bemühungen nicht zweifelsfrei zu entkräften vermag: das Amt des Regierungsrates[43], das ihm nach siebenjähriger Staatenlosigkeit die deutsche Staatsbürgerschaft eingetragen hat, lediglich als Sprungbrett für seine weitere Karriere zu benutzen[44].

Am 15. April hat Groener, der Hitler sehr genau beobachtet, sich in einem Schreiben an die Braunschweigische Regierung gewandt und den Minister Küchenthal gebeten, ihm seine „Auffassung über den Sachverhalt"[45] mitzuteilen. Damit ist ein ministerieller Schriftwechsel in Gang gekommen, der Hitler einigen Ärger bereitet. Am 25. April wird er von dem Gesandten der Braunschweigischen Regierung in Berlin, Dr. Boden, um eine Antwort auf die vertrauliche Frage gebeten, ob er sich in Frankfurt „tatsächlich" als „sogenannter Regierungsrat" bezeichnet habe[46]. Anstatt seinem Vorgesetzten selbst zu antworten, reist er von Ort zu Ort, spricht auf Versammlungen, nimmt Sprechunterricht und läßt seinen Stellvertreter Rudolf Hess am 2. Mai in seinem Namen an die Braunschweigische, Anhaltische und Mecklenburg-Strelitzsche Vertretung beim Reich in Berlin schreiben und ihr erklären, daß er, Hitler, zu Unrecht beschuldigt werde[47].

[42] Vgl. S. 83.
[43] Seit Februar 1932. Vgl. S. 49 ff.
[44] Vgl. S. 81
[45] Vgl. das Dok. S. 81.
[46] Vgl. das Dok. S. 83.
[47] Vgl. das Dok. S. 85.

Während die Minister von anderen erfahren, was der beurlaubte Regierungs-rat sagt und tut oder gesagt und getan hat, posiert Hitler vor dem Spiegel und diskutiert mit einem Opernsänger über die Frage, ob er gut oder schlecht reden könne.

Am 21. April hat Hitler in einem riesigen Zelt in Bad Kreuznach, im offenen Stadion in Koblenz und in der Sängerhalle in Trier gesprochen und in Bad Kreuznach gesagt: „Wir einigen das deutsche Volk. Das Bild dieser Riesen-kundgebung, das Sie hier sehen, wiederholt sich vor meinen Augen täglich viermal.“[48] Er ist heiser, was Devrient wundert.

„Ich verstehe Sie nicht, weil Sie heiser sind“, versucht er Hitler diplomatisch in den Arm zu fallen, um seine „Lehrer“-Position auszubauen, aber er hat wenig Erfolg.

„Sie sind kein Arzt. Sie wüßten sonst, daß ich erkältet bin!“, stößt Hitler är-gerlich hervor und belehrt mich: „Was wollen Sie gegen eine Erkältung tun? Ihr Sänger sagt doch wegen jeder kleinen Erkältung ab — und läßt euer Pu-blikum im Stich!“

„Das ist etwas anderes!“, weiche ich aus und versuche zu dozieren: „Die vie-len Opfer, die der Rednerberuf wegen der fehlenden Ausbildung fordert, kön-nen das Schlagwort auf sich beziehen: „Schlecht gebrüllt Löwe!“ Beim Sänger spottet man höchstens mit ‚Mi-mi-mi‘! Eine Rede will ebenso ‚gesprochen‘ werden wie alle gewöhnlichen Wörter. Glaubt man, daß ein Redner, nur weil er vor Zuhörern spricht, sich eines anderen Organs bedient, als etwa der Säugling, wenn er in der Wiege schreit? Beide werden nur heiser, wenn sie falsch intonieren!“

„Das Falsche will ich wissen“, fordert Hitler ungeduldig im Befehlston.

---

[48] Zit. nach Domarus, Bd. I/1, S. 107.

Reichsminister des Innern.   Berlin NW 40, den   15. April 1932.
                              Platz der Republik Nr. 6

Minister Dr. Küchenthal,

sender des Staatsministeriums,

                    Braunschweig.

            Sehr verehrter Herr Minister !

        In Erinnerung an unsere Aussprache in Bad Harzburg
    möchte ich heute Ihre Aufmerksamkeit auf eine Herrn Hitler
    betreffende Nachricht der Braunschweigischen Landeszeitung
    vom 8. April 1932 - Nr. 91 - lenken. Herr Hitler hat hier-
    nach in einer Versammlung in Frankfurt a.M. am 7. April
    1932 u.a. gesagt: "Ich habe mein Gehalt als sogenannter
    Regierungsrat der Staatsbank von Braunschweig zur Verfügung
    gestellt zur Verteilung an ausgesteuerte Erwerbslose."
    Bekanntlich hatten sich seinerzeit an die Ernennung Hitlers
    zum Regierungsrat im braunschweigischen Staatsdienst
    Pressekommentare geknüpft, in denen die Ernstlichkeit der
    Ernennung und der durch sie erfolgte Erwerb der braun-
    schweigischen Staatsangehörigkeit in Frage gezogen wurden.
    Eine solche Stellungnahme erhält natürlich durch die mit-
    geteilte Äußerung Herrn Hitlers, falls sie richtig wieder-
    gegeben ist, neue Nahrung. Ich wäre Ihnen dankbar, wenn

                                              Sie

Erste Seite des Schreibens des Reichsministers Groener vom 15. April 1932 an den Vorsitzenden des Braunschweigischen Staatsministeriums Dr. Küchenthal.
Dok.: Bundesarchiv Koblenz NS 26/5.

Braunschweigische, Anhaltische
und
Mecklenburg-Strelitzische
Vertretung beim Reich.

Berlin W. 62, 25. April 1932
Lützowplatz 11
Fernspr. B 2 Lützow 2887.

Abschrift!

Nr. 1194

Vertraulich!

Sehr geehrter Herr Regierungsrat !

Im besondren Auftrage des Herrn Vorsitzenden des Braunschweigischen Staatsministeriums beehre ich mich Sie um eine
dienstliche Aeusserung darüber zu ersuchen, ob es zutrifft,
was in Presseäusserungen behauptet ist, dass Sie in einer
Versammlung in Frankfurt a.M. am 7. April d.Js. gesagt haben:

"Ich habe mein Gehalt als sogenannter Regierungsrat
der Staatsbank von Braunschweig zur Verfügung gestellt
zwecks Verteilung an ausgesteuerte Erwerbslose."

Der Braunschweigischen Regierung liegt also daran zu
wissen, ob Sie Sich tatsächlich als "sogenannten Regierungsrat"
in der Versammlung in Frankfurt a.M. bezeichnet haben.

Indem ich darüber Ihrer alsbaldigen Aeusserung entgegen-
sehen darf, zeichne ich

in vorzüglicher Hochachtung

ergebenst

gez. Boden

Gesandter.

Regierungsrat Adolf Hitler

München.

Vertrauliches Schreiben des Gesandten Dr. Boden vom 25. April 1932 an den Regierungsrat Adolf Hitler, der aufgefordert wird, zu erklären, ob er sich am 7. April 1932 in Frankfurt als „sogenannter Regierungsrat" bezeichnet hat. Dok.: Bundesarchiv Koblenz NS 26/5.

An

die Braunschweigische, Anhaltische und Mecklen=
burg-Strelitzsche Vertretung beim Reich
z.Hd. des Herrn Gesandten Exzellenz Dr.Boden

B e r l i n   W 62
Lützowplatz 11

Euerer Exzellenz

vertrauliches Schreiben vom 25.v.Mts. an Herrn Regierungs=
rat Hitler ging kurz nach dessen Abreise von München hier ein.
Ich habe mich sofort telefonisch mit dem Herrn Regierungsrat
ins Benehmen gesetzt und bin ermächtigt, vorerst in seinem
Namen folgendes zu übermitteln:

Es ist nicht richtig, daß Herr Regierungsrat Hitler am
7.April d.Js. in Frankfurt a.M. oder sonst in einer Versamm=
lung äußerte, er habe sein Gehalt als sogenannter Regierungsrat
der Staatsbank von Braunschweig zur Verfügung gestellt. Richtig ist, daß er erklärte - was auch in den Berichten der nationalsozialistischen Presse niedergelegt ist - er habe sein
Gehalt als Regierungsrat der Staatsbank von Braunschweig zur
Verfügung gestellt.

Herr Regierungsrat Hitler wird nach seiner Rückkehr nach
München obiges in einem persönlich unterzeichneten Schreiben
bestätigen.

Mit vorzüglichster Hochachtung
Euerer Exzellenz
ergebener

gez.Heß.

Antwort von Rudolf Hess vom 2. Mai 1932 auf das Schreiben vom 25. April 1932 von Dr. Boden. Dok.: Bundesarchiv Koblenz NS 26/5.

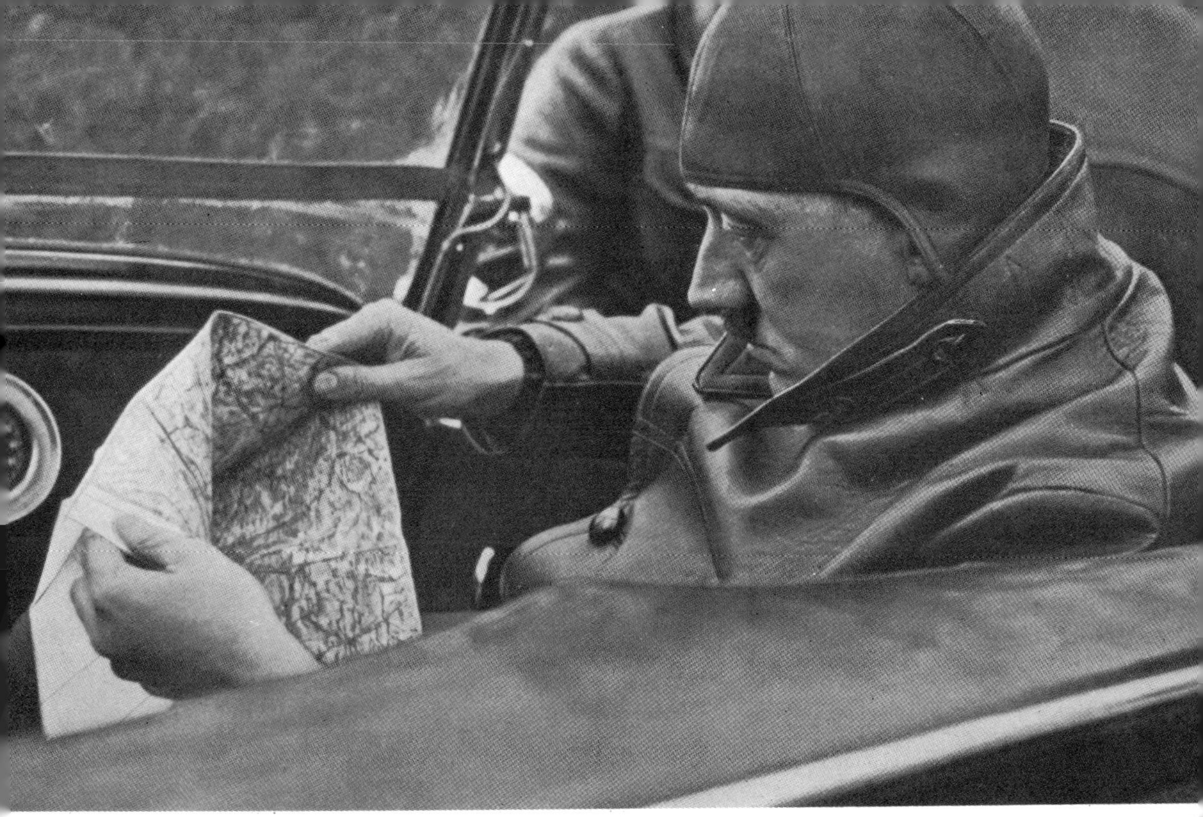

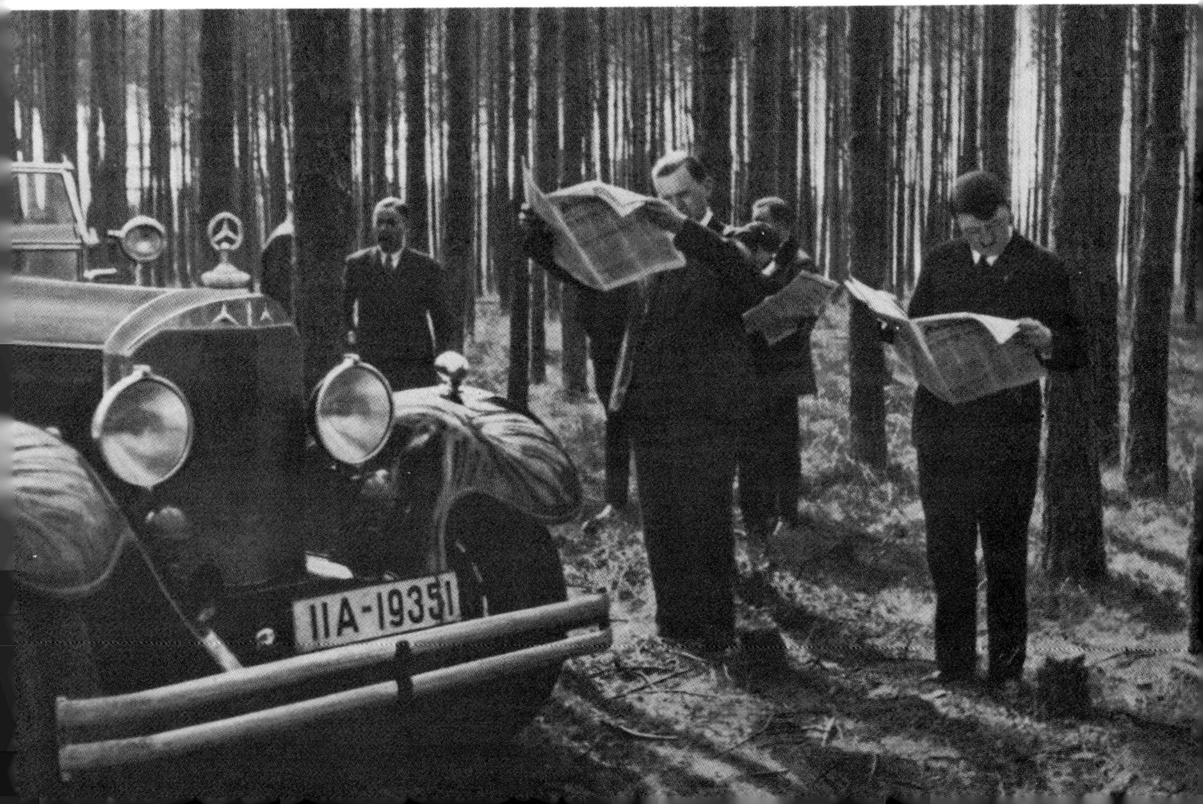
IIA-19351

Hitler mit seinem „Mercedes" auf der Wahlreise.   Foto: Heinrich Hoffmann.

Kurze Unterbrechung der Fahrt und Studium der Presseberichte über Erfolg und Mißerfolg.
Foto: Heinrich Hoffmann.

„Zunächst einmal", sage ich und erläutere: „die meisten Redner könnten ihre rhetorischen Vorhaben mit einem Bruchteil ihrer physischen Kraft genau so gut, ja sogar besser, durch eine die Regeln befolgende Tongebung realisieren."

„Was ist da falsch, was richtig?", fragt Hitler brüsk.

„Meist finden falsche Muskelkontraktionen statt"! erkläre ich.

„Beim Sprechen Muskeln?" fragt Hitler mit rauher Stimme.

„Wenn durch übermäßige Anspannung der Halsmuskulatur", versuche ich zu dozieren, „auch die des Kehlkopfes belastet wird, kann kein Stimmton klar entströmen, ohne ,Drücken‘, wie es notwendig wäre!"

„Gräßliches Fach-Chinesisch", sagt Hitler nur.

„Aber zutreffend — und ganz gewiß nicht von mir erfunden", entgegne ich und erkläre: „Ein Intonierungsfehler ist das ,Näseln‘, weil Gaumensegel und Zäpfchen herunterhängen und eine Berührung mit dem hinteren Zungenrükken herbeiführen. Dadurch wird dem Atemstrom der Weg durch die Mundhöhle versperrt, der — sich dann durch den Nasenraum quälen muß, wodurch eine einseitige Resonanz erfolgt, eine unklare Vokalisation, die schlechte Verständlichkeit nach sich zieht."

„Alles das", sagt Hitler, „hängt ja nicht zuletzt doch auch von der Persönlichkeit ab, von der Art und Weise des jeweiligen Redners! Ich sehe in Ihren Spitzfindigkeiten nicht mehr als eine neunmalschlaue, üble Gleichmacherei ..."
Ich warne Hitler: „Es tritt bald der Stimmverfall ein. Selbst die kräftigste Naturstimme erlischt durch andauernde falsche Behandlung. Wann, das ist nur eine Frage ihrer Reserven. Es kommt ganz einfach zur Erschlaffung der Stimmbänder!"

„Ich habe keine Furcht! Ich habe sie nie gehabt!", entgegnet Hitler nur.

„Auch keine Selbstkritik!" rutscht es mir heraus — und ich fürchte plötzlich, den Bogen überspannt zu haben. Erschrocken schweige ich. Doch Hitler schweigt ebenfalls. Ruhe vor dem Sturm? Ich lenke ein: „Ich meine, daß es mit all diesen Stimmklangfehlern eine eigene Bewandtnis hat: Redner bemerken sie gerade noch bei ihren Kollegen, doch ohne es zu ahnen, behindern sie die gleichen Defekte. Der bei den meisten von ihnen vorhandene Mangel an Selbstkritik läßt sie ihre eigenen Versäumnisse nicht einmal vermuten. Hieraus resultiert die Ahnungslosigkeit, die sie übrigens mit den Bühnenkünstlern gemeinsam haben. Dabei ist die Selbstkritik nun mal das A und O auf jedem Kunstgebiet, wozu ich auch das Reden rechne!"

„Wenn man Sie so schulmeistern hört, könnte man die Lust verlieren", meint Hitler und fährt fort: „Mein lieber Mann" (noch nie hat er mich so genannt, ein preußischer Kommißjargon, der gar nicht zu ihm paßt), „wie stellen Sie sich denn das vor: woher soll ich mir die Zeit nehmen, das zu lernen, zu berücksichtigen, zu befolgen, was Sie da so dreist und naiv verlangen. Sie tun gerade so, als wäre ich ein blutiger Neuling und hätte noch nie rednerische Erfolge gehabt. Nein, so wie Sie das darstellen, ist das alles wohl doch nicht ... wenigstens nicht für mich! Mag das theoretische Studium unentbehrlich sein für die Blindgänger, für die Schwächlinge mit den Bindfadenstimmen. Mir kann niemand einreden, daß dies auch für Könner gilt, die bereits große Siege errungen haben!"

„Nicht nur gilt, sondern gültig bleibt!", entgegne ich und versuche meine Position durchzusetzen: „Mag die lästige Schulung den Glückskindern mit den kräftig-schönen Stimmen noch so entbehrlich scheinen, sie bleibt doch Grundbedingung für deren Erhaltung bis — jawohl! — bis ins Greisenalter! Nur wer fleißig Technik gebüffelt hat, kann auch dann noch stimmlich machen, was ihm beliebt".

Hitler tut „beeindruckt".

„Wie", frage ich, „läßt sich sonst die nach wie vor jugendliche Kraft und Biegsamkeit glänzender Sprech- und Singleistungen betagter Schauspieler und Sänger erklären? Es handelt sich bei ihnen nicht um übernatürliche Begabungen. Sie ernten nur den Lohn einer fleißigen Stimmschulung!" Da geschieht etwas ganz Unerwartetes. Hitlers Gesicht hellt sich auf, „Erzählen Sie mir von Ihren Kollegen", schweift er ab, „etwas typisch Künstlerisches!"

Was soll ich tun? Sein Wunsch ist mir Befehl. Unverdrossen berichte ich Kurioses, Anekdötchen, mehr gehört als erlebt, so von einem heiseren Tenor, dem unter dem Fenster des abwesenden Arztes auf seine geflüsterte Frage nach dem Herrn Doktor von der Sprechstundenhilfe ebenso flüsternd geantwortet wird: „Er ist weg, du kannst raufkommen!" Nie wieder erlebe ich einen so herzlich lachenden Hitler. Manchmal schlägt er sich auf die Schenkel und will sich schier ausschütten vor Lachen ... Die Stunde vergeht im Fluge, bis mir einfach nichts mehr einfällt. Wochen vergehen ... Dann beginnen wieder die Reisen — und die Reden.

Hitler spricht[49] *während seines zweiten Deutschlandfluges vor allem in folgenden Städten:*

15. Juli: Tilsit und Gumbinnen,
16. Juli: Lötzen, Ortelsburg, Osterode und Riesenburg,
17. Juli: Königsberg,
19. Juli: Schneidemühl und Cottbus,
20. Juli: Kiel, Hamburg, Lüneburg und Bremen,
21. Juli: Hannover, Braunschweig und Göttingen,
22. Juli: Liegnitz, Waldenburg, Neisse und Gleiwitz,
23. Juli: Zittau, Bautzen, Dresden, Leipzig und Dessau,
24. Juli: Elberfeld, Duisburg, Gladbeck, Bochum und Osnabrück,
26. Juli: am Kyffhäuserdenkmal, Erfurt, Gera und Hildburghausen,

---

[49] Während dieses Deutschlandfluges redete Hitler in über 50 Städten.

27. *Juli: Eberswalde, Brandenburg und Berlin,*
28. *Juli: Aachen, Köln, Frankfurt/M. und Wiesbaden,*
29. *Juli: Reutlingen, Neustadt a. d. Hardt, Freiburg/Br. und Radolfzell,*
30. *Juli: Kempten, Bayreuth, Nürnberg und München.*

Am 15. Juli 1932 beginnt Hitlers zweiter „Deutschlandflug". Bevor er ihn antritt, hat er seine erste Schallplatte mit einer kurzen Rede besprochen. Es ist ein „Appell an die Nation" [50]*. Am 15. Juli bietet der Völkische Beobachter sie aufwendig als „erste Adolf Hitler-Schallplatte" an. Am 21. Juli, als Hitler bereits in zahlreichen Städten gesprochen hat, wird sie von der Partei gewissermaßen als „Abschlußgebet" für nationalsozialistische Versammlungen empfohlen. „Nationalsozialisten", heißt es im Völkischen Beobachter, „sorgt dafür, daß der Appell unseres Führers jeden Deutschen in Stadt und Land erreicht. Jede Versammlung muß mit dem Appell Hitlers geschlossen werden".*

Die Anhänger, die ihren Führer selbst weder sehen noch reden hören können, sollen seine Stimme wenigstens auf dem Umweg über die Schallplatte vernehmen dürfen. Der Text, Leitfaden für die meisten Hitler-Reden dieser Tage, hat folgenden Wortlaut:

„Die große Zeit der Entscheidung ist nunmehr gekommen. Über 13 Jahre hat das Schicksal den heutigen Machthabern zu ihrer Erprobung und Bewährung zugemessen. Das schärfste Urteil sprechen sie sich aber, indem sie durch die Art ihrer heutigen Propaganda das Versagen ihrer Leistungen selbst bekennen.

Sie wollten einst Deutschland für die Zukunft besser regieren als in der Vergangenheit und können als Ergebnis ihrer Regierungskunst in Wirklichkeit nur feststellen, daß Deutschland und das deutsche Volk noch immer leben. Sie ha-

---

[50] Werbetext im Völkischen Beobachter vom 15. 7. 1932. Weitere Werbeanzeigen folgten u.a. am 21. 7. und am 11. 10. 1932.

ben in den Novembertagen 18 (1918) feierlich versprochen, unser Volk und insbesondere den deutschen Arbeiter, einer besseren wirtschaftlichen Zukunft entgegenzuführen. Sie können heute, nachdem sie nahezu 14 Jahre Zeit zur Erfüllung ihres Versprechens hatten, nicht einen einzigen deutschen Berufsstand als Zeugen für die Güte ihres Tuns anführen.

Der deutsche Bauer verelendet, der Mittelstand ruiniert, die sozialen Hoffnungen vieler Millionen Menschen vernichtet, ein Drittel aller im Erwerbsleben stehenden deutschen Männer und Frauen ohne Arbeit und damit ohne Verdienst, das Reich, die Kommunen und die Länder überschuldet, sämtliche Finanzen in Unordnung und alle Kassen leer!

Was hätten sie überhaupt noch mehr zerstören können? Das Schlimmste aber ist die Vernichtung des Vertrauens in unserem Volk, die Beseitigung aller Hoffnungen und aller Zuversicht.

In 13 Jahren ist es ihnen nicht gelungen, die in unserem Volk schlummernden Kräfte irgendwie zu mobilisieren, im Gegenteil!

In ihrer Angst vor dem Erwachen der Nation haben sie die Menschen gegeneinander ausgespielt: die Stadt gegen das Land, den Angestellten gegen den Beamten, den Handarbeiter gegen den Arbeiter der Stirne, den Bayern gegen den Preußen, den Katholiken gegen den Protestanten und so fort, und umgekehrt.

Der Aktivismus unserer Rasse wurde nur im Innern verbraucht, nach außen aber blieben Phantasien übrig, phantastische Hoffnungen auf Kulturgewissen, Völkerrecht, Weltgewissen, Botschafterkonferenzen, Völkerbund, 2. Internationale, 3. Internationale, Proletarische Solidarität — usw., und die Welt hat uns dementsprechend behandelt.

So ist Deutschland langsam verfallen, und nur ein Wahnsinniger kann hoffen, daß die Kräfte, die erst den Verfall herbeiführten, nunmehr die Wiederauferstehung bringen könnten. Wenn die bisherigen Parteien Deutschland ernstlich retten möchten, warum haben sie es dann nicht schon bisher getan? Haben sie aber Deutschland retten wollen, weshalb ist es unterblieben?

Haben die Männer dieser Parteien es ehrlich beabsichtigt, dann müßten ihre Programme schlecht gewesen sein. Waren aber ihre Programme richtig, dann können sie selbst es nicht aufrichtig gewollt haben, oder sie waren zu unwissend oder zu schwach.

Nun, nach 13 Jahren, da sie alles in Deutschland vernichteten, ist endlich die Zeit ihrer eigenen Beseitigung gekommen. Ob die heutigen parlamentarischen Parteien leben, ist nicht wichtig, aber notwendig ist es, daß verhindert wird, daß die deutsche Nation vollkommen zugrunde geht.

Die Überwindung dieser Parteien aber ist deshalb Pflicht, weil sie, um selbst zu leben, die Nation immer wieder zerreißen müssen.

Jahrelang haben sie dem deutschen Arbeiter eingeredet, daß er allein sich retten könnte. Jahrelang dem Bauer vorgemacht, daß nur seine Organisation ihm helfen würde.

Der Mittelstand sollte durch Mittelstandsparteien und die Wirtschaft durch Wirtschaftsparteien dem Verderben entrissen werden. Der Katholik mußte seine Zuflucht beim Zentrum nehmen und der Protestant beim Christlichsozialen Volksdienst. Ja, am Ende erhielten die Hausbesitzer ihre eigene politische Vertretung genau so wie die Mieter, die Angestellten und die Beamten.

Diese Versuche aber, die Nation in Klassen, Stände, Berufe und Konfessionen zu zerlegen und bruchstückweise dem wirtschaftlichen Glück der Zukunft entgegenzuführen, sind heute endgültig gescheitert.

Am Tage der Begründung unserer nationalsozialistischen Bewegung beherrschte uns schon die Überzeugung, daß das Schicksal des deutschen Menschen unzertrennlich verbunden ist mit dem Schicksal der gesamten Nation.

Wenn Deutschland verfällt, wird nicht der Arbeiter in sozialem Glück gedeihen und genausowenig der Unternehmer, und nicht der Bauer wird sich dann retten und nicht der Mittelstand.

Nein, der Ruin des Reiches, der Verfall der Nation ist der Ruin und der Verfall aller!

Auch keine Konfession und kein einzelner deutscher Stamm wird sich dem allgemeinen Los entziehen können.

Am Tage der Begründung der nationalsozialistischen Bewegung waren wir uns längst darüber klar, daß nicht das Proletariat der Sieger über das Bürgertum sein wird, und nicht das Bürgertum der Sieger über das Proletariat, sondern daß dann die internationale Hochfinanz am Ende ausschließlicher Sieger über beide werden muß. Und so ist es gekommen!

In Erkenntnis dieses Verfalls habe ich vor 13 Jahren mit einer Handvoll Menschen eine neue Bewegung gebildet, die schon in ihrer Bezeichnung eine Proklamation der neuen Volksgemeinschaft sein soll.

Es gibt keinen Sozialismus, der nicht die Kraft des Geistes zu seiner Verfügung hat, kein soziales Glück, das nicht durch die Kraft einer Nation beschützt wird, ja seine Voraussetzung erhält.

Und es gibt aber auch keine Nation und damit keinen Nationalismus, wenn nicht zur Millionenarmee der geistigen Arbeiter die Millionenarmee der Arbeiter der Faust, die Millionenarmee der Bauern stößt.

Solange der Nationalismus und der Sozialismus als getrennte Ideen marschieren, werden sie von ihrem vereinten Gegner geschlagen. Am Tage, an dem sich die beiden Ideen in eine einzige verschmelzen, sind sie unbesiegbar!

Und wer will bestreiten, daß in einer Zeit, da in Deutschland alles zerbricht und verkommt, da in der Wirtschaft und im politischen Leben alles in Stillstand gerät oder überhaupt sein Ende findet, eine einzige Organisation einen unerhörten und wundervollen Aufschwung nahm?

Mit 7 Mann habe ich vor 13 Jahren dieses Werk der deutschen Einigung begonnen, und heute stehen in unseren Reihen über 13 Millionen! Aber nicht die Zahl ist es, die entscheidet, sondern ihr innerer Wert!

13 Millionen Menschen aller Berufe und Stände, 13 Millionen Arbeiter, Bauern und Intellektuelle, 13 Millionen Katholiken und Protestanten, Angehörige aller deutschen Länder und Stämme — haben einen unzertrennlichen Bund gebildet. Und 13 Millionen haben erkannt, daß die Zukunft aller nur im gemeinsamen Kampf und im gemeinsamen Erfolge aller liegt.

Millionen Bauern haben nun eingesehen, daß es nicht wichtig ist, daß sie selbst die Notwendigkeit ihrer Existenz begreifen, sondern daß es nötig ist, die anderen Lebens- und Berufsstände über den deutschen Bauern aufzuklären und für ihn zu gewinnen.

Und Millionen Arbeiter haben genauso heute erkannt, daß trotz aller Theorien ihre Zukunft nicht in irgendeiner Internationalen liegt, sondern in der Erkenntnis ihrer übrigen Volksgenossen, daß es ohne deutschen Bauern und deutschen Arbeiter keine deutsche Kraft gibt.

Und ebenso haben Millionen an bürgerlichen Intellektuellen es einsehen gelernt, wie belanglos ihre eigene Einbildung ist, wenn nicht die Millionenmassen des übrigen Volkes die Wichtigkeit der deutschen Intelligenz endlich begreifen.

Vor 13 Jahren wurden wir Nationalsozialisten verspottet und verhöhnt — heute ist unseren Gegnern das Lachen vergangen!

Eine gläubige Gemeinschaft von Menschen ist erstanden, die langsam die Vorurteile des Klassenwahnsinns und des Standesdünkels überwinden wird. Eine gläubige Gemeinschaft von Menschen, die entschlossen ist, den Kampf für die

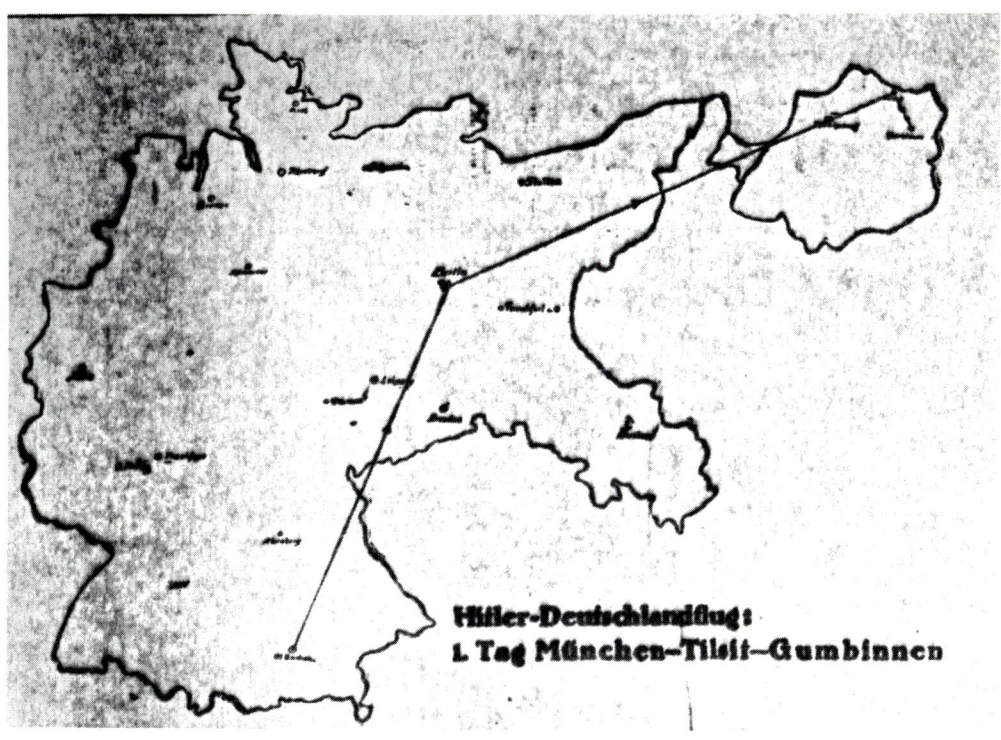

Hitler-Deutschlandflug:
1. Tag München–Tilsit–Gumbinnen

Täglich veröffentlicht der Völkische Beobachter eine Deutschlandkarte, in der jeweils die wichtigsten Tagesstationen Hitlers eingezeichnet sind. Die hier abgebildeten Skizzen stammen aus dem Völkischen Beobachter vom 17./18. Juli und vom 31. Juli 1932.

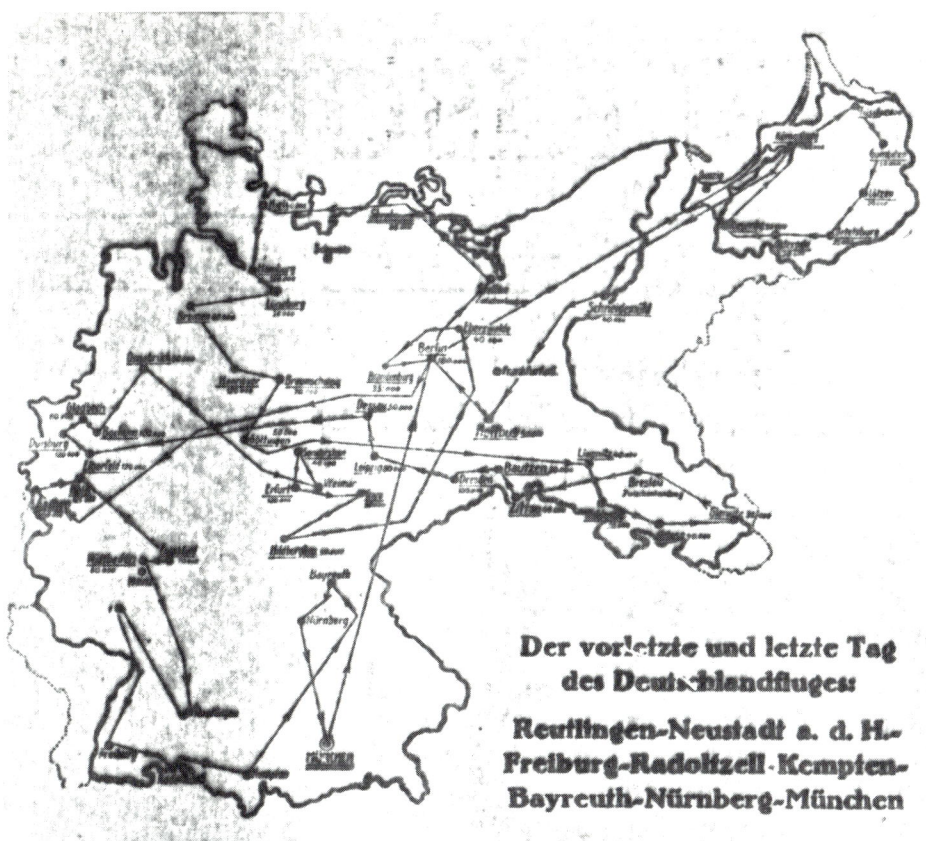

Der vorletzte und letzte Tag
des Deutschlandfluges:

Reutlingen-Neustadt a. d. H.-
Freiburg-Radolfzell-Kempten-
Bayreuth-Nürnberg-München

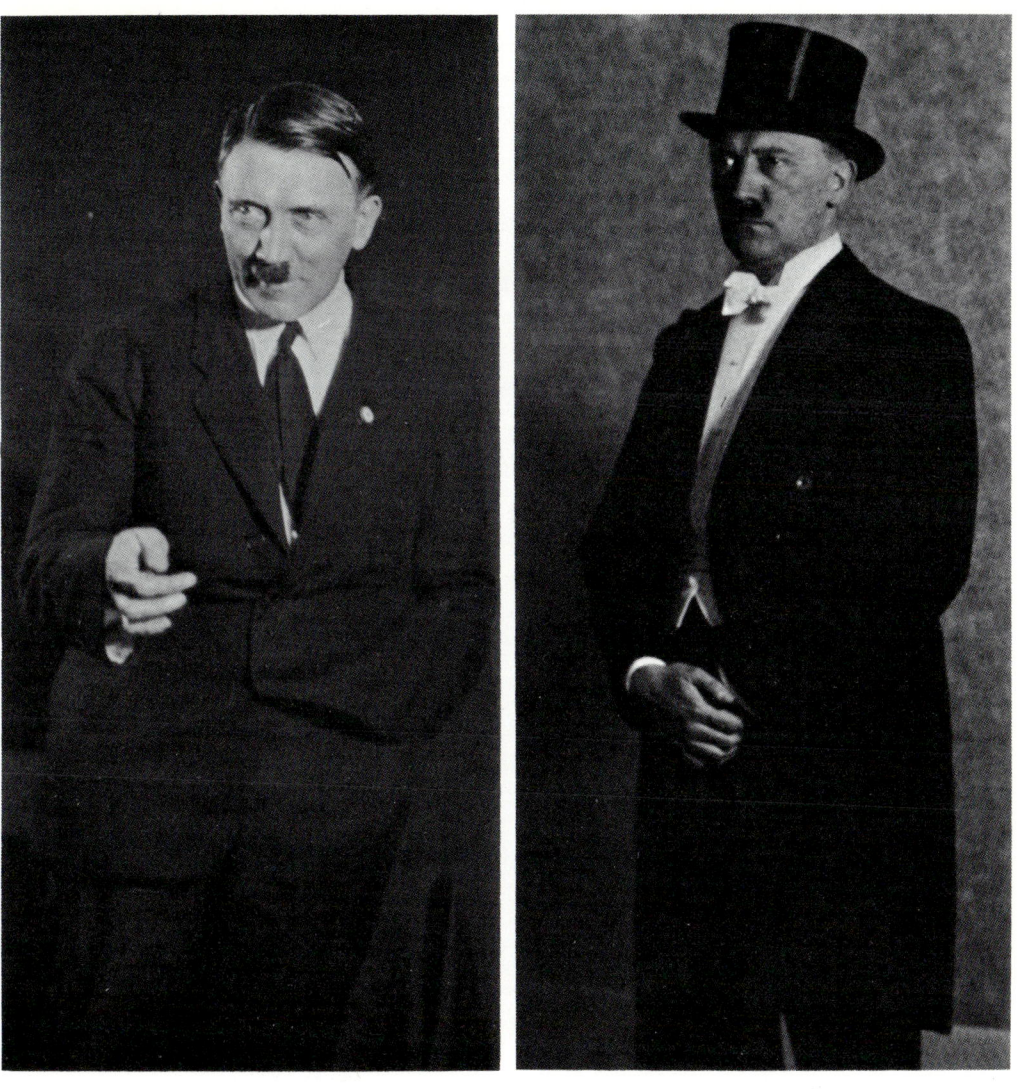

Links: Hitler bei der Demonstration von Rednerposen nach der Entlassung aus der Landsberger Festungshaftanstalt.   Foto: Heinrich Hoffmann

Rechts: Der Reichskanzler.

Rechts: Hoffmann-Foto aus der Zeit unmittelbar nach der Entlassung in Landsberg.

Links: Der Führer und Reichskanzler.

Erhaltung unserer Rasse aufzunehmen, nicht weil es sich um Bayern oder Preußen, Württemberger oder Sachsen, Katholiken oder Protestanten, Arbeiter oder Beamte, Bürger oder Angestellte usw. handelt, sondern weil sie alle Deutsche sind.

In diesem Gefühl der unzertrennlichen Verbundenheit ist die gegenseitige Achtung gewachsen, aus der Achtung aber kam das Verständnis und aus dem Verständnis die gewaltige Kraft, die uns alle bewegt.

Wir Nationalsozialisten marschieren daher auch in jede Wahl hinein mit dem einzigen Bekenntnis, am nächsten Tage die Arbeit wieder erneut aufzunehmen für die innere Reorganisation unseres Volkskörpers.

Denn nicht um Mandate oder Ministerstühle kämpfen wir, sondern um den deutschen Menschen, den wir wieder zusammenfügen wollen und werden zu einer unzertrennlichen Schicksalsgemeinschaft.

Der Allmächtige, der es bisher gestattete, daß wir in 13 Jahren von 7 Mann zu 13 Millionen wurden, wird es weiter gestatten, daß aus den 13 Millionen dereinst ein deutsches Volk wird.

An dieses Volk aber glauben wir, für dieses Volk kämpfen wir, und für dieses Volk sind wir, wenn nötig, bereit, so wie die Tausende der Kameraden vor uns, uns einzusetzen mit Leib und mit Seele.

Wenn die Nation ihre Pflicht erfüllt, muß dann einst ein Tag erstehen, der uns wiedergibt: ein Reich der Ehre und Freiheit — Arbeit und Brot!"

Hitlers „Freiheitsflug über Deutschland beginnt — Der braune Generalangriff gegen die 14jährigen Verbrechen! Gegen Schande und Elend", so ist diese Kampagne im Völkischen Beobachter vom 15. Juli 1932 angekündigt worden. Hitlers Anhänger — und nicht nur sie — wissen, was sie erwartet. Hitler fliegt in sieben Stunden von München nach Tilsit. In Berlin, wo die dreimotorige „Rohrbach" kurz zwischenlandet, begrüßt Frau Goebbels ihn mit einem Blu-

menstrauß. *Er ißt auf dem Flugplatz etwas und fliegt dann weiter nach Tilsit. „Die Bevölkerung Tilsits ist in einem Taumel der Begeisterung. Noch niemals hat der Führer in Tilsit gesprochen", schreibt der Völkische Beobachter vom 17./18. Juli 1932 und fährt fort: „Zum ersten Male wird das deutsche Tilsit die Worte Adolf Hitlers vernehmen". Am nächsten Tag redet Hitler in Lötzen, Ortelsburg, Osterode und Riesenburg. Hier, im Osten des Reiches, spricht er die Bevölkerung immer wieder effektvoll auf die besondere geographische Lage Ostpreußens, auf seine Trennung vom Reich durch den „Korridor" an. Er geißelt den Versailler Vertrag und erinnert (in Tilsit zum Beispiel) an York von Wartenburg, Freiherr vom Stein und Scharnhorst, an „Männer, die für die Heimat und für ihr Volk das Äußerste wagten". Daß er dies auch tue, sieht er als eine jedermann bekannte Tatsache an. In Ortelsburg, wohin er, von Lötzen kommend, mit dem Dampfer „Ostmark" gefahren ist, identifiziert er sich nicht nur mit den Freiheitshelden des 19. Jahrhunderts, sondern nennt auch sein Rezept, das er auf die kurze Formel bringt: „13 Jahre hindurch haben die Machthaber unser Volk mit dem Gedanken erfüllt, fremde Hilfe werde uns zuteil werden. Wir erfüllen unser Volk mit der Idee: außer unserer eigenen Kraft gibt es keine, die uns helfen wird. So lange der Parteiirrsinn möglich ist, ist die Rettung Deutschlands unmöglich. Deshalb will ich diese Parteien aus Deutschland beseitigen."*[51]

Hitler ist inzwischen bereits überzeugt, dank seines Unterrichts bei Devrient, nicht nur einigermaßen bühnenreif auftreten, sondern auch Filmregie übernehmen zu können. Er läßt diesen „Deutschlandflug" filmen. Die Regieanweisungen gibt er selbst. Vom 15. bis zum 30. Juli ist der Kameramann Alfons Brümmer mit seinen Filmkameras Hitlers zusätzlicher ständiger Begleiter. Joseph Berchthold schreibt die Filmtexte — ebenfalls nach Hitlers Weisungen. Unter dem Titel „Hitler über Deutschland" wird der Film am 23. Oktober in den Luitpold-Lichtspielen in München feierlich uraufgeführt. „Der Führer

[51] Völkischer Beobachter vom 19. 7. 1932.

106

selbst hat den Film gesehen und ihm hohes Lob gespendet", kommentiert der *Völkische Beobachter* vom 28. Oktober 1932 dieses „*Ereignis*".

Einige NSDAP-Ortsgruppen „draußen im Lande", wie es im Völkischen Beobachter weiter heißt, haben den Film unmittelbar danach ebenfalls vorgeführt. Das Ergebnis bestätigt Hitlers Erwartungen. Ein Ortsgruppenleiter schreibt: „Wir haben noch mit keiner Versammlung einen Erfolg von solcher Breitenwirkung gehabt, wie mit dieser Filmveranstaltung. Die ganze Umgebung spricht von dem ausgezeichneten Film. Wir sind glücklich, die Vorführung recht bald wiederholen zu können."

Hitler und seine Propagandisten haben den Film als Propagandamittel entdeckt. Fett gedruckt schreibt der Völkische Beobachter am 28. Oktober: „Mit dem Film ‚Hitler über Deutschland' hat sich der Film als Propagandamittel der Partei glänzend durchgesetzt. Das ist um so höher anzuschlagen, als zu den Filmvorführungen nicht nur Parteigenossen, sondern auch am politischen Leben sonst nicht Interessierte und der nationalsozialistischen Bewegung noch Fernstehende kommen und durch Augenschein von der ihnen noch nicht bekannten Wucht der Bewegung überzeugt werden.

Keine größere Ortsgruppe darf es sich entgehen lassen, während der Wahlperiode, aber erst recht auch nach dem 6. November mit diesem ersten Großfilm für die deutsche Freiheitsbewegung Adolf Hitlers zu werben!"

Die Aufzeichnungen Devrients, dem das Interesse für wesentliche politische Details und Zusammenhänge völlig fehlt, beginnen erst wieder mit den Ereignissen vom 19. Juli 1932. Papens erfolgreichen Anschlag vom 20. Juli auf die Demokratie in Preußen zum Beispiel, erwähnt er jedoch nicht einmal andeutungsweise. Ihn, den Bühnenkünstler, beeindruckt viel mehr die Tatsache, daß Hitlers Anhänger mehr als 4 Stunden — dazu noch im Regen — auf ihren Führer gewartet haben. Er schreibt:

Hitler hat sich um Stunden verspätet. Die Wiese mit dem Versammlungszelt ist von Wolkenbrüchen überschwemmt. Die dicht gedrängten Menschen haben sich auf die Bänke geflüchtet. Doch die Bretter in dem riesigen Rundbau sind zusammengebrochen. Wie durch ein Wunder ist niemand verletzt worden. Hitlers Publikum, bis zu den Knöcheln im Wasser stehend, eingepfercht zwischen Sperrmannschaften, wartet nicht nur geduldig, sondern wird rasch zunehmend größer. Vor dem überfüllten Zelt stauen sich die Massen, obgleich es in Strömen gießt und die Wiese einem Schlammpfuhl gleicht.

Devrients Erstaunen darüber, daß rund 25 000 Menschen stundenlang in Sturm und Regen auf Hitler gewartet haben, hat ganz offenbar selbst auch Hitler geteilt. „. . . Der schwere Mercedes legt los", läßt er seinen Sonderkorrespondenten Berchtold im Völkischen Beobachter vom 21. Juli 1932 schreiben und damit auch seine eigenen Bedenken preisgeben, „der Kompressor heult gegen Stralsund . . . Rasende Fahrt. Ob die Menschen . . . noch warten, wenn wir kommen . . . Ja, sie haben gewartet".

Am 22. Juli 1932, einen Tag nach seinem Bericht über die frühmorgendliche Hitler-Veranstaltung in Stralsund, droht der Völkische Beobachter, der sich bezeichnenderweise nicht „Zeitung", sondern „Kampfblatt" nennt: „Mit dem Untermenschentum gibt es keine Verständigung — wir werden mit ihm aufräumen." Anlaß für diese Drohung ist das Ergebnis von Erfahrungen, die Hitlers SS und SA am 17. Juli in Altona und Hitler am 20. Juli 1932 in Kiel gemacht haben.

In Altona sind Hitlers SS- und SA-Kolonnen von Kommunisten auf offener Straße beschossen und dabei einige Hitler-Anhänger getötet worden[52]. Kommunistische Flugblätter, „An alle Antifaschisten"[53] gerichtet, haben „die Arbeiterschaft der Wasserkante"[54] aufgerufen, den Hitler-Faschisten nicht nach-

---

[52] Infolge von Schußverletzungen starben u. a. der SA-Mann Gehrke, die NSDAP-Parteigenossin Winkler und der SA-Mann Koch. Einigen Demonstranten mußten Glieder amputiert werden.
[53] Titel des Flugblatts.
[54] Text-Auszug aus dem Flugblatt.

zugeben, an deren „Händen das Blut von . . . Arbeitern"[55] klebe. Hitler selbst ist drei Tage später in Kiel geradezu in einen systematisch geschürten Hexenkessel hineingeraten.

Der Völkische Beobachter, der an diesem Tage „das rote Tier über deutschem Land"[56] anklagt, schildert die Situation vor Hitlers Eintreffen in Kiel wie folgt: „In den Straßen Kiels herrscht aufgeregtes Leben . . . Sicherheitsstreifen der Schutzpolizei in Zivil sind über die ganze Stadt verteilt, um jeglichen Zusammenstößen sofort die Spitze abbrechen zu können.

An der Meldestelle laufen alle paar Minuten Meldungen ein: ‚X-Straße alles ruhig', oder: ‚Am Glaskasten zieht sich ein kommunistischer Terrortrupp zusammen!' — sofort werden entsprechende Maßnahmen angeordnet . . In fieberhafter Spannung erwarten die Zehntausende in der riesigen ‚Nordostseehalle' und auf dem davor gelagerten ‚Professor-Peters-Platz' die Ankunft Adolf Hitlers.

Motoren dröhnen jetzt über den Köpfen. Die D 1720 ist da . . . Vom Flughafen kommt die Meldung, daß der Führer jeden Augenblick mit seinem Stab am Versammlungsplatz eintreffen kann. Eine Kette von Männern, die jederzeit bereit sind, ihr Leben für den Führer einzusetzen, bahnt bereits den Weg vom Tor der Halle bis zur Tribüne, die den hohen Raum in zwei Teile teilt. Brausender Jubel empfängt Adolf Hitler."[57]

Devrient, der sich zu der Zeit in eben dem Hitler-„Stab" befand, notierte später:

Am Abend kommt der Polizeidirektor zu Hitler, „Ihre Feinde rüsten zu neuen Taten!", warnt er wörtlich. „Die wollen heute auf's Ganze gehen." Er meint

---

[55] ebenda.
[56] Völkischer Beobachter vom 20. 7. 1932.
[57] ebenda, 22. 7. 1932.

Hitlers politische Gegner, — nicht nur 1932 herrscht hüben und drüben erbitterte Feindschaft, — sorgen — wie er — vor. Nahezu überall gehen hektographierte oder gedruckte „Kampf"-Informationen von Hand zu Hand, bevor Hitler irgendwo eintrifft. So verbreitet beispielsweise der Gauvorstand Hannover des Reichsbanners schon 16 Tage vor Hitlers Redetermin in Hannover das im folgenden zitierte Rundschreiben, in dem — wie in Hitlers Zeitung „Völkischer Beobachter" — von der „Schlacht" und vom „Krieg" die Rede ist.

Werte Kameraden!

Der Kampf um die Macht in Deutschland ist auf der ganzen Linie entbrannt. Unsere Kameraden vom Reichsbanner Schwarz-Rot-Gold haben bei dem Wahlkampf zu der Reichstagswahl alles aufzubieten, was in ihren Kräften steht, um die Niederlage der Nationalsozialisten so groß wie möglich zu gestalten.

Wenn wir diese Schlacht gewinnen wollen, müssen wir uns klar sein, daß ein einheitlich geführter, von einem Willen vorgepeitschter in einen Block geballter Gegner vor uns steht. Wir müssen ihm in hart zusammengeschweißter Front entgegentreten. Das ist der Sinn der „Eisernen Front".

Von entscheidender Bedeutung ist es, die Geschlossenheit und Entschlossenheit der „Eisernen Front" den Freunden sowohl wie den Gegnern *sinnfällig* vor Augen zu führen. Nicht nur mit Zeitungsartikeln und nicht nur in Form von Behauptungen. Sinnfällig, d. h. durch Vermittlung der Sinne: Sehen und Hören. Auf Gefühl, Seele und Gemüt müssen wir wirken, damit die Vernunft den Sieg erringt.

Die unwägbaren und unmeßbaren Ausstrahlungen von Massenstimmungen müssen wir bewußt wollen und erzeugen. Kampfstimmung, Kampflust und Widerstandwille unserer Anhänger muß planmäßig gespannt bis auf das äußerste komprimiert und zweckbewußt „entzündet" und mit gewollter Wirkung zur „Explosion" gebracht werden.

Das Reichsbanner hatte bereits schon bei der Reichspräsidentenwahl den sogenannten Symbolkrieg mit Erfolg geführt. Jetzt hat sich auch die Reichskampfleitung der „Eisernen Front" für diesen Symbolkrieg entschieden, und es ist Aufgabe unserer Kameraden, den Symbolkrieg mit allen uns zur Verfügung stehenden Mitteln zu führen. Die wichtigsten Ausdrucksmittel unserer Symbole sind:

Kampfzeichen — Drei-Pfeile

Gruß — Emporgereckte Faust

Ruf — Freiheit!

Es ist dafür zu sorgen, daß Gruß und Ruf innerhalb der Ortsvereine vorbereitet werden und die praktische Ausübung schlagartig in Erscheinung tritt. Der Bundesvorstand ordnet daher folgende Maßnahmen an, die in allen Orten durchzuführen sind:

1. Alle Kameraden tragen ständig und sichtbar das Abzeichen der „Drei Eisernen Pfeile".

2. In allen Gliederungen des Bundes ist der Gruß „Emporgereckte Faust" einzuführen.

3. Der Ruf „Freiheit" tritt an die Stelle des Bundesgrußes „Frei Heil".

4. Es ist zweckmäßig, daß Gruß und Ruf nicht aus „Stillgestanden", sondern aus „Rührt Euch" erfolgen, also nicht „befehlsmäßig", sondern aus „freier Entschließung" ...

Für den Symbolkrieg wird folgendes bestimmt:

A. Symbolkrieg.

In allen Ortsgruppen nochmalige großangelegte Kreide-Aktion. Die Hakenkreuze sind mit unseren „Drei Eisernen Pfeilen" zu durchstreichen und weiter ist die sogenannte Hitlerfratze aus dem Hakenkreuz zu machen. Es ist dabei zu beachten, daß die Gegner unsere „Drei Eisernen Pfeile" nicht wieder verunzieren bzw. andere Symbole daraus machen ...

Symbol-Aktion längs der Bahnlinien:

Längs der Bahnstrecken sollen alle großangemalten Hakenkreuze mit den „Drei Eisernen Pfeilen" durchstrichen und die Worte „Heil Hitler" in „Heilt Hitler" umgestellt werden, indem man an „Heil" ein t setzt.

Heilt Hitler vom Größenwahn!
Heilt Deutschland vom Hitlerwahn!

Arbeit und Freiheit!  **Wählt Liste 1**

B. Fahnenkrieg.

An den Häusern, die den Bahnlinien zugewendet sind, Fahnen mit unseren „Drei Eisernen Pfeilen" aushängen. Keine Zeit verlieren. Fahnen in Größe 80 × 120 cm kosten mit Stock Mk. 1,20 und ohne Stock Mk. 1,—. Dieselben sind durch uns zu beziehen. Der Geldbetrag muß vorher eingeschickt werden.

In möglichst vielen Orten ist mindestens eine „Freiheits-Fahne" auf den Haupt-Autoverkehrsstraßen möglichst in der Nähe einer Nazi-Fahne anzubringen.

Fahrradwimpel mit den „Drei Pfeilen" sind ebenfalls zum Preise von 8 Pfg. durch uns zu beziehen. Betrag muß gleichfalls vorher eingesandt werden. Massenhaft in Gebrauch nehmen. Außerdem müssen nach Möglichkeit unsere Kameraden zusammengezogen werden, um in zentralen Stadtteilen herumzufahren. Auf diese Weise kann unser Symbol am besten gezeigt werden.

C. Freiheits-Ruf und Freiheits-Gruß.

Es sind evtl. auch „Symbol-Bummel" zu organisieren. Hierzu sind an jedem Tage zu einer bestimmten Stunde unsere Kameraden mit Abzeichen auf den Hauptstraßen der Städte zusammenzuziehen, um dort Spaziergänge durchzuführen. Dieses muß so organisiert werden, daß von zwei Richtungen der Straße größere Trupps unserer Kameraden sich entgegenkommen und dabei der Ruf und Gruß mit größter Intensität gewechselt wird.

D. Berichte.

Unsere Ortsgruppenvorstände sind verpflichtet, dem Gauvorstand jede neue Form der Propaganda bei den Nationalsozialisten, Muster von Plakaten, Klebezetteln, Klebemarken, Flugblättern usw. mitzuteilen. Auch wenn unsere Kameraden Gedanken über neue Propaganda-Formen und Organisationen usw. haben, sind uns dieselben ebenfalls mitzuteilen.

Abzeichen.

Die von uns zu beziehenden „Drei Freiheits-Pfeile" sind an alle Republikaner zu vertreiben.

Kameraden! Führt vorstehende Arbeit allerschnellstens und genau durch und tragt somit zu dem Gelingen eines Sieges über den Faschismus bei.

„Freiheit"
Der Gauvorstand
J. Lau   Aug. Sander.

Rundschreiben Nr. 21/1932 des Gauvorstandes Hannover des Reichsbanners vom 5. Juli 1932. Niedersächsisches Staatsarchiv Hannover. Des. 310/II C 25. Hektographiert.

mit den „Feinden" die KPD. „Meine Polizei", so ergänzt er seine „amtliche" Warnung, „kann für die Sicherheit Ihrer Versammlungsteilnehmer nicht garantieren!" Dann gibt er Hitler den „guten Rat", die Kundgebung ausfallen zu lassen ... Hitler hat einen Brief bekommen, der ihm androht, daß ihm etwas „zustoßen" werde, falls er seine „volksfeindliche Aktivität" nicht aufgebe und von hier verschwinde. Gerüchte sind im Umlauf, daß auf die Versammlungshalle und auf den Redner Anschläge geplant seien; Einlaßkarten seien gefälscht und mit Sonderaufgaben „Beauftragte" unter den Zuhörern. Noch einmal kommt der Polizeidirektor zurück und sagt resignierend: „Ich bin nicht in der Lage, für die Unversehrtheit des Parteiführers der NSDAP zu garantieren!"

Hitler mokiert sich „über dieses typische Beamtendeutsch", stellt sich einen Moment an das Fenster, wendet sich dann um und stößt trotzig hervor: „Bangemachen gilt nicht! Die wollen uns bloß blamieren. Ich denke nicht daran, zu kapitulieren!"

Hitlers Flugkapitän Hans Baur erinnert sich 43 Jahre danach: Als wir in Kiel gelandet waren, kam ein Polizist auf Hitler zu und zeigte ihm einen Handzettel, den die Kommunisten extra für Hitler gedruckt hatten. Darauf stand dem Sinne nach: Wenn Hitler die Frechheit haben sollte, hier zu sprechen, garantierten sie dafür, daß er den Saal nicht lebend verlassen würde. Als Hitler diesen Zettel gelesen hatte, antwortete er nur: „Nun erst recht" — und fuhr los[58].

Bei Devrient heißt es weiter:

Da — wie behauptet wird — in der Stadt tatsächlich Schüsse gefallen sein sollen, ohne daß die Polizei genau weiß, wo und warum, trifft der Polizeidirektor Vorsichtsmaßnahmen. Aus einer Erprobungsserie bietet er Hitler eine neu

[58] Schriftliche Mitteilung von Hans Baur vom 24. 4. 1975.

entwickelte kugelsichere Weste an, wie die Polizisten sie (nach Angaben des Polizeidirektors) in Amerika unter den Uniformjacken tragen. „Die deutsche Polizei experimentiert damit!", erklärt er stolz und folgert knapp: „Ich empfehle sie Ihnen in diesem Fall dringend. Sie wollen mich doch nicht unglücklich machen?"

Hitler befühlt die Schutzweste, die die wichtigsten Körperteile gegen herkömmliche Geschosse absichert. „Wie soll ich unter solchem Panzer atmen", fragt er, „ich werde mich zu Tode schwitzen!" Dennoch stimmt er zu. Er reißt sich kurz entschlossen (das Publikum dabei genießend), die Jacke vom Oberkörper, ergreift den Panzer und schlüpft in die metallgefütterte Weste. Gottlob trägt sie so wenig auf, daß sich seine Jacke darüber schließen läßt, wenn auch knapp und Falten ziehend. Hitler verliert kein Wort mehr. Er geht einfach hinaus.

Kurz vor Beginn der „Kundgebung" erzählt mir jemand, daß Hitler fast hundert bewaffnete Parteigänger im Saal verteilt haben soll. Sogar auf einem Träger im Kuppeldach des Hauses, heißt es, lägen Männer mit Pistolen, die Hitler notfalls ‚Feuerschutz' geben könnten. Daß dabei leicht auch unter den Zuhörern ein Blutbad entstehen kann, scheint niemanden zu stören! Hitler schreitet zum Podium, wirkt ernst, besteigt es, bleibt sekundenlang stehen, in Schweigen versunken, beide Arme über seiner Brust verschränkt. Die ungewohnte Weste ist ihm lästig. Immerhin, in dieser Umgebung der brodelnden Zuhörermasse, die das Riesenrund über vier Ränge bis fast unter das Dach hinaus ausfüllt, unter dem Eindruck der unsichtbar im Raum lastenden Drohung, geht von Hitler, zum ersten Mal spüre ich das, eine nicht zu übersehende suggestive, charismatische Kraft und Anziehung aus. „Was könnte man", denke ich, „aus diesen Anlagen machen?, wenn man sie entschlackt, entkrampft." Zu weiteren Gedanken komme ich nicht mehr. In das abwartende, von Hitlers großer Gebärde hervorgerufene Schweigen des Publikums, schallen von draußen, aus der nächtlichen Umgebung der Versammlungshalle, mit einem Mal gewaltig hallende Sprechchöre: „Nieder mit den Faschisten! Tod den Volksverderbern! Es lebe die Kommunistische Partei Deutschlands!" Es sind vor allem junge, sich heiser überschlagende Stimmen; aber es müssen Hunderte sein! Und schon kommt die Nachricht: die „Kampfscharen" der KPD sind ausgerüstet mit Schlaginstrumenten, Steinen und Schußwaffen. Die in Marsch gesetzte Polizei ist noch nicht zur Stelle.

An die Außenwände der Versammlungshalle, ich sehe es später, ist überall mit roter Farbe hingeschrieben: „Tod"! Ein kindlich gemalter Galgen, an dem ein Strichmann hängt, soll symbolisch und unmißverständlich drohen. „Adolf" steht darunter; ein Hakenkreuz ergänzt das „Bild". Die Devise der Revoltierenden lautet: „Verhinderung der Versammlung der Nationalsozialistischen Deutschen Arbeiterpartei in dieser Stadt ... mit allen Mitteln, auch mit Waffengewalt ..." Auf einem großen Bogen Papier wird Hitler diese Drohung „überreicht". Ein Ultimatum?

Als die ersten Steine Fenster zertrümmern und das Aufprallen von Wurfgeschossen hörbar wird, ertönen Rufe aus dem entsetzten Publikum: „Wir sind eingeschlossen, belagert!"

Draußen gellen die Sprechchöre: „Tod den Faschisten!" Und auch: „Tod Adolf Hitler"! Die Entschlossenheit, die aus den Stimmen zu hören ist, ist mehr als momentaner Zorn. Wo bleibt die Polizei?

Mehr als tausend sollen draußen stehen, heißt es. Die ersten Schüsse sind zu hören, dann Autos, trappelnde Schritte. Die Polizei ist da. Beim zweiten Ansturm der zunächst zurückgedrängten Masse fliegen in Benzin getränkte Wergbündel in die Einsatzwagen. Einige brennen lichterloh. Die Polizisten, ungefähr dreißig Mann, gehen mit ihren Gummiknüppeln vor — und werden von Steinen getroffen. Sie ziehen ihre Pistolen und beginnen Warnschüsse abzugeben. Dann werden mehrere Beamte von den Demonstranten entwaffnet und durch Schüsse verletzt. Drei Schwerverwundete müssen abtransportiert werden: ein Polizist und zwei Demonstranten. Im Vorgarten der Halle liegen zwei weitere, durch Schüsse verletzte Polizisten. Vor dem — erwarteten — nächsten Ansturm der Kommunisten wird Verstärkung angefordert. Sie erscheint rechtzeitig, allerdings sind es wiederum zu wenige Polizisten. Wieder nur einige Dutzend; aber sie gehen sofort vor, die Sturmriemen ihrer altmodischen Helme unter dem Kinn festgebunden. Kaum hat die Polizei begonnen, die Menge abzudrängen, erklingen Verbrüderungsparolen: „Polizisten zum Volk!", „Nieder mit den Ausbeutern der Polizei!" Die Beamten dreschen trotzdem mit ihren Knüppeln — jetzt in Reihe vorgehend — auf die Anstürmenden ein. Es gibt blutige Gesichter. Geschossen aber wird nicht mehr ...

Durch die (zum Teil bizarr zertrümmerten) Fenster flackert schaurig der Brand der Autos, das elektrische Licht gespenstisch überblendend. Vom Eingang „unserer" Halle wird jetzt die Hakenkreuzfahne heruntergerissen und — trotz erbitterter Gegenwehr der Posten — ins Feuer geworfen. Die inzwischen eingetroffene Feuerwehr, die damit beginnt, die in Flammen stehenden Autos zu löschen, wird von den Tobenden mit Rufen empfangen: „Laßt sie brennen! Wer löscht, wird erschossen!" Warum kommt nicht mehr Polizei? Kein Vertreter der Obrigkeit, der Stadtverwaltung — oder sonst jemand, um die Menge zur Vernunft zu bringen — und sie auf die Gefahr weiterer Opfer, vielleicht sogar Todesopfer, hinzuweisen? Plötzlich rufen Polizeibeamte, offensichtlich in Panik, daß einige der Störer in die Halle eingedrungen seien. Die Leute, die auf den unteren Plätzen sitzen, drängen sich nun auf die höheren Ränge hinauf. Hitlers SA- und SS-Männer holen die Schlagstöcke hervor. Andere rüsten sich mit Eisenrohren aus, die sie an einer Reparaturstelle hinter dem Podium entdecken. Korrekt gekleidete, aber finster entschlossen aussehende Männer, brechen jetzt von zahlreichen Stühlen die Beine ab, um eine Schlagwaffe zu haben. Wieder andere, haben plötzlich schwere Ketten in den Händen. Von der Straße her gellen Todesdrohungen herein. Hier in der Halle antworten erstmals — ebenso haßerfüllt — die Belagerten. Der Polizeidirektor, in seiner eleganten Uniform, ist wieder da, mahnt zur Besonnenheit. Seine Beamten, so verspricht er jetzt, verbürgen sich für die Unversehrtheit aller Versammlungsteilnehmer. Verstärkungen seien unterwegs. Draußen spitzt sich die Lage jedoch derart zu, daß der Polizeichef schließlich rät, zur Vermeidung von Blutvergießen die Kundgebung abzubrechen. Die Versammlungsbesucher in der Riesenhalle sind so eingeschüchtert, daß sie ihre Zustimmung durch Applaus kundtun ... Dann beginnen sie das Deutschlandlied zu singen. Einige weinen, Frauen, auch Männer. Aus Furcht, aus Wut — oder einfach aus Erregung? Ich weiß es nicht.

Hitlers Parteigänger erklären geradezu triumphierend: wer es bisher nicht gewußt habe, wisse jetzt, wie bedroht Deutschland sei!

Die Belagerer rufen weiter ihre Vernichtungsparolen und versuchen, Polizisten und Feuerwehrmänner durch Debatten auf ihre Seite zu ziehen. Bei einigen wenigen gelingt es ihnen. Es kommt zu Befehlsverweigerungen und Uneinigkeit. Ein paar Polizisten holen auf Drängen der Belagerer jetzt die Hakenkreuzfahne vom Dachmast. Die Fahnen und Dekorationen im Innern werden entfernt und sorgsam eingerollt. Die Zuhörer in der Halle beharren darauf, nur unter dem Schutz von Polizei die Mauern zu verlassen. Zwei Stunden nach Mitternacht endlich rollt eine größere Einsatztruppe der Polizei an, die Stahlhelme aufsetzt, Gewehre entsichert, in Stellung geht — und schließlich einige hundert Demonstranten vertreibt. Erst dann, im Morgengrauen, verlassen wir erschöpft, unter dem Geleit von bewaffneten Polizisten, die mit kommunistischen Emblemen und Parolen bemalte Kundgebungshalle. Wir erfahren, daß rund zweitausend Kommunisten der Polizei regelrecht Schlachten geliefert haben, wobei dreißig Personen zum Teil leicht, und zum Teil schwer, verwundet worden sind.

„Nichts als schäbiger Konkurrenzneid", sagt Hitler knapp, als ich ihn im Hotel treffe. Dann fährt er — dem Sinne nach — fort: „Als Stolypin 1911 im

Zarenreich eine Bodenreform zugunsten der Kleinbauern anstrebte, verfolgte Lenin ihn mit Haß, weil er fürchtete, daß der Kommunismus dadurch in Rußland aufgehalten und nicht mehr zu seinen Lebzeiten verwirklicht werden könne. Dasselbe sei heute auch hier der Fall: ‚Meine lieben Kommunisten‘ (tatsächlich sagt Hitler das so) fürchten in mir einen deutschen Stolypin, der ihre Machtergreifung verhindert, zumindest aufschiebt. Daher die Wut, daher der Haß. Das ist der ganze Grund ... er hat Tradition!“[59] Das ist alles, was Hitler über dieses Ereignis sagt.

Hitler wundert sich über die Reaktion seiner politischen Gegner und Feinde nicht. Am 30. April reicht er zwar beim Reichswahlprüfungsgericht eine Klage gegen das Ergebnis der Reichspräsidentenwahl ein[60] und verlangt (erfolglos) ihre Annullierung wegen Behinderung seiner Wahlpropaganda; aber das sind lediglich propagandistische Manöver. Schon 1925 hat er in „Mein Kampf“ geschrieben:

Es bedeutete „für die Marxisten ... etwas Neues, als wir Nationalsozialisten unsere ersten Versammlungen aufzogen, und besonders wie wir sie aufzogen. Sie kamen herein in der Überzeugung, das Spielchen, das sie so oft gespielt, selbstverständlich auch bei uns wiederholen zu können. ‚Heute machen wir Schluß!‘ Wie so mancher hat nicht diesen Satz beim Hereingehen in unsere Versammlung großmäulig einem anderen zugerufen, um blitzschnell, ehe er noch zum zweiten Zwischenruf kam, schon vor dem Saaleingang zu sitzen.

Erstens war schon die Leitung der Versammlung bei uns eine andere. Es wurde nicht darum gebettelt, unseren Vortrag gnädigst zu gestatten, auch nicht von vornherein jedem eine endlose Aussprache zugesichert, sondern kurzerhand festgestellt, daß die Herren der Versammlung wir seien, daß wir infolgedessen das Hausrecht besäßen und daß jeder, der es wagen sollte, auch nur einen Zwi-

---

[59] Peter Stolypin (1862—1911), der als Innenminister und Ministerpräsident die Revolution unterdrückte, wurde Opfer eines Attentats.

schenruf zu machen, unbarmherzig dort hinausflöge, von wo er hereingekommen sei. Daß wir weiter jede Verantwortung für einen solchen Burschen ablehnen müßten; wenn Zeit bleibe und es uns paßte, so würden wir eine Diskussion stattfinden lassen, wenn nicht, dann keine, und der Herr Referent, Pg. Soundso, habe jetzt das Wort.

Schon darüber staunten sie.

Zweitens verfügten wir über einen straff organisierten Saalschutz. Bei den bürgerlichen Parteien pflegte dieser Saalschutz oder besser Ordnerdienst meistens aus Herren zu bestehen, die in der Würde ihres Alters ein gewisses Anrecht auf Autorität und Respekt zu besitzen glaubten. Da sich nun die marxistisch verhetzten Massen um Alter, Autorität und Respekt nicht im geringsten kümmerten, war die Existenz dieses bürgerlichen Saalschutzes praktisch sozusagen aufgehoben.

Ich habe gleich zu Beginn unserer großen Versammlungstätigkeit die Organisation unseres Saalschutzes eingeleitet als einen Ordnerdienst, der grundsätzlich lauter junge Burschen umfaßte. Es waren zum Teil Kameraden, die ich vom Militärdienst her kannte, andere erst gewonnene junge Parteigenossen, die von allem Anbeginn darüber belehrt und daraufhin erzogen wurden, daß Terror nur durch Terror zu brechen sei, daß auf dieser Erde der Mutige und Entschlossene noch stets den Erfolg für sich gehabt habe; daß wir für eine gewaltige Idee fechten, so groß und erhaben, daß sie sehr wohl verdiene, mit dem letzten Tropfen Blut beschirmt und beschützt zu werden. Sie waren durchdrungen von der Lehre, daß, wenn einmal die Vernunft schweige und die Gewalt die letzte Entscheidung habe, die beste Waffe der Verteidigung im Angriff liege und daß unserer Ordnertruppe der Ruf schon vorangehen müsse, kein Debattierklub, sondern eine zum Äußersten entschlossene Kampfgemeinschaft zu sein.

[60] Vgl. Völkischer Beobachter vom 1./2. Mai 1932.

Politik und Rasse.

1.) [...]

2.) [...]
   Das Judentum.
   Rasse und Staat.

3.)

1. Amerika. Rassenproblem. — Rasse — [...] —
    Worin [...] der Unterschied?
    in der Farbe?

2. Juden. — ein Volk — — —
    [...] ein [...] oder ein Volk? —
    (Zwischen ?)
    Beweis — (Palästina.)   Die Rasse liegt
                                     im Blut.

3. Was unterscheidet den [...] ?
    — [...] der Rasse —

4.) Die Juden im Kulturleben im
    [...] Leben

    Lösung [...]

    Wie verhält der [...] in Europa [...]

    ([...])
    [...]
    Jude oder Christ.

Politik und Rasse

1. Historische Aussprüche berühmter Männer: zur Judenfrage.

2. Vorstellung der Arier vom Staat — territorial (?)
   Der Judenstaat
   Rasse und Staat.

3. Amerika und Japaner — Rassen (. . . unleserlich)
   Weiße — Farbige
   Seit wann gibts Antisemitismus?

1. Amerika. Rassenproblem — Weiße — Farbige —
   Worin liegt der Unterschied?
   in der Farbe?

2. Juden — im Volk — — — —
   Bekennen sich selbst als ein Volk —
   (Zionisten)   Die Rasse liegt
   Beweis — (Palästina.)   im Blut.

3. Was unterscheidet den Juden von uns?   — Fanatismus der Rasse —

4. Der Jude im kulturellen und   Wir arbeitet der Jude in Europa
   politischen Leben   tatsächlich —

   _____   (Gleiches Recht — immer nur Christus)

   _____ _____   Wer ist bevorrechtet —

   Lösung dieser Fragen —   Wer ist minderberechtigt?

   Voraussetzung   Jude oder Christ?

   unseres Wiederaufstiegs —   _____

   warum?   Schlagwörter: inhuman — geistig —

                                         ungerecht — innerlich

                                      unchristlich — (unleserl.)

                                      „unsittlich — (unleserl.)

                                      Anständige Juden" —

Übertragung der links abgebildeten handschriftlichen Hitler-Notizen für eine Rede.
Dok.: Bundesarchiv Koblenz, NS 26/49.

Und wie hatte sich diese Jugend nicht nach einer solchen Parole gesehnt!

Wie ist diese Feldzugsgeneration enttäuscht und entrüstet gewesen, voll Ekel und Abscheu über die bürgerliche Schlappschwänzigkeit!

Da wurde es einem so recht klar, wie die Revolution wirklich nur dank der verheerenden bürgerlichen Führung unseres Volkes möglich war. Die Fäuste, das deutsche Volk zu beschützen, sie wären selbst damals noch dagewesen, nur die Schädel für den Einsatz hatten gefehlt. Wie haben mich die Augen meiner Jungen damals oft angeleuchtet, wenn ich ihnen die Notwendigkeit ihrer Mission auseinandersetzte, ihnen immer und immer wieder versicherte, daß alle Weisheit auf dieser Erde erfolglos bleibt, wenn nicht die Kraft in ihre Dienste tritt, sie beschirmt und schützt, daß die milde Göttin des Friedens nur an der Seite des Kriegsgottes wandeln kann und daß jegliche große Tat dieses Friedens des Schutzes und der Hilfe der Kraft bedarf. Wie ist ihnen der Gedanke der Wehrpflicht nun in einer viel lebendigeren Form aufgegangen! Nicht in dem verkalkten Sinn alter, verknöcherter Beamtenseelen, im Dienste der toten Autorität eines toten Staates, sondern in der lebendigen Erkenntnis der Pflicht, durch Hingabe des Lebens des Einzelnen für das Dasein seines Volkes im gesamten einzutreten, immer und jederzeit, an jeder Stelle und an jedem Orte.

Und wie sind diese Jungens dann eingetreten!

Gleich einem Schwarm von Hornissen flogen sie auf die Störer unserer Versammlungen los, ohne Rücksicht auf deren Übermacht, und mochte sie eine noch so große sein, ohne Rücksicht auf Wunden und blutige Opfer, ganz erfüllt von dem großen Gedanken, der heiligen Mission unserer Bewegung freie Bahn zu schaffen.

Schon im Hochsommer 1920 nahm die Organisation der Ordnertruppe allmählich bestimmte Formen an, um sich im Frühjahr 1921 nach und nach in Hundertschaften zu gliedern, die sich selbst wieder in Gruppen teilten.

Und dies war dringend notwendig, denn unterdessen war die Versammlungs-
tätigkeit dauernd gestiegen. Wohl kamen wir auch jetzt noch oft im Münche-
ner Hofbräuhausfestsaal zusammen, allein noch öfter in den größeren Sälen
der Stadt. Der Bürgerbräufestsaal und der Münchener-Kindl-Keller erlebten
im Herbst und Winter 1920/21 immer gewaltigere Massenversammlungen, und
das Bild war immer dasselbe: Kundgebungen der NSDAP mußten schon da-
mals weit vor Beginn wegen Überfüllung polizeilich gesperrt werden.“[61]

Hitler, der sich, seine Partei und seine Parteiorganisationen als Ordnungsfak-
toren nicht nur im Reich[62] *wähnt, braucht sich um Anlässe für eigene Ausfälle*
und Gesetzesüberschreitungen nicht zu sorgen. Und er braucht nicht zu fürch-
ten, daß die breite Öffentlichkeit sich gegen ihn stellen werde. Im Gegenteil.
Kaum sind die Vorfälle von Altona und Kiel durch die Presse bekannt gewor-
den, erreichen ihn öffentliche Ehrungen ganz besonderer Art. Die bäuerlichen
Gemeinden Hansen v. d. Höhe, Wisper, Watzelhain, Striutzrinitatis, Nieder-
libbach, Born, Panrod und Wingsbach in Nassau, haben ihm zum Ehrenbürger
gemacht[63]*. Und es sind nicht die ersten Ehrungen dieser Art*[64]*.*

Der Völkische Beobachter hat schon am 20. Juli 1932 Wasser auf Hitlers Müh-
len geleitet und seine Anhänger auf das „rote Tier“ aufmerksam gemacht, das
in Passau einen SA-Führer schwer verletzt, in Itzehoe einen Parteigenossen er-
mordet und einen angeschossen, in Ratzeburg Nationalsozialisten mit Messern
verwundet, in Euskirchen, in Essen, Köln, Hannover, Raschau, Chemnitz, Au-
rich, Altona und Greifswald Hitler-Anhänger erschossen, verprügelt oder an-
geschossen habe.

[61] Hitler, Mein Kampf, S. 549 ff.
[62] In Wien z. B. schützten uniformierte Nationalsozialisten 1932 während der — ebenso in Warschau, Prag, Madrid, Athen und Cambridge stattfindenden — Studentenkrawalle demonstrativ die Universität. Vgl. u. a. Berliner Illustrierte Zeitung vom 24. 7. 1932.
[63] Vgl. Völkischer Beobachter vom 24./25. 7. 1932.
[64] Vgl. S. 25. Vgl. auch S. 126 und 279.

„Typisch für den ... Überfall" in Passau ist, heißt es zum Beispiel, *„daß er nach einem Reichsbanneraufmarsch stattfand, an dessen Spitze Passauer Warenhausjuden marschierten"*[65]. Immer sind — nach nationalsozialistischer Auffassung — Juden die Anführer, mindestens aber die Drahtzieher hinter dem Rücken der jeweiligen Attentäter.

Auf einigen Manuskriptseiten hat Hitler eine neue Rede ausgearbeitet. Es ist eine Rede über das Verhältnis der Nationalsozialisten zu den Juden.

Bei dieser Rede verfällt Hitler wieder in seine alten Fehler. Er springt auf dem Podium geradezu hin und her, als sei er von Furien gejagt, faßt sich mit beiden Händen an den Kopf und windet sich buchstäblich vor Anstrengung. Dann tritt er plötzlich neben das Pult, packt dessen Rand und rüttelt an ihm. Schließlich reckt er die Arme — wie gen Himmel — nach oben. Er ist wieder heiser. Ohne Übergang stürzt er im wahrsten Sinne des Wortes nach vorn, wobei er — uns seine Beschwörungen zu unterstreichen, krampfhaft die Hände auf seine Brust drückt.

Nach seiner Rede kommt er von der Bühne „herabgeflogen" — wie ein Sieger. Seine Augen glänzen; Röte bedeckt die Wangen. Auf seine Frage, wie er mir als Redner gefallen habe, kann ich nur antworten: „Ein Rückfall!"

Als wir abfahren, bereiten die Zuhörer Hitler einen begeisterten Abschied. Mehr als dreitausend Menschen säumen die Straße, so daß in der Mitte nur eben noch Platz für Kraftwagen bleibt. Die ersten zweihundert Meter kommt Hitlers „Mercedes" noch einigermaßen voran, wenn auch langsam. Plötzlich aber drängen sich die Menschen vor, umringen den Wagen und rufen ohne Ende „Heil Hitler!", „Heil Hitler!" und haben die Hitler-Kolonne bald regelrecht eingeschlossen. Von Minute zu Minute kommen mehr Begeisterte hinzu. Sie drücken und schieben ... Minutenlang rast der Orkan der Schreie ...

[65] Völkischer Beobachter vom 20. 7. 1932.

Da läßt Hitler sein Verdeck öffnen, erhebt sich langsam. Zwingend, nahezu hypnotisch, blickt er in die Menge und hebt mit eindringlicher Schlichtheit seinen Arm: Bitte, befiehlt diese Bewegung — bitte, macht Platz! Und wirklich, so alltäglich dieser Anlaß auch ist: die Schreie verstummen — wenig später ist die Bahn frei... Kein Wort ist gefallen. Allein Hitlers zwingend wirkende Bewegung hat es vollbracht.

Zur nächsten Unterrichtsstunde bringe ich Hitler ein Gerät mit, mit dessen Hilfe normalerweise Sänger lernen, ihre Stimme zu kontrollieren. Es ist ein „Resonator", ein kugelähnlicher Hohlkörper aus Glas. Eine Seite ist kreisförmig geöffnet, während die andere Seite in eine offene Spitze mündet, die in das Ohr eingeführt werden kann. Singt man in dieses Gerät Vokale hinein, wird neben dem Grundton auch der für den Laut jeweils charakteristische „Oberton" hörbar. Ich erkläre Hitler das Instrument ausführlicher. Dabei mache ich ihn besonders darauf aufmerksam, daß es alle Obertöne vom Hauptton trenne und deutlich hörbar mache.

Hitler ergreift den Resonator, führt die Spitze in sein Ohr und spricht einige Worte. Plötzlich hebt er die Brauen und sagt: „Ein Teufelshorn ... Es zeigt mir, daß ich nicht gerade ‚schön' spreche ... Wenn das die Wahrheit ist, dann muß ich üben!"

Bei den anschließenden Wiederholungen führt er das „Spielzeug" immer wieder in sein Ohr ... ist fleißig, seit er erstmals seine eigene Stimme hört — wie ein Zuhörer.

Drei volle Stunden bleibt er dabei.

Hitlers folgende Rede hat wieder „sein" Wirtschaftsthema, die Arbeitslosigkeit, zum Inhalt. Er sagt dem Sinne nach: Die Krise bricht herein — ein Schlagwort der unfähigen Systemregierung von verharmlosender Ungenauigkeit. Eine Krise geht vorbei, die jetzigen Mißstände nicht! Sehen wir uns doch nur die

Anzeigenseiten unserer vom Konkurs bedrohten Zeitungen an: Ingenieure, Ärzte, Juristen, Architekten ... Akademiker und Könner jeder Couleur bieten sich an für „Arbeiten aller Art", als Zeitungsverkäufer, Platzanweiser, Straßenkehrer — und warten trotzdem vergebens. Das große „Abbauen" hat begonnen; immer weniger Waren werden gekauft, deshalb wird immer weniger erzeugt, demzufolge werden immer weniger Menschen beschäftigt, immer mehr arbeitslos. Dadurch wird abermals die Kaufkraft geringer ... ein Kreislauf ohne Ende! In unseren Fabriken rosten die Maschinen, die Arbeiter gehen zum Stempeln ... Weil unsere „Erfüllungspolitiker" das ganze Geld als Reparation für angebliche Kriegsschäden den Siegermächten hingeben, kann der Staat nicht mehr Arbeitgeber sein. Er baut sogar seine Diener, die Beamten ab. Für öffentliche Fürsorge, Schulen, Krankenhäuser ist kein Pfennig vorhanden und die letzten Reserven gehen — nutzlos verpulvert — für die kümmerliche Erhaltung der immer zahlreicheren Arbeitslosen drauf ... ein Zwangslage ohne Aussicht auf Besserung!

Die Reaktionen auf seine Reden sprechen für sich. Dutzende der von ihm immer wieder geschickt angesprochenen Intellektuellen, unter ihnen am wirkungsvollsten die Hochschullehrer, bekennen sich öffentlich zu ihm. So veröffentlichte der Völkische Beobachter zum Beispiel am 29. Juli 1932 folgende Resolution:

Erklärung deutscher Universitäts- und Hochschullehrer

Wir unterzeichnete deutsche Universitäts- und Hochschullehrer haben uns entschlossen, in dem gegenwärtigen entscheidenden Zeitpunkt der deutschen Geschichte mit folgender Erklärung vor die Öffentlichkeit zu treten.

Wir haben, als deutsche Männer und als berufene Lehrer der akademischen Jugend unseres Volkes, in den Jahren nach dem Kriege mit wachsender Ablehnung die verderbliche Wirkung des herrschenden politischen Systems auf das geistige und materielle Leben unseres Volkes gesehen. Auf keinem Gebiete des deutschen Lebens ist es zu dem Wandel der nationalen und sozialen Gesinnung und Handlungsweise gekommen, der nach der Überzeugung jedes ernsthaften Deutschen für ein besiegtes Volk Grundbedingung des Wiederaufstieges ist. Der intellektuell schaffende Volksteil, dem auch wir angehören, und der in engerem Sinne Bürgertum genannt wird, hat wohl versucht, die geistige Bildung gegen Verflachung zu schützen. Die materielle Verstrickung aber des ganzen deutschen Lebens in die Einflüsse des internationalen Finanzkapitals hat jenes scheinbare Gleichgewicht der wirtschaftlichen und sozialen Ordnung hervorgebracht, mit dem auch das Bürgertum sich zufrieden gab. So hat es in diesen Jahren seine sittliche Aufgabe als Führerschicht verfehlt. So konnte an seine Stelle die seit langem vorbereitete Führerschaft international gebundener Kräfte treten. Unter dieser Herrschaft ist in großen Kreisen des Volkes eine Pariagesinnung entstanden, die den Begriff eigenen Wertes und eigener sittlicher Verantwortung eines Volkes für seine Zukunft nicht mehr kennen will.

In dieser selben Zeit ist aus der letzten Kraft instinktiven nationalen Lebenswillens heraus eine Volksbewegung entstanden, emporgetragen von Männern, deren deutscher Charakter, Gesinnungsreinheit und Organisationskraft heute nicht mehr in Zweifel gezogen werden dürfen. Sie ist zutiefst durchdrungen von dem Suchen der besten Jugend aller Volkskreise nach Reinheit des deutschen Lebens und nach Zielgedanken für die deutsche Zukunft. Auf dieser Suche greift die Bewegung mit ihren geistigen Wurzeln zurück in jene Zeit deutscher Geschichte, in der Friedrich der Große an das Pflichtbewußtsein seines Volkes appellierte und seine Staatspolitik zum Wohle des Volkes verwirklichte; in die Zeit als Fichte zur deutschen Nation sprach und als Freiherr vom Stein der Heimatlosigkeit großer Volksteile ein Ziel setzte.

Diese national-sozialistische Bewegung stellt den intellektuell schaffenden bürgerlichen Volksteil vor die letzte Entscheidung, die ihm in der Geschichte unseres Volkes gestellt ist. Nationale Gesinnung, so rein sie sein mag, genügt allein nicht, um das tiefe Mißtrauen in unserem Volke zu beseitigen und einen geschlossenen nationalen Willen hervorzurufen. Es bedarf vielmehr einer nationalen Gesinnung, die von dem sozialen Gewissen getragen ist, wie es jene Größten des deutschen Volkes vorgelebt haben, und wie es im Weltkriege in den Seelen deutscher Männer neu emporgestiegen ist. Zu diesem sozialen Gewissen muß für uns reife Männer noch hinzutreten der Glaube an unsere Verpflichtung gegenüber der zum Aufbruch rufenden Jugend.

Auch wir akademische Lehrer sind durch alle Bedenken hindurchgegangen, die den intellektuellen Menschen bei einigen Zielgedanken der national-sozialistischen Bewegung kommen. Die wesentlichen Gedanken aber, vor allem: die Bekämpfung des fremdrassigen Einflusses in unserem Volksleben, die Einschränkung des Eigennutzes auf allen Gebieten, soweit er dem allgemeinen Nutzen entgegen handelt, der Wille zur Befreiung des Staates und des sozialen Lebens von der materialistischen Fessel des Finanzkapitals, diese wesentlichen Zielgedanken sind durch alle einzelnen Bedenken hindurch von uns als grundsätzlich richtig erkannt.

Die von vielen gefürchtete Einschränkung der geistigen Freiheit durch ein engstirniges nationalistisches Schema fürchten wir nicht, nachdem wir die geistige Öde und Unduldsamkeit des unter dem Scheine geistiger Freiheit wirkenden internationalen Schemas in Kunst, Film und Rundfunk kennengelernt haben. Bedenken über einzelne Erscheinungen treten für uns zurück, da wir dem Geist der oberen Führer und ihrer erprobten Fähigkeit zur Reinhaltung der Bewegung vertrauen.

130

Wir sind nach allem von der festen Überzeugung beseelt, daß der geistig schaffende Mensch heute die Verpflichtung hat, bei innerer Übereinstimmung mit dem Geiste dieser Volksbewegung sich mutig und mit Vertrauen für sie zu entscheiden und so der Jugend unseres Volkes den Weg bahnen zu helfen. Um diese Überzeugung durch die Tat zu beweisen, erklären wir:

Wir erwarten zuversichtlich von nationalsozialistischer Führung im Staate die Gesundung unseres ganzen öffentlichen Lebens und die Rettung deutschen Volkstums und sind entschlossen, jeder an seinem Teil dafür zu wirken.

Em. Prof. Dr. Johannes Haller, Tübingen; Prof. Dr. Stortz, Stuttgart; Prof. Dr. e. h. Paul Schmitthenner, Stuttgart; Prof. Dr. Helmut Göring, Stuttgart; Prof. Dr. Dr. C. A. Emge, Jena; Prof. Hans F. K. Günther, Jena; Geheimrat Prof. P. Lenard, Heidelberg; Prof. Dr. v. Regelein, Erlangen; Prof. Dr. h. c. Ernst Krieck, Frankfurt; Geh. Rat Prof. F. Endemann, Heidelberg; Prof. Dr. Beck, Hohenheim; Prof. Dr. Dr. Walther, Hohenheim; Prof. Dr. Rudolf Herzog, Gießen; Prof. Dr. Rudolf Franke, Charlottenburg; Prof. Dr.-Ing. Stauber, Charlottenburg; Prof. Dr. Philalethes Kuhn, Gießen; Prof. Dr. Fabricius, Berlin; Prof. Dr. Erich Rothacker, Bonn; Prof. Hoepiner, Danzig; Prof. Dr. A. von Aniropoff, Bonn; Prof. Dr. Bodo Spiethoff, Jena; Prof. Dr. Arnold Pöschl, Graz; Prof. Dr. H. Vogt, Jena; Prof. Hans Kurtzahn, Königsberg; Prof. Dr. Arved Schultz, Königsberg; Prof. Dr. V. Franz, Jena; Prof. Erich Jaensch, Marburg; Prof. Koellreuter, Jena; Prof. Dr. E. Högg, Dresden; Prof. Wilhelm Jost, Dresden; Prof. Dr. A. Baeumler, Dresden; Prof. Fritz Beckert, Dresden; Prof. Dr. Fichtner, Dresden; Prof. Heiser, Dresden; Prof. Dr. O. Kirschmer, Dresden; Prof. Dr. A. Lottermoser, Dresden; Prof. Dr. R. Scholl, Dresden; Prof. Dr. B. Struck, Dresden; Prof. Dr. H. Wislicenus, Dresden; Prof. Dr. Brill, Jena; Prof. Dr. Hans Reiter, Rostock; Prof. Otto Kloeppel, Danzig; Prof. Dr. Hans Naumann, Bonn; Prof. Dr. C. Mühlhausen, Hamburg; Prof. Dr. Herwart Fischer, Würzburg; Prof. Dr. Freiherr von Dungern, Graz; Prof. Dr. Ernst Stracke, Tübingen; Prof. Dr. F. P. Stegmann von Pritzwald, Jena; Prof. Dr. Haberland, Köln; Prof. Dr. Carl Mez, Königsberg; Prof. Ewald Banse, Braunschweig.

Im Grunde hält Hitler während dieser Zeit eigentlich immer nur zwei inhaltlich verschiedene Reden, den „Juden-Sermon"[66] und den „Jammertext", wie

[66] In einem Interview, das er dem amerikanischen Journalisten Karl Wiegand laut *New York American* vom 5. Januar 1930 gab, behauptete Hitler sogar, daß er sich selbst mit den Punkten des Parteiprogramms nicht identifiziere, die den staatlich organisierten Antisemitismus forderten. Er erklärte: „I am not for curtailing the rights of the Jews in Germany" (ich bin nicht dafür, daß die Rechte der Juden in Deutschland beschnitten werden). Auf die Frage des Journalisten, warum er denn das Programm am 22. Mai 1926 wieder bestätigt, für unumstößlich erklärt und den Antisemitismus erneut in ihm verankert hätte, antwortete Hitler, der sich dem Amerikaner gegenüber als Vollstrecker des Volkswillens andeutete: „Das Volk würde es nicht verstehen, wenn ich das nicht getan hätte" („Because the people would not unterstand if I did not so"). Zit. aus Maser: Der Sturm auf die Republik, S. 209.

er sie nennt. Im internen Kreis beklagt er sich über die Eintönigkeit der, wie er sagt, „leider notwendigen, ewigen Wiederholungen", die ihn lähmen und ermüden.

„Es ist", sagt er einmal, „eine Last. Ich muß die Rede von gestern auch heute und diese wieder morgen halten. Darunter leidet meine Kraft ebenso wie meine Stimme... So rasch ich jeden neuen Redetext auswendig behalte, so wenig behagt mir jede Wiederholung. Der Phantasie bleibt dann wenig Raum. Ich muß innerlich bei einer Rede ‚dabei' sein, wenn ich überzeugen will. Was ich am Anfang im Handumdrehen beherrsche, muß ich andernfalls bald wieder aus den Notizen vom Blatt ablesen, oder ich schaffe es gerade noch, den Sinn wiederzugeben. So notwendig die ewigen Wiederholungen für die Propaganda sind, so wenig beflügeln sie mich bei dieser Tortur... Wenn ich das Podium betrete, fühle ich mich manchmal ohne zündende Einstellung. Wenn mein Publikum dennoch Beifall spendet, bin ich dann fast erstaunt darüber!"

Hitler, dessen Sprache stets ein ganz bestimmtes Reservoir logisch-begrifflicher Formen und Inhalte „auf Abruf" bereithält, hat früh erkannt, daß bestimmte Begriffe und Namen durch stereotype Verknüpfungen mit gewünschten Vorstellungen und Gefühlswerten die angestrebten Änderungen in der allgemeinen Gefühls- und Wertassoziation zum Teil erzeugen können. Schon als „Bildungsoffizier"[67] hat er bemerkt, wie beispielsweise das von ihm stets durch bestimmte Kontextbeziehungen zur negativsten Wertassoziation überhaupt „aufgebotene" Wort „Jude" bei seinen Zuhörern Gefühle und Vorstellungen wie Haß und Empörung erzeugte, wozu sich unschwer schon die Vorstellung „Ausrottung" assoziieren ließ. So erschien das Wort „Jude" denn auch propagandistisch (entsprechend der Rolle des Antisemitismus in Hitlers Weltanschauung) als Achse der sprachlich-gedanklichen Absicherungen in den Reden Hitlers und der nationalsozialistischen Propagandisten.

[67] Vgl. S. 77 ff.

Wie in Mein Kampf *begründet und vorgezeichnet, wurden kritische Einzelne und Gruppen, die Hitler als Gegner und Feinde ansah, meist mit Superlativen negativer Prägung beschimpft, Intellektuelle pauschal als „überzüchtet", „blutleer" und „weltfremd"*[68]*, als „Hohlköpfe", „Strohköpfe" und „dummes Hühnervolk" diffamiert, was nicht ohne Folgen bleiben konnte.*

Die von der nationalsozialistischen Propaganda bündelweise mißbrauchten Superlative gingen zum größten Teil zwar ebenfalls auf Mein Kampf *zurück, resultierten jedoch aus einem Mißverständnis. Die Propagandisten wußten nicht, daß Hitler gern Superlative wie „größte Menschheitszerrüttung aller Zeiten", „größter Wortbruch aller Zeiten", „das grausamste Diktat aller Zeiten" und „schandbarste Unterwerfung und Ausplünderung aller Zeiten"*[69] *und aggressiv artikuliert beeindruckende Fakten- und Zahlenkolonnen*[70] *verwendete, um sich vor allem an ihnen bewußt zu orientieren, wenn er sich als Redner emotional abreagierte*[71]*. Nicht ohne Grund ließ er sich — seit 1922 —*

[68] Solche Formulierungen finden sich bereits in Hitlers Notizen aus der Zeit vor der Niederschrift von *Mein Kampf.* Vgl. Maser, *Hitlers Briefe und Notizen,* u. a. S. 292 ff.
[69] Hitler in seiner gegen Roosevelt gerichteten Rede vom 28. 4. 1939. Vgl. den Text der Rede bei Domarus, Bd. II/3, S. 1148 ff.
[70] So zählte Hitler z. B. am 28. 4. 1939 in einer Anti-Roosevelt-Rede auf: „Es wurden (zwischen 1919—1923, der Verf.) zerstört im Heer: 1. 59 000 Geschütze und Rohre; 2. 130 000 Maschinengewehre; 3. 31 000 Minenwerfer und Rohre; 4. 6 007 000 Gewehre und Karabiner; 5. 243 000 MG-Läufe; 6. 28 000 Lafetten; 7. 4 390 MW.-Lafetten; 8. 38 750 000 Geschosse; 9. 16 550 000 Hand- und Gewehrgranaten; 10. 60 400 000 scharfe Zünder; 11. 491 000 000 Schuß Handwaffenmunition; 12. 335 000 t Geschoßhülsen; 13. 23 515 t Kartusch- und Patronenhülsen; 14. 37 600 t Pulver; 15. 79 000 Munitionsleeren; 16. 212 000 Fernsprecher; 17. 1 072 Flammenwerfer usw. Es wurden weiter zerstört: Schlitten, fahrbare Werkstätten, Flak-Geschützwagen, Protzen, Stahlhelme, Gasmasken, Maschinen der ehemaligen Kriegsindustrie, Gewehrläufe. Es wurden weiter zerstört in der Luft: 1. 15 714 Jagd- und Bombenflugzeuge; 2. 27 757 Flugzeugmotoren. Und zur See wurden zerstört: 26 Großkampfschiffe; 4 Küstenpanzer; 4 Panzerkreuzer; 19 kleine Kreuzer; 21 Schul- und Spezialschiffe; 83 Torpedoboote; 314 U-Boote." Text der Rede bei Domarus, Bd. II/3, S. 1148 ff. Zu Hitlers Methode, seit jeher mit Fakten- und Zahlenkolonnen aufzuwarten, vgl. auch Maser, *Hitlers Briefe und Notizen,* S. 344 f.
[71] Die Superlative in dem „geredeten" Buch Mein Kampf haben den gleichen Ursprung

*seine Reden vor der Veröffentlichung meist noch einmal vorlegen, und nicht
selten änderte er nachträglich Textstellen, die ihm bei der nüchternen Lektüre
nicht behagten, grob übertrieben oder gar irreal erschienen[72].*

*Obwohl die nationalsozialistische Propaganda nicht von der traditionellen so-
zialistischen Vorstellung ausging, daß der Mensch von Natur aus grundsätzlich gut sei und auf eine allseitige harmonische geistige und körperliche Entwicklung hinstrebe, sondern von den in Mein Kampf niedergelegten Lehren,
nach denen der Mensch von Natur aus primitiv, böse, leicht verführbar, träge
und frei von Wissensdurst sei, bestialisch kämpferisch und autoritätsgläubig
opferbereit zu sein habe, und nicht human im herkömmlichen Sinne sein dürfe,
hat Hitler vor allem auf dem Wege über die institutionalisierte Propaganda
innenpolitisch weithin erreicht, was er anstrebte[73]. Bereits im März 1933, wenige Wochen nach seiner „Machtübernahme", war zur Verwirklichung seiner
totalitären Herrschaft ein Reichspropagandaministerium geschaffen worden,
dem die Festlegung der Mein Kampf-Wertmaßstäbe besonders im Rahmen der
Kunst, der Erziehung und Bildung, des Sports, der „Wehrertüchtigung" und
der entscheidenden Akzente für die Arbeit der Presse, des Rundfunks und der
Auslandspropaganda oblag.*

---

[72] Vgl. dazu Maser: Adolf Hitler *Mein Kampf...*, S. 296 ff.
[73] So müßte diese ergänzende Anmerkung eigentlich wie folgt beginnen: Obwohl Hitler sein
Buch *Mein Kampf* veröffentlicht hatte, konnte er auch in dieser Hinsicht bemerkenswerte Er-
folge verzeichnen. Es darf jedoch auch hierbei nicht übersehen werden, daß nur sehr wenige
Deutsche *Mein Kampf* gelesen haben. Vgl. dazu das 1. Kapitel, ferner Lange, S. 30 ff. und
C. Caspar, der (in „Mein Kampf — A Best Seller", *Jewish Social Studies,* Jg. XX, 1958,
S. 6) die im folgenden zitierte Episode als authentischen Bericht von Otto Strasser überliefert:
„Nach einem Jahresbericht auf dem Parteitage in Nürnberg (1927), in dem er einige Sätze
aus ‚Mein Kampf' zitierte, fragten ihn manche Parteigenossen, einschließlich einiger Gauleiter,
ob er wirklich das Buch gelesen habe ‚with which none of them seemed to be familiar'. Auf
eine weitere Frage schüttelte Goebbels sein Haupt schuldbewußt, Göring brach in lautes Lachen aus, und Graf Reventlow entschuldigte sich damit, daß er keine Zeit habe. Selbst Strei-
cher, einer der wenigen Freunde Hitlers, der besonders in dem Buche erwähnt wird, hatte nur
das gelesen, was die Judenfrage betraf." Zit. nach Lange, S. 30.

Hitlers Ausführungen über Propaganda, im folgenden auszugsweise in der Reihenfolge zitiert, in der sie in Mein Kampf *stehen, lassen die nationalsozialistischen Erfolge in einem besonderen Licht erscheinen.*

In Mein Kampf *heißt es: „. . . auf dem Gebiete der Propaganda darf man sich niemals von Ästheten oder Blasierten leiten lassen: Von den ersteren nicht, weil sonst der Inhalt in Form und Ausdruck in kurzer Zeit, statt für die Masse sich zu eignen, nur mehr für literarische Teegesellschaften Zugkraft entwickelt; vor den zweiten aber hüte man sich . . . ängstlich, weil ihr Mangel an eigenem frischem Empfinden immer nach neuen Reizen sucht. Diesen Leuten wird in kurzer Zeit alles überdrüssig . . . Sie sind immer die ersten Kritiker der Propaganda oder besser ihres Inhaltes, der ihnen zu . . . abgedroschen, dann wieder zu überlebt usw. erscheint. Sie wollen immer Neues, suchen Abwechslung und werden dadurch zu wahren Todfeinden jeder wirksamen politischen Massengewinnung. Denn soweit sich die Organisation und der Inhalt einer Propaganda nach ihren Bedürfnissen zu richten beginnen, verlieren sie jede Geschlossenheit und zerflattern . . . vollständig. Propaganda ist jedoch nicht dazu da, blasierten Herrchen . . . interessante Abwechslung zu verschaffen, sondern zu überzeugen, und zwar die Masse zu überzeugen. Diese aber braucht in ihrer Schwerfälligkeit immer eine bestimmte Zeit, ehe sie . . . von einer Sache Kenntnis zu nehmen bereit ist, und nur einer tausendfachen Wiederholung einfachster Begriffe wird sie endlich ihr Gedächtnis schenken.*

Jede Abwechslung darf nie den Inhalt des durch die Propaganda zu Bringenden verändern, sondern muß stets zum Schlusse das gleiche sagen. So muß das Schlagwort wohl von verschiedenen Seiten aus beleuchtet werden, allein das Ende jeder Betrachtung hat immer von neuem beim Schlagwort selber zu liegen. Nur so kann und wird die Propaganda einheitlich und geschlossen wirken . . . Jede Reklame, mag sie auf dem Gebiete des Geschäftes oder der Poli-

tik liegen, trägt den Erfolg in der Dauer und gleichmäßigen Einheitlichkeit ihrer Anwendung[74].

Propaganda „ist ein Mittel und muß demgemäß beurteilt werden vom Gesichtspunkt des Zweckes aus. Ihre Form wird mithin eine der Unterstützung des Zieles, dem sie dient, zweckmäßig angepaßte sein müssen"[75].

„Wenn ... (die, der Verf.) Gesichtspunkte von Humanität und Schönheit für den Kampf erst einmal ausscheiden, dann können sie auch nicht als Maßstab für Propaganda Verwendung finden."[76]

„An wen hat sich die Propaganda zu wenden? An die wissenschaftliche Intelligenz oder an die weniger gebildete Masse?

Sie hat sich ewig nur an die Masse zu richten! Für die Intelligenz, oder was sich heute leider häufig so nennt, ist nicht Propaganda da, sondern wissenschaftliche Belehrung. Propaganda aber ist so wenig Wissenschaft ihrem Inhalte nach, wie etwa ein Plakat Kunst ist in seiner Darstellung."[77]

„Die Aufgabe der Propaganda liegt nicht in einer wissenschaftlichen Ausbildung des einzelnen, sondern im Hinweisen der Masse auf bestimmte Tatsachen, Vorgänge, Notwendigkeiten usw., deren Bedeutung dadurch erst in den Gesichtskreis der Masse gerückt werden soll."

Sie hat „nicht in der Belehrung der wissenschaftlich ohnehin Erfahrenen oder nach Bildung und Einsicht Strebenden (zu liegen, sondern, der Verf.) muß ihr Wirken ... immer mehr auf das Gefühl gerichtet sein (lassen, der Verf.) und nur sehr bedingt auf den sogenannten Verstand"[78].

[74] Hitler, S. 202 f.
[75] ebenda, S. 194.
[76] ebenda, S. 196.
[77] ebenda, S. 196.
[78] ebenda, S. 197.

„Jede Propaganda hat volkstümlich zu sein und ihr geistiges Niveau einzustellen nach der Aufnahmefähigkeit des Beschränktesten unter denen, an die sie sich zu richten gedenkt. Damit wird ihre rein geistige Höhe um so tiefer zu stellen sein, je größer die zu erfassende Masse der Menschen sein soll."[79]

„Je bescheidener dann ihr wissenschaftlicher Ballast ist und je mehr sie ausschließlich auf das Fühlen der Masse Rücksicht nimmt, um so durchschlagender der Erfolg."[80]

„Es ist falsch, der Propaganda die Vielseitigkeit etwa des wissenschaftlichen Unterrichts geben zu wollen. Die Aufnahmefähigkeit der großen Masse ist nur sehr beschränkt, das Verständnis klein, dafür jedoch die Vergeßlichkeit groß. Aus diesen Tatsachen heraus hat sich jede wirkungsvolle Propaganda auf nur sehr wenige Punkte zu beschränken und diese schlagwortartig so lange zu verwerten, bis auch bestimmt der Letzte unter einem solchen Worte das Gewollte sich vorzustellen vermag."[81]

„Die Aufgabe der Propaganda ist z. B. nicht ein Abwägen der verschiedenen Rechte, sondern das ausschließliche Betonen des einen eben durch sie zu vertretenden. Sie hat nicht objektiv auch die Wahrheit, soweit sie den anderen günstig ist, zu erforschen, um sie dann der Masse in doktrinärer Aufrichtigkeit vorzusetzen, sondern ununterbrochen der eigenen zu dienen."[82]

„Die Masse ist nicht in der Lage, nun zu unterscheiden, wo das fremde Unrecht endet oder das eigene beginnt."[83]

„Das Volk ist in seiner überwiegenden Mehrheit so feminin veranlagt und ein-

[79] ebenda.
[80] ebenda.
[81] ebenda, S. 198.
[82] ebenda.
[83] ebenda, S. 201.

gestellt, daß weniger nüchterne Überlegung, vielmehr gefühlsmäßige Empfindung sein Denken und Handeln bestimmt."[84]

„Diese Empfindung aber ist nicht kompliziert, sondern sehr einfach und geschlossen. Es gibt hierbei nicht viel Differenzierungen, sondern ein Positiv oder ein Negativ, Liebe oder Haß, Recht oder Unrecht, Wahrheit oder Lüge, niemals aber halb so und halb so oder teilweise usw."[85]

„Alle Genialität der Aufmachung der Propaganda wird zu keinem Erfolg führen, wenn nicht ein fundamentaler Grundsatz immer gleich scharf berücksichtigt wird. Sie hat sich auf wenig zu beschränken und dieses ewig zu wiederholen. Die Beharrlichkeit ist hier ... die erste und wichtigste Voraussetzung zum Erfolg."[86]

„Jede Abwechslung darf nie den Inhalt des durch die Propaganda zu Bringenden verändern, sondern muß stets zum Schlusse das gleiche sagen. So muß das Schlagwort wohl von verschiedenen Seiten aus beleuchtet werden, allein das Ende jeder Betrachtung hat immer von neuem beim Schlagwort selber zu liegen. Nur so kann und wird die Propaganda einheitlich und geschlossen wirken."[87]

Daß Hitler nicht nur als junger Parteiführer so dachte, sondern auch auf dem Höhepunkt seiner Macht als „Führer und Reichskanzler", bezeugen zahlreiche Dokumente. So erklärte er beispielsweise am 18. Januar 1942 in der Wolfsschanze: „Was für ein Glück für die Regierung, daß die Menschen nicht denken. Denken gibt es nur in der Erteilung oder im Vollzug eines Befehls. Wäre es anders, so könnte die menschliche Gesellschaft nicht bestehen."[88]

---

[84] ebenda.
[85] ebenda.
[86] ebenda, S. 202.
[87] ebenda, S. 203.
[88] Picker, S. 159.

Einmal erlaubt Hitler mir, dabei zu sein, während er Notizen für eine Rede niederschreibt. „Zunächst ist das immer ideal!", sagt er, „mein ganzer schöpferischer Apparat, sozusagen alle inneren Federn, Knöpfe, Pedale, funktionieren automatisch. Die Geburt eines Redetextes — auch über ein altes und ‚abgedroschenes‘ Thema — ist für mich ein müheloser, begeisternder Akt. Mein Verstand erfaßt alle wesentlichen Aspekte sofort, schafft den Hauptgedanken und alle Worte erstehen sozusagen von selbst. Schon nach kurzer Zeit treibt es mich geradezu, meine ‚neuen‘ Reden auszusprechen, sie unter die Leute zu bringen — und die Massen dazu zu bewegen, sich mit ihnen zu identifizieren. Nicht selten allerdings verhelfen mir jedoch auch meine Zuhörer zur besten, endgültigen Formulierung. Ihre Teilnahme, ihr Mitgehen, wecken meine schöpferische Energie. Das Gefühl der Reaktion von tausenden menschlicher Seelen aus dem überfüllten Zuhörerraum ist mir die höchste Freude, die einem Menschen nur widerfahren kann!"

Beeindruckt von diesem unerwarteten „Geständnis" denke ich über Hitlers Worte nach — und sage schließlich: „Das Problem gibt es bei Kabaretts und Wanderbühnen auch. Dort hilft man sich gewöhnlich dadurch, daß man das feste Konzept um Daten und Nachrichten des Ortes erweitert, an dem man spielt. Das Publikum erkennt seine Umgebung, die seine Welt ist. Und der Spieler, beziehungsweise der Sprecher, ist die Öde stetiger Wiederholungen los."

Hitler weiß sofort, was zu tun ist. „Meine Partei", erklärt er, „verfügt über eine ‚Truppe‘ von Informanten. Über das ganze Reich spannt sich ein Netz von ‚Propagandazellen‘, die örtliche Mißstände aufdecken und sie veröffentlichen. Fast in jedem Landbezirk bewirken damit meine Männer, die Bevölkerung zu wecken und sie für uns zu gewinnen. Sie verteilen Handzettel und Flugblätter oder kleben Plakate ... Schandtaten gibt's überall! Das ist die Quelle, aus der man immer schöpfen kann." Und sofort beginnt er, den Redetext, den er gerade vor sich hat, dahingehend abzuwandeln, wie er mir andeutet. Örtliche Neuigkeiten sind ihm bekannt. Er macht sich Notizen. Gleich morgen will er im nächsten Ort, in dem die „Bonzen" der „November-Regierung" sich ein protziges Parteihaus bauten, während nebenan die Familien der ‚Stempler' in verfallenen Baracken vegetieren, die lokalen Mißstände anprangern.

Im nächsten „Kundgebungsort" fügt Hitler in seine Rede ein, wie skrupellos sich der dortige Parteibürgermeister Grundstücke unter den Nagel riß, und im übernächsten sind es die trüben Geschäfte einiger Ärzte, die Medikamente verschoben ... überall weiß er etwas anzuklagen. Mitgeteilt wird ihm das jeweils schon bei der Ankunft von seinen „Zellenspionen".

Nicht immer extemporiert Hitler indes negativ. Nach einer antikirchlichen Eröffnung (Tenor: Schieber, die vom Elend unseres Volkes leben, benutzen ihre Schandgewinne dazu, ihre Kinder fromm erziehen zu lassen, damit sie für sie beten) in einer Versammlung, „trägt" ihn das Thema „fort", und er fragt: „Widersprechen sich Kirchenglauben und Wissenschaft? Nein! Wissenschaftler erklären überzeugt, daß ihre Erkenntnisse stets im Glauben an einen Schöpfer enden[89]. Er ist so engagiert, daß ich fürchte, er werde sein „Thema" vergessen. Nur dadurch, daß ich, direkt vor seinem Podium sitzend, den Finger hebe und auf meine Uhr deute, kann ich ihn davor bewahren, sich restlos in dieses Thema zu vertiefen — auf Kosten der vorgesehenen Zeit. Er bemerkt meine Zeichensprache, räuspert sich und kommt zur Verdammung kirchlicher Scheinheiligkeit zurück. Nachdem er aufgrund der Information seiner örtlichen Zelle gegeißelt

---

[89] Am 22. 7. 1932 läßt Hitler im Völkischen Beobachter die — nach seiner Behauptung — „religionsfeindlichen Koalitionsbrüder des christlichen Zentrums" und die Sozialdemokraten der Christentumsfeindlichkeit zeihen und ihnen vorwerfen, die Kirche ausrotten und als „Leiche" an der „Schwelle der sozialistischen Gesellschaftsordnung" zurücklassen zu wollen. Fast auf's Wort stimmen seine Wünsche 10 Jahre später mit diesen Formulierungen überein. Vgl. dazu Maser, Adolf Hitler ..., S. 267 ff. Aber auch zu der Zeit formuliert er Sätze, wie Devrient sie überliefert. So äußert er z. B. im Oktober 1942, als er den Höhepunkt seiner Karriere bereits überschritten hat, im Führer-Hauptquartier vor seinen Tischgästen: „Tatsache ist, daß wir willenlose Geschöpfe sind, daß es eine schöpferische Kraft ... gibt. Das leugnen zu wollen, ist Dummheit." Zit. nach Maser, Adolf Hitler ..., S. 267.

„Theatermaske". Tuschzeichnung des Realschülers Adolf Hitler.
Dok.: Bundesarchiv Koblenz, NS 26/65.

Sonntagsausflug. Rechts in der Mitte: „Geli" Raubal.   Foto: Heinrich Hoffmann

hat, kommt es nach der Veranstaltung um ein Haar zu einem folgenschweren Nachspiel. Die Frau des Hauptschiebers, stolz und elegant, befindet sich plötzlich im Hotel, in dem Hitler übernachtet. Sie hat sich im Nebenzimmer eingenistet. Während sie zu Hitlers Zimmertür unterwegs ist, wird sie jedoch abgefangen. Hitler hätte, wenn ihr Plan geglückt wäre, sicher die Tür geöffnet — und die Frau hätte die halbe Welt zusammengeschrien: „Vergewaltigung" und dergleichen mehr. Unter dem kostbaren Pelz waren Kleider und Wäsche vorher sorgsam zerrissen worden, Indizien dafür, was der Parteiführer Hitler, nachdem er ihren Ehemann verleumdete, ihr habe antun wollen[90].

Der aufmerksame Hausdetektiv, der der Frau gerade noch das Handwerk legte, erhält von Hitler ein Bild mit persönlicher Widmung. Gleich darauf befiehlt er, den Vorfall zu veröffentlichen und somit den Einwohnern bekanntzumachen[91]. Ich höre, wie Hitler die Überschrift diktiert: „Dieser Stall wird ausgemistet!"

„Überfälle" solcher und ähnlicher Art hat Hitler nicht gerade selten erlebt. Seit eine von ihm empfangene Dame sich plötzlich entkleidete und im Handumdrehen nackt vor ihm stand, hat er seine Begleitung angewiesen, ihn künftig vor unbekanntem Damenbesuch zu „schützen".

Eine Folge der Hinweise Hitlers auf örtliche Begebenheiten sind sogar Versuche, sein Leben mindestens zu gefährden. In einem Bergnest in der Rhön, wo Hitler auf eine verheimlichte Abtreibung an der Hausangestellten eines eingesessenen „Systempolitikers" eingeht, ist das Vorderrad an Hitlers Kraftwagen gelockert worden. Doch dieser Anschlag, der auf der steilen Weiterfahrt tödliche Folgen hätte haben können, wird vereitelt. Hitlers Fahrer (Julius Schreck, Dr. M.) entdeckte die losen Schrauben noch vor dem Start.

[90] Zeugen, die diesen Vorfall bestätigen könnten, konnten nicht ermittelt werden.
[91] Auch dafür liegen keine Beweise vor.

„Ewig wirkt Ihr Rezept auch nicht!", meint Hitler darauf. „Ein Redner", sagte er, „kann sich nicht von Skandalen am Leben erhalten!" Ich muß es einsehen. Vielleicht, so überlege ich, hilft das alte und simple Rezept aus der Bühnenpraxis: die „Magnetisierung". Sie besteht darin, daß der Wiederholungs-Redner (ganz wie der Wiederholungs-Schauspieler!) sich selbst eindringlich die Frage vorlegt: „Wie würde ich reagieren, wenn ich diese von mir soundsooft wiederholten Worte erstmals als Zuhörer vernähme?" Antwortet er sich rückhaltlos ehrlich darauf, kann ihm alles wie neu erstrahlen. Man ist wieder ,magnetisch', wie es im Bühnendeutsch heißt. Das bedeutet, daß der Redner (Schauspieler) seine ,abgedroschenen' Worte neu erlebt und er wirkt auch wieder mitreißend auf seine Zuhörer. Ich versuche, Hitler von der Wirkung zu überzeugen und ihm zu raten, das auch einmal zu probieren. Er ist skeptisch und meint, daß solche „Kraftakte" einen Redner doch wohl noch zusätzlich belasteten. Ich denke an meine Erfahrungen und kritzle auf meinen Bierdeckel (wir sind gerade beim Abendessen) die „Gefühlsworte": „Glück", „Freude", „Zuversicht", „Angst", „Zorn", „Drohung". Dann bitte ich Hitler, seine Augen zu schließen und die Spitze seines Zeigefingers irgendwo auf meine Niederschrift zu legen. Das so gefundene Wort solle sein „Magnet" sein.

Hitler spielt mit und zeigt mit seinem Finger auf „Angst". Damit ist er nicht einverstanden und wählt nochmals — mit nur halbgeschlossenen Augen, das Wort: „Glück". Er hat „gemogelt", und ich spiele den „Lehrer". „Tragen Sie", bitte ich ihn, „die Gefühlsfarbe dieses Begriffs in Ihre schon abgenutzten Redesätze, so intensiv hinein, wie Sie es nur können, und sie werden wie durch Zauberhand wieder magnetisch!" sein.

Hitler beginnt lustlos, einen Teil aus seiner Rede vorzutragen. Aber rasch findet er den Ton für „Glück". Das heißt, die Einstellung, die diesem Begriff entspricht, klingt mit einem Male aus seinen Worten. — Er, und auch ich merken es deutlich, und jeder Zuhörer hätte dies ebenso gespürt. Die Färbung ist neu — und mitreißend.

Hitler, der „das Ei des Kolumbus" sucht, meint nach diesem Experiment, daß es (das „Ei des Kolumbus") hier vielleicht liegen könne. Wir diskutieren dennoch eine längere Zeit weiter, wobei Hitler nicht selten geradezu spitzfindig ist.

Am nächsten Tag, an dem Hitler wieder redet, spüre ich sofort, daß er die vorausgegangenen „Einsichten" und „Erkenntnisse" in die Tat umsetzt. Ich bin entzückt. Alles Bisherige klingt „nagelneu", man glaubt alles auf's Wort. Selbst die kleinsten Effekte glühen neu auf. Das Publikum geht wie rasend mit, hängt an Hitlers Lippen, was wiederum ihn elektrisiert. Er kommt in Hochform, übertrifft sich selbst und ist mit unwiderstehlicher Intensität „da". „Fast wie ein Hypnotiseur!"[92] durchfährt es mich. Seine Bewegungen, seine Gebärden, seine Gesten und sein Mienenspiel, wirken perfekt. Sie passen nun erst recht überhaupt nicht mehr zu ihm. Ich will versuchen, auch dies zu ändern.

Hitler hat einen „durchschlagenden" Erfolg. Gut 20 Minuten Beifallklatschen, Begeisterungsrufe, Jubel. Im Theater wären es sicher viele „Vorhänge" gewesen . . .

„Ist das nicht ein überzeugendes Beispiel für die Bedeutung der erlernten Schauspiel- und Rhetorikkunst?", frage ich nachher stolz. Hitler pflichtet mir bei und sagt: „Mir kam es fast wie ein Wunder vor. Alles, was ich so oft schon geredet habe, bekam wieder mitreißende Kraft. Mir war, als hätte ich eine völlig neue Rede gehalten!"

Seitdem habe ich ungehinderten Zutritt zu seinem Zimmer. Eines Abends treffe ich ihn in einer merkwürdigen Szene an. Nur in Hemd und Hose, ohne Schuhe und Strümpfe, auf dem Rücken am harten Boden liegend, hat er beide Beine an die Wand hochgestemmt und die Augen geschlossen. „Ich bin ruhig, ganz

[92] Die US-Zeitschrift „Vanity Fair" bezeichnet Hitler bereits 1931 als einen Redner mit hypnotischer Wirkung und reihte ihn in die Reihe der „bekanntesten Redner unserer Zeit" ein. Vgl. Berliner Illustrirte Zeitung vom 13. 12. 1931. Vgl. auch die Abbildung S. 165.

ruhig!", flüstert er vor sich hin. In dieser Lage, erklärt er mir, konzentriere er sich vor jeder Rede, sofern es ihm möglich sei. Den Tip habe er von einem Berliner Nervenarzt bekommen. Es erhöht, das „schwört" er, die Gedächtnisleistung. Zwanzig Minuten lang behält er die Stellung bei! „Obendrein beruhigt es Herz, Kreislauf und alle Affekte, von bloßer Unruhe bis zur lähmenden Unlust. Ich hab's oft genug ausprobiert!", höre ich ihn noch sagen, als ich wieder gehe.

Hitler will in der dann folgenden Unterrichtsstunde von Devrient wissen, wie die Gesten während seiner Reden wirken, und wie sie gegebenenfalls geändert und positiv beeinflußt werden könnten. In Devrients Tagebuch heißt es:

„Anfangs", beginne ich, „sind Ihre Gebärden und Gesten halbwegs zweckmäßig. Doch dann geschieht das Unglück: Sie spüren das Mitgehen Ihres Publikums, und sofort vergessen Sie sich selbst. Anstatt Ihre Worte sparsam und damit glaubwürdig durch gemäßigte Bewegung zu unterstreichen, richten Sie nun Ihre Gestik allein an jene, die Sie anspornen. Sie fuchteln mit den Händen, zucken mit den Schultern, werfen den Kopf, ja den ganzen Körper vor und zurück wie bei einem verzückten (fast hätte ich ‚verrückten' gesagt!) Tanz! Dann hört das Publikum auf, sich für die Rede zu interessieren, weil eine solche Gestikulation ermüdet. Die angestrebte Wirkung geht verloren".

Das sage ich Hitler offen, um ihm zu zeigen, wie leicht die bedeutendste Ansprache zum bloßen Hintergrund degradiert und zu einer Art Schmierentheater werden kann. „Bei Ihnen sind die Bewegungen, Gesten und Gebärden Selbstzweck geworden. Eine solche Verschiebung der Ordnung", versuche ich ihm klarzumachen, „ist auf unseren Rednerpodien leider häufig zu beobachten. Nicht wenige Redner bewegen sich nur, um den Zuschauern zu schmeicheln, anstatt zu reden. Das Publikum besteht nicht primär aus Zuschauern, sondern aus Zuhörern. Zu oft machen die Wortgewaltigen aus ihren Auftritten ausgesprochene Clown-Nummern, und der gelegentliche Erfolg verdreht ihnen den

Kopf. Sie opfern ihre Rede wegen billiger Lachsalven, die in keinem Zusammenhang mehr mit ihren Worten stehen, auf deren Wirkung sie hoffen. Das ist Mißbrauch der Bewegung und kann zu einer gefährlichen Verführung werden ..."

Hitler, der aufmerksam zugehört hat, meint, daß er als Redner auch auf die Zuhörer Rücksicht nehmen müßte, die hinten säßen, auf die Leute, die seine Ausführungen infolge der Entfernung nicht richtig hören könnten. Ich bleibe jedoch bei meiner Version und sage:

„Vor allem müssen Sie an Ihre Rede denken und alles unterlassen, was ihr schädlich ist", antworte ich. „Was die letzten Reihen ihrer Zuhörer betrifft, so besteht für Sie eine andere Verpflichtung. Sie haben verständlich zu sprechen, mit gut modulierter Stimme, ausgearbeiteten Vokalen und Konsonanten. Mit solcher Sprechweise können Sie fast so leise wie in einem Zimmer reden, und man versteht Sie doch, besonders wenn Ihre begleitenden Gesten den Sinn verdeutlichen, den Hörer zwingen, in Ihre Worte einzudringen."

Hitler will sich jedoch nicht so einfach überzeugen lassen. „Aber nötig bleibt auch", wendet er z. B. ein, „daß der Zuhörer sieht, was der Redner auf dem Podium sagt".

„Dafür reicht eine konzentrierte, knappe Bewegungsskala aus, abrollend synchron zum Sinn Ihrer Worte, sie unterstreichend, was wir in den nächsten Stunden üben sollten."

Hitler schweigt, was für mich ein großer Erfolg ist. Hat er doch — ohne mich zurechtzuweisen — meine Beanstandungen hingenommen.

Im nächsten Ort, in dem wir bereits vormittags ankommen, während Hitlers „Auftritt" erst anderentags stattfindet, bitte ich ihn, mit mir unmittelbar in das Versammlungslokal zu gehen, was auch geschieht. Es wird uns aufgeschlossen. Ich lasse im finsteren Saal nur das Licht der Rednertribüne einschalten.

Dann mache ich es wieder wie anfangs in jenem Dorfgasthaus, in dem Hitler seinen „Einstand" als Schauspieler mit der Szene des „Wildschütz" gab. Auch hier nehme ich vor dem Podest Platz und bitte Hitler, auf die Bühne zu gehen. Wieder steht er verkrampft da — wie seinerzeit.

„Soll ich Ihnen meine Rede womöglich privat halten?", fragt er skeptisch und ironisch zugleich. Ich sage „Nein!" und erkläre ihm, daß es doch erstaunlich sei, daß er seine Natürlichkeit verliere, sobald er den dunklen Raum vor sich habe. „Solange Sie", doziere ich, „in Ihrem wohnlichen Quartier sind, würde kein Mensch es für möglich halten, daß es für Sie irgendein Gegenüber gibt, vor dem Sie anders als sonst stehen, gehen oder blicken, wenn Sie vor einem schwarzen Loch wie hier stehen, das Sie offenbar irritiert. Die ganze Zeit denken Sie an dieses beunruhigende Gegenüber, berücksichtigen es, ob Sie wollen oder nicht. Wichtig scheint Ihnen dabei plötzlich nicht mehr, daß Sie gehört, sondern daß Sie gesehen werden."

„Und deshalb", grollt Hitler, „mußten wir extra hierher gehen?"

Ehe wir in unserem Disput fortfahren können, wird Hitler eine Information gebracht. Im nächsten Veranstaltungsort habe sich, wie es heißt, „der rote Bürgermeister etwas typisch Destruktives einfallen lassen!" Hitler, dem erklärt wird, um was es geht, schäumt augenblicklich geradezu vor Zorn. Es soll eine öffentliche Ausstellung von „Hitler-Kitsch" in den Räumen einer jüdischen Kunstgalerie stattfinden. Hakenkreuzbedruckte Tapeten, Kuchenbackformen in Hakenkreuzgestalt, Nachttöpfe, Unterwäsche und Klosettpapier mit dem Emblem der NSDAP verziert, sind dafür zusammengetragen worden. Weiß der Himmel, woher und von wem erzeugt.

Ich nehme die Sache nicht so dramatisch wie Hitler und schlage vor, doch ganz einfach frech hinzugehen und sich die Ausstellung anzusehen. Hitler lehnt empört ab. Ihm genügt die Nachricht von dem „Schandwerk". Er erhebt sich abrupt, verläßt das Haus und eilt quer über die belebte Straße in ein Café, dessen Besitzerin (oder ist es die Angestellte?) sich vor Eifer geradezu „überschlägt", nachdem sie ihn erkannt hat. Als ich Hitler kurz darauf folge, hat er schon, an einem Tisch sitzend, einen ganzen Pack Blätter aus einem Kassenblock bekritzelt, den er sich von der Kellnerin hat geben lassen. Dicht an dicht reihen sich seine „privaten" Kürzel, die außer ihm wohl sonst niemand lesen kann. Ferner verwendet er Richtungspfeile. Im Handumdrehen hat er eine flammende „Rede" verfaßt, eine Rede „Wider die zersetzende jüdische Afterklasse", wie er sie betitelt. Noch am gleichen Abend hält er sie zur Probe. Ich gehe hin, verspreche mir ein „Fressen" und bekomme es. Hitler ist in ekstatischer Höchstform, enthusiastisch, besessen von seinem Thema. Dennoch (wie ich stolz merke) stimmlich nahezu einwandfrei, kaum mehr heiser. Sonor dröhnend, klagt er den „Kunstverfall in Deutschland" an, eine Antwort auf die überall zu beobachtende Auflösung der Form. Tenor und roter Faden dieser Rede sind:

„Verschwunden ist das Gegenüber von Künstler und Kunstwerk, von Kunstobjekt und Betrachter, die Fähigkeit der Künstler, sich in natürlicher Formensprache auszudrücken. Kunst wurde vom Schöpfungsakt zum Herstellungsprozeß, und zwar in einer alptraumhaften, zynischen Verzerrung. Diese sogenannten Kunstwerke führen alle Stationen des Persönlichkeitsverfalls vor Augen, mit dem ihre Urheber behaftet sind, spiegeln die Hoffnungslosigkeit ihres Wahns mit erschreckender Deutlichkeit.

Schon in wenigen Jahren wird niemand mehr auf diese entarteten Kunststücke schauen; doch man sieht dann immer noch auf die Könner der Vergangenheit, auf Rembrandt, van Dyck, Dürer und andere. Ein Maul voll Spucke ins Gesicht der Kunst. ‚Wir setzen einen feuchten Schwindel in die Welt und züchten Snobs, die uns die Füße schlecken'. — Das hat vor Tagen erst dieser Galerie-Jude verkündet (nein — nicht bezecht, im Gegenteil stocknüchtern!), er hat sich erdreistet, das Abzeichen einer deutschen nationalen Partei zu verhöhnen ... und so weiter und so weiter ..."

Nach Schluß seiner Suada kommt Hitler auf mich zu, schweißnaß, sich mit einem Tuch das Gesicht abtupfend, mit geröteten Augen, doch gelöst und befreit, ja geradezu glücklich: „Denen hab' ich's gegeben. Das wird morgen meine Rache!"

Am nächsten Abend, in der Stadt der Kitsch-Ausstellung, wird Hitlers „Brandrede" ein Riesenerfolg, wobei zusätzlich wirkt, daß seine Worte durch Lautsprecher ins Freie übertragen wird, wo sich nochmals über mehr als tausend Interessenten eingefunden haben. Hitlers Publikum, dem er einem Kabarettisten gleichend, während seiner Rede mehrmals „Judennasen" und „Judenohren" gestenreich demonstriert, rast, schreit, ist haßerfüllt! Kurz, es frißt ihm aus der Hand. „Der Jude ist unser Unglück", schließt Hitler und ballt beide Fäuste drohend, zuerst gen Himmel gereckt und dann wie in eine Grube zum Boden weisend.

Nur wenige Menschen können hier wissen, wieso Hitler gerade diese Rede hält. Wer kann denn wissen, daß es seine verbale Rache für die Schmähung seines Hakenkreuz-Emblems in der örtlichen Spottschau ist. Direkt beim Namen nennt er den Sachverhalt nämlich nicht. „Das wäre am Ende noch Reklame für dieses Gesindel gewesen", meint er — als Propagandafachmann.

Tags darauf wieder — wie üblich: Unterricht in einem Hotelzimmer. Hitler, den ich eingangs gebeten habe, mir seine letzte Rede „stumm" vorzuspielen, das heißt, nur seine Bewegungen zu den geflüsterten Worten zu demonstrieren, ist ganz bei der Sache. Jede Geste soll er, wie ich ihm erklärt habe, bewußt um die Hälfte reduzieren, zurücknehmen, wie es im Bühnendeutsch heißt. Er ist total engagiert. Plötzlich tritt das Zimmermädchen ein, erschrickt und geht wieder. Hitler macht so fugenlos weiter, daß ich ihn erstaunt frage, ob er denn das Zimmermädchen gar nicht bemerkt habe. „Ich war viel zu beschäftigt", entgegnet er. Er hat das Mädchen weder gesehen noch gehört. „Da haben Sie es. Das Gebärdenspiel", sage ich, „ist für Sie so fesselnd, daß sogar Sie als sein

Links: Hitlers Nichte Geli Raubal. Auch sie nimmt Schauspielunterricht. Im September 1931 erschießt sie sich in Hitlers Wohnung. Foto: Heinrich Hoffmann.

Rechts: Hitler beim Verlassen des Flugzeuges. Foto: Heinrich Hoffmann

Hitler nimmt den Vorbeimarsch der „Hitler Jugend" ab. Im Fond: Rudolf Hess und Baldur von Schirach. Foto: Heinrich Hoffmann

Urheber für alles andere blind und taub sind. Das, jetzt deutlich bemerkt, sollte Sie veranlassen, künftig auch in größter Redehitze nicht mehr rückfällig zu werden. Kein Fuchteln, Schütteln, Zeigen und Schwenken mehr, sondern ‚Zurücknahme nach innen‘, sparsamste Knappheit der Gebärden, das heißt: aus ‚drei mach eins‘, Sie haben das Mädchen nicht bemerkt. Ein Redner muß wie ein Sänger und Schauspieler zwar total in seiner Sache aufgehen, sich geistig völlig in sie versenken; aber er muß dennoch auch merken, was um ihn herum vorgeht.“

Devrients Notizen über diese Diskussion sind nicht nur unvollständig, sondern teilweise auch widersprüchlich. Hitler, der selbst zwar seit jeher mit Vorliebe mit den Begriffen „total“, „völlig“ und „radikal“ usw. operiert, ist ganz offenbar allergisch gegenüber solchen Wendungen, sobald nicht er selbst sie verwendet. Ironisch weist er Devrient darauf hin, daß sowohl ein Redner als auch ein Schauspieler und Sänger sich „doch wohl“ nur „total“ in ihren „Vortrag“ versenken könnten, wenn sie um sich herum „alles“ ignorierten. „Ganz vergeistigt zu sein“ und dennoch auch „alles körperlich zu merken“, sei ein Dualismus, den niemand überwinden könne. Devrient ist an dieser Stelle einer Logik ausgeliefert, der er sich nicht gewachsen zeigt. Er merkt es jedoch rasch und weicht auf die „spezielle Praxis“ aus, die er souverän beherrscht. Ohne Hitlers Einwand zu beantworten, schlägt er ihm vor, sich „gegen die ‚verfluchte Ablenkung durch den Zuhörerraum‘ durch einen geliebten Gegenstand zu wappnen“, wann immer es sich als nötig erweisen sollte.

In seinem Tagebuch schreibt Devrient:

„Ein Maskottchen?“, spottet Hitler und witzelt von oben herab: „Wäre dies nicht ein Ratschlag von Ihnen . . .?“

Ich muß meine Position auszuwerten und mein Lehrkonzept einzuhalten versuchen und sage: „Ja, ein Maskottchen, das man beim Reden fixieren kann, um sich daran zu gewöhnen, die Zuhörer nicht zu sehen, was jeder Künstler anstreben muß", und dann frage ich ihn konsequenterweise sogleich: „Haben Sie einen solchen Gegenstand?" Und siehe da: Hitler holt — nach kurzem Überlegen — aus einer Tasche ein silbernes Hundehalsband hervor, das er vor kurzem zum Geburtstag bekommen hat — und legt es auf den Tisch. Ich bin gerührt. Im Sonnenschein, der ins Zimmer fällt, beginnt das Metall zu blitzen . . .

„Dieses geliebte Band", sage ich nicht ohne Rührung, „soll Ihnen helfen, nur den engen Kreis im Auge zu behalten, um den es geht! Sie müssen es immer nur strikt im Blick behalten."

Eine derartige „Maskottchen"-Gläubigkeit haben Bühnenkünstler nicht nur in der Vergangenheit als besonders hilfreich und wirkungsvoll betrachtet. So bekennt sich beispielsweise die Schlagersängerin Dunja Rajter öffentlich zu einem sogenannten „Stein des Feuers" als „immerwährende Quelle des Glücks und macht mich sicher."[93]

Als Hitler, der mitmacht, lächelnd das Halsband fixiert, freue ich mich und sage spontan „bravo!" — und gestehe ihm, daß es mich überrascht, zu sehen, daß er seine ganze Aufmerksamkeit so rasch auf das Hundehalsband konzentrieren (versammeln) könne. Dann schlage ich ihm vor, dasselbe einmal mit einigen x-beliebigen, zufälligen Dingen, zu üben, da ja am Schluß alles schließlich ganz ohne „Maskottchen" klappen solle. Ich lege erst einen Teller, dann eine Streichholzschachtel — und am Ende sogar nur ein Zündholz vor Hitlers Augen hin. Doch was tut Hitler? Nachdem er sich leidlich auf den Teller und die Schachtel konzentriert hat, ergreift er plötzlich das Streichholz und reibt es an!

„Das ist für Sie aber nur ein Spiel!", reagiere ich enttäuscht. Doch Hitler verteidigt sich sogleich und bringt mich in Verlegenheit: „Goethe", sagte er, „war überzeugt: ,Hinwendung an einen Gegenstand weckt das Verlangen, mit ihm

---

[93] Wochenzeitung „7 Tage", München 1975, Nr. 20, S. 39.

zu handeln!" Und dann erklärt er mir: „Wenn ich vor dem Publikum einen solchen Wunsch verspüren würde, wäre ich doch nur noch stärker gehindert, mich von ihm ‚ablenken' zu lassen!"

Ich empfehle Hitler, den Schutzkreis um sich herum zu erweitern und die mittelbare Umgebung, etwa 5 bis 10 Meter weit, genau zu fixieren. Um das einzuüben, bitte ich ihn: „Suchen Sie sich doch einmal einen Fixpunkt und konzentrieren Sie sich auf ihn!"

Hitler fällt dies (ohne sich dabei ablenken zu lassen) offenbar nicht leicht. Ich sage es ihm und weise ihn darauf hin, daß es noch schwerer sei, dies vor mitgehendem Publikum zu tun.

Abermals betritt das Mädchen den Raum. Diesmal hat Hitler es bemerkt. „Eine Merkwürdigkeit ist", fahre ich danach fort, „daß unsere Bewegungen, die gewöhnlich leicht und automatisch ablaufen, uns sofort schwerfallen, wenn jemand zuschaut; erst recht, wenn wir auf einer Bühne stehen, von vielen Augenpaaren betrachtet... Ist es Eitelkeit? Ist es Unsicherheit?"

Hitler ist das nicht neu, wenn er es auch „merkwürdig" findet, wie er ausdrücklich bestätigt. Von mir erwartet er nun „die erklärende Theorie". Ich versuche, sie ihm zu erläutern und sage, daß alle diejenigen, die öffentlich auftreten, alle Bewegungen, so vertraut sie ihnen auch von Kind an seien, noch einmal ganz von vorn erlernen müßten, wenn sie auf der Bühne oder hinter dem Rednerpodest sicher sein wollten.

Da Hitler aufmerksam zuhört, sage ich: „Merken Sie sich jetzt doch bitte einmal irgendeinen Gegenstand im Umkreis von 10 Metern... Vielleicht das Schildchen an der Waschtoilette..."

Hitler, der ganz bei der Sache ist, macht mit — und starrt konzentriert auf das Schild.

„Das ist unnatürlich, gespieltes Brauen-Runzeln", moniere ich vorsichtig. Jäh hört Hitler auf. Dann reckt er jedoch sofort nicht weniger gekünstelt seinen Hals und schiebt den Kopf nach vorne. Es ist eine komische, dilettantisch-theatralische Haltung. „Wenn es möglich wäre, Sie jetzt so zu fotografieren", sage ich ihm denn auch, „würden Sie später kaum glauben, daß Sie auf dem Foto abgebildet seien. Ihre Haltung ist zu verkrampft. So verhält sich kein Mensch, der nur ein Schild lesen will ... Lehnen Sie sich doch einfach lässig vor. Dann sehen Sie viel mehr, und jeder Zuschauer sieht überzeugend, was Sie wollen."

Hitler versucht es, und er macht es richtig. Er gibt sich lässig und wirkt doch intensiv. Er ist, das muß ich eingestehen, wirklich ein guter Schauspieler. Als ich ihn lobe, meint er: „Das ist nichts, überhaupt nichts. Das ist viel leichter als alles das, was ich bisher probiert habe. Schwerer wird es allerdings wenigstens vorerst sein, das auch auf dem Podium zu praktizieren!"

„Es ist aber unerläßlich", erkläre ich ihm und versuche, ihm möglichst bildhaft vor Augen zu führen, was ich als Sänger denke, wenn ich einen Redner erlebe, der geschult ist. „Was für ein angenehmer Anblick", sage ich, „einen Redner nicht schwitzen, sondern ruhig stehen und gekonnt ‚gestikulieren' zu sehen!"

Hitler ist, so scheint mir, der Auffassung, daß ein Redner nur dann wirklich glaubwürdig wirke, wenn er „ganz dabei" sei, wenn sein Körper und seine Extremitäten die Stimme „einrahmten" und sich von ihr — und dem jeweiligen Inhalt der entsprechenden Worte — jeweils spontan die Reaktionen diktieren ließen. Also „Zappeln", denke ich — und sage es auch: „Zappelnde Arme und tänzelnde Beine töten die eindringlichsten Worte, anstatt sie zum Leben zu erwecken. Nicht ohne Grund heißt man die Worte eines Redners seine ‚Hände', mit denen er ‚zupackt'. Sein ‚Mund' zieht sein Publikum in Bann, nicht aber seine Arme und Beine. Hände und Füße sollen mit möglichst wenigen Bewegungen nur die Wirkung seiner Worte verstärken."

160

Hitlers Reaktion: „Man braucht sich also nur auf einen engeren Umkreis zu konzentrieren und ist sofort ‚zu Hause'. Man vergißt, daß einen von drei Seiten fremde Augen beobachten. Ein einfaches Rezept!"

„Aussperrung", antworte ich, „nennt man diesen Trick in der Theaterbranche. Er sperrt das Publikum aus, hütet vor Verfälschung und Verkrampfung... Schaffen Sie sich erst den kleinen, dann den erweiterten Schutzkreis, sobald Sie ins ‚Unendliche' des Zuhörerraumes treten. Sobald Sie sich verirren oder zu Possen verleitet werden, ‚greifen' Sie konsequent zu dem ‚Maskottchen' vor sich. Trennen Sie sich damit von denen, die gekommen sind, um Sie zu hören und zu beobachten."

Hitler hat sein Hundehalsband in die Hand genommen und wiegt es, lässig hochwerfend. Seine Augen fixieren es magisch.

„Suggerieren Sie sich selbst immer diesen Schutz", wiederhole ich noch einmal unter betontem Hinweis auf meine Bühnenerfahrungen und hoffe, mit meinem ungeduldigen Schüler wieder ein Stück weitergekommen zu sein.

Nach seiner nächsten Wahlrede erklärt Hitler mir: „Kaum daß ich mich im Mittelpunkt fühlte, war ich wieder so abgelenkt und animiert wie eh und je. Bisher lief jede Rede von mir so an — zäh! Doch dann zwang ich mich zur Konzentration; ich verengte den Kreis meiner Aufmerksamkeit und legte das Halsband vor mich auf das Pult. Und sofort lud ich mich auf, fühlte mich entspannt. Die ‚alte' Anlaufzeit fiel weg. Ich sprach gleich intensiv, fühlte, daß meine Gelassenheit, mein Ruhen in mir selbst, meine Zuhörer bezwang. Das gab mir Macht, Glück sozusagen, und ich konnte die Aufmerksamkeit aller auf mich lenken, ohne Kraft dafür aufzuwenden."

Doch dann kommt der Rückfall. Bei seiner nächsten Rede, die sich über zwei Stunden lang mit der „Bedrohung Europas durch den Weltkommunismus" beschäftigt, verfällt Hitler in der Hitze seines Engagements in seine alten Fehler

161

zurück. All' die alten Abgeschmacktheiten sind plötzlich wieder da: schmierantes Pathos, falsche Tongebung, Fuchtelmanier. Er bleibt zwar' fähig, eine Reihe von Tönen mit Klangfülle anzustimmen, und beim Anhören gewinnt man durchaus auch den Eindruck, daß sie mit voller Kraft gesprochen werden; aber alles, was sich im Stimmorgan in Schwingungen versetzen läßt, schwingt nicht so, wie es bei Hitler der Fall sein kann.

Ich lege das Blatt auf den Tisch, auf dem ich meine Notizen gemacht habe: Hitlers Fehler. Dann sage ich: „Einige Ihrer Töne erzeugen im Hörer das Gefühl des Vollständigen, Gekonnten. Sobald Sie aber höhere Töne sprechen, also solche, die außerhalb Ihres bequemen Brustregisters liegen, hat der Zuhörer — gelinde gesagt — gemischte Empfindungen. Obgleich Sie mit Ihrer von Natur her großen Stimme diese höheren Sprechlagen — mehr als eine Oktave über Ihr Brustregister hinaus — bewältigen, klingen diese Töne nicht mehr gesund und kraftvoll. Sie wirken schwächlich und krankhaft. Ihr Zuhörer bekommt das Gefühl, daß Ihr Atem nicht genutzt und Ihre Stimme gepreßt wird."

Hitler hört sich an, daß er einen weiteren Rückfall, wenn nicht gar einen neuen Fehler gemacht und sich durch seine eigenwilligen Sprechpausen eine Rede geleistet habe, wie ich sie jetzt bei ihm nicht mehr erwartet hätte.

„Wir sind wieder so weit!", unterbricht Hitler mich und doziert: „Wenn die Begeisterung den Redner fortträgt, ist es ihm einfach nicht möglich, auf irgend etwas zu achten, was außerhalb liegt. Allein seine Begeisterung verleiht ihm die Wirkung. Nur eine solche Rede ist die Offenbarung seines Seelenzustandes."

Devrients Versuche, Hitler die persönlichen (spezifischen Hitler-) Eigenarten abzugewöhnen und ihn in ein bühnenreifes Schema zu zwingen, müssen scheitern. Hitler reißt — grundsätzlich anders als die meisten guten Redner — syntaktisch logische Einheiten auseinander, obwohl er keine Redeschwierigkeiten

162

hat. Zweifellos paßt er „das Ausmaß seiner Aufgliederungseigenarten ganz bestimmten Absichten an. Trotzdem sind sie ... auch als eine gewisse sprecherische Grundkonzeption zu erkennen ... Hitler benutzt kürzere oder auch längere Redeeinschnitte zwischen Redeteilen, die ... nur selten als ... logisch-syntaktische Einheiten von Ausspruch, Sinnschritt und Sinnglied (zu) erkennen (sind). Besonders problematisch wird die Sache dadurch, daß auch die Redeeinschnitte selbst in keinem Verhältnis zu den jeweiligen Redeteilen stehen ... Hitler geht ... nicht nur so weit, daß er eigenartige Sinnglieder schafft; er versucht sie auch prosodisch (durch Zäsuren und durch die Intonation) ... in die Ebene des Sinnschrittes zu erheben[94], ohne daß dabei bei einem Hörer der logisch-syntaktische Eindruck eines Sinnschrittes entsteht ... Auf jeden Fall entsteht bei Hitler eine Diskrepanz zwischen den logisch-syntaktischen Strukturen und den dazugehörigen prosodischen Einsatzmitteln zur Gliederung ... Hitler benutzt auch die Intonation anders, als sie zum Verständnis von Ausspruch, Sinnschritt und Sinnglied gebräuchlich ist und bereits satzphonologische Relevanz erhalten hat ... Allerdings ist der Eindruck das Wichtige und nicht etwa eine ‚objektiv‘ gemessene Melodieführung, da am Ende eines Ausspruches eine Melodie infolge einer gewissen ‚hochtonigen‘ Silbenbildung ... ‚objektiv‘ gemessen gar nicht stark in die Tiefe zu gehen braucht ... Beginnt er (Hitler) tiefer, als er vorher schloß, so wirkt das Vorherige durch eine Art apperzeptiver Rückwirkung nachträglich verstärkt progredient ... Auf jeden Fall ergibt der Eindruck von Hitlers Intonationsführung eine ... Diskrepanz zwischen der logisch-syntaktischen Struktur der Sprache und ihren adäquaten prosodischen Möglichkeiten der Sinngliederung ... Hitler hebt mitunter ganze Redeteile, die er dann zwischen zwei Zäsuren setzt, in den Zustand einer Betonung. Er benutzt hierzu nahezu alle prosodischen Mittel, so Stimmlagenveränderung, Klangfarbenveränderung und Tempoveränderung ...: Hitler gelingt es durch

[94] Prosodik: Rhythmus, Melodik, rhythmisch-melodische Gliederung, Betonungsstruktur, Sprechtempo, Dynamik, Stimmlage und Stimmfarbe.

seine Eigenart der Gliederung, die ‚Rhythmische Dominanz'[95] beizubehalten und sie gleichzeitig als bewußtes Mittel in den Dienst seiner Demagogie zu stellen. Denn indem er durch seine Gliederungseigenart die Betonungsgipfel an das Ende eines Redeteiles zu legen vermag, dagegen aber willkürlich gegliederte Redeteile schafft, folgt er einerseits unserer rhythmischen ‚Emotionalität' und gewinnt andererseits die Kontrolle darüber ... Hitler zerstört also keineswegs die emotionale Neigung zur Endbetonung, läßt also die vermutlich vom Thalamus ausgehende ‚Rhythmische Dominanz' bei und vermag dennoch oder gerade deshalb seinen eigenen Willen und seine eigenen Ziele dem Zuhörer aufzuzwingen. Er vermag es, weil er sich durch diese Methode ... mehr an die Gefühlsschichten des Thalamus als an die logischen Denkfunktionen der Großhirnrinde wendet. Der Zuhörer wird in seiner rhythmischen Emotionalität angestachelt; sie tritt für ihn erlebnismäßig in den Vordergrund; und in diesem Zustand der Emotionalität vermag dann Hitler auch andere Gefühlswerte einzuhämmern. Es sind Gefühls- bzw. prosodische Mitteilungswerte ... Auf jeden Fall wird durch diese Methode — ähnlich wie ... (auch) durch Hitlers rhythmisches Skandieren ... die Denkfunktion der Großhirnrinde weitgehend ausgeschaltet ... Ebenfalls zur Ausschaltung der logischen Denkfunktion der Großhirnrinde dient das mit Hitlers Gliederungseigenart verbundene Auseinanderreißen logisch-syntaktischer Einheiten ... Auf jeden Fall erreicht Hitler mit seiner Gliederungsart, daß der normale Denkprozeß des Zuhörers weitgehend gestört ist und dieser dadurch ganz der Suggestivkraft des Redners ausgesetzt wird, wobei dann die Suggestion davon abhängt, welchen Redeteil oder Begriff der Redner jeweils durch Sinngliedbildung, durch erhöhte Lautstärkedynamik oder durch andere prosodische Mittel dem Zuhörer aufzwingen möchte. Bei Hitler sind es in einem Ausspruch meistens mehrere Redeteile und mehrere prosodische Mittel, so daß dadurch die ‚logische Funktion' der Großhirnrinde des Zuhörers noch mehr blockiert und die Abhängigkeit von der Sug-

[95] Zwang (Tendenz) zur Endbetonung.

164

Die Berliner Illustrirte Zeitung vom 13. 12. 1931 veröffentlicht unter dem Titel „Redner, über die man am meisten redet", diese Bildseite mit dem Hinweis auf den Artikel „Der perfekte Demosthenes" in der amerikanischen Zeitschrift „Vanity Fair", in der die Wirkung Hitlers als „hypnotisch" bezeichnet wird. Redner jeweils von oben nach unten. Linke Reihe: Brüning, Lloyd George, Zamera. Mittlere Reihe: McDonald, Briand, Hitler. Rechte Reihe: Mussolini, Stalin, Gandhi.

Auch die Namen „Kubizek und Hitler" sind in diesem Büchlein zu finden; die beide letztgenannten, wurde fotografiert und diesem Schreiben beigeschlossen.

Gerne möchte ich wissen, ob sich unser Führer unseres einstigen kleinen und bescheidenen Klavier-Lehrers „Josef Prewratsky" (seit dem Jahre 1918 seinen Familien-Namen verkürzt, in Wendt) noch erinnert?

Josef Wendt (Prewratsky)

Linz a./Don. Mozartstraße 26
Oberdonau

Linz a./Don. am 17. X. 1938

Letzte Seite des Berichtes von Josef Prewatzky-Wendt vom 17. November 1938 über den Klavierunterricht, den er Adolf Hitler vor mehr als 30 Jahren gegeben hatte. Der Text lautet: „Auch die Namen Kubizek und Hitler sind in diesem Büchlein zu finden; die Seite letztgenannter, wurde fotografiert und diesem Schreiben beigeschlossen. Gerne möchte ich wissen, ob sich unser Führer seines einstigen kleinen und bescheidenen Klavier-Lehrers „Josef Prewatzky" (seit dem Jahre 1918 seinen Familiennamen verdeutscht, in Wendt) noch erinnert?"
Foto: Bundesarchiv Koblenz NS 26/65.

gestion des Redners noch mehr erhöht wird ... Hitler benutzt die Eigenart seiner rhythmisch-melodischen Gliederung, um den Hörern irgendwelche Meinungen, vor allem aber irgendwelche Reaktionen aufzuzwingen. Er benutzt seine Gliederungseigenart nicht nur negativ zur Ausschaltung der logischen Denkfunktion; er benutzt sie auch für ihn positiv zur Aufoktroyierung bestimmter über die Emotionsschichten gesteuerter Meinungen, Stimmungen und Reaktionen. Es handelt sich dabei um Stimmungen und Reaktionen, die zwar das logische Bewußtsein nicht ganz verdrängt haben, es aber in eine Art Trance versetzen. Denn wie Hitlers Gliederungseigenart einerseits die ‚Emotionalität‘ der ‚Rhythmischen Dominanz‘ beibehält, die aber von ihm rational kontrolliert wird, so soll umgekehrt beim Zuhörer der Eindruck der rationalen Kontrolle beibehalten werden, obwohl in Wirklichkeit infolge der äußerst starken Ausnutzung der ‚Rhythmischen Dominanz‘ die Emotionsschichten dominieren ...‘‘[96]*

Devrient, der bei Hitler Redeschwierigkeiten infolge mangelnder Technik vermutet und grundsätzlich vermeidet, auf den Inhalt der Hitler-Reden Einfluß zu nehmen, trifft mit seiner Kritik am „wie“ der Reden, am Kern der Sache vorbei. In seinem Tagebuch heißt es weiter:

Ich verzweifele schier und werfe Hitler vor: „Die Tänzerin schwitzt allmorgendlich bei Tanzübungen. Der Sänger übt täglich die Resonatoren in Kopf und Nase, ähnlich der Schauspieler. Für die richtige Wirkung brauchen alle eine perfekte Physik! Und Sie meinen, daß Sie das als Redner nicht zu tun brauchen.“

Hitler breitet die Blätter einer neuen antikommunistischen Suada vor sich aus, die er inzwischen vorbereitet hat. Er überfliegt sie ungeduldig und bemerkt wie nebenbei, daß Ausnahmen immer die Regeln bestätigen.

[96] Schnauber, S. 77 ff.

Ich weiß, daß er mit der „Ausnahme" sich selbst meint; aber ich erwidere: „Eine Ausnahme gibt es nicht... Ihr Organ ist von Natur aus zwar seelenvoll, doch das bedeutet nicht, daß Sie beim Reden mit einer gewissermaßen mystischen Durchdringung Ihrer Worte durch die Seele rechnen dürfen. Alles, was seelisch ist, ist über Definitionen und Regeln erhaben. Es ist mit menschlichem Denken nicht zu ergründen..."

„Versuchen Sie das denn nicht ständig?", überfährt Hitler mich und folgert lehrhaft: „Das Thema geht vor... Ich hatte Beifall, viel Beifall... Der Erfolg entscheidet! Und ich habe ihn!"

Wir diskutieren über methodische Schulung, über Tonstärke, Tonhöhe und Klangfarbe... Hitler ignoriert dabei ostentativ, daß er noch einiges zu lernen habe. Immer wieder weist er auf seine Erfolge hin und erklärt schließlich ärgerlich: „Ich tue mein Bestes! Denken Sie nur an den großen Beifall... Ich erschütterte Tausende von Seelen! Das können Sie nicht leugnen. Das zählt, nicht Ihre ‚edlen Sprechtöne' und Ihre ‚Berechnungen' über die ‚Luft in der Glottis' usw."

Ich will und kann mich nicht einfach geschlagen geben und frage ihn, woher er denn wisse, daß er immer gleich Tausende „erschüttere". Und dann frage ich: „Wollen Sie erschüttern, oder wollen Sie siegen?". Das ist starker Tobak. Doch er wirkt. Hitler, der siegen will, packt sofort zu. „Das Mittel zum Zweck", befiehlt er. Ich kann nicht ausweichen und rate: „Am Anfang müssen Sie so tief wie möglich reden. Nur ab und zu im Ton steigen. Dadurch bekommt Ihr Organ einen größeren Umfang für all die Modulationen, zu denen Sie dank Ihrer Naturbegabung fähig sind[97]. Wenn Sie so tief wie möglich beginnen, behalten Sie Raum für Steigerungen. Beginnen Sie dagegen hoch, büßen Sie von der ‚männlichen Kraft' ein, die das Publikum gerade bei Ihnen so liebt.

[97] Vgl. dazu S. 67 ff., 132 und 162 ff.

170

Gepreßte Hochtöne bringen nichts Positives ein, nur ‚Krampf‘, wie wir beim Theater sagen. Haben Sie den tiefen Beginn erst einmal wirklich intus, können Sie sicher sein, daß es zu keinem ‚Krampf‘ mehr kommt. Sie werden überzeugend bleiben — mit jedem Wort! Wenn Sie zum Beispiel Ihre Feinde anklagen, müssen Sie jede Silbe so deutlich wie möglich aussprechen. In einem solchen Falle wäre es falsch, womöglich die Stimme unbeherrscht anzuheben und effektvoll zu reden; genau in der Mitte zwischen Ruhe und Glut muß die anklagende Stimme liegen, ganz gleich, welche Worte ins Publikum geschleudert werden. Bevor Sie einen Satz aussprechen, müssen Sie sich stets an sein Ende erinnern, damit Sie nie ‚schwimmen‘ — und damit ‚verlustreich‘ improvisieren müssen ... Bleiben Sie stets bei Ihrem Konzept! Erst wenn Sie den Sinn des jeweiligen Satzes wieder vor sich sehen, drücken Sie ab, wie bei einer Schießübung. Geben Sie Ihren Worten den Stimmcharakter, der zum Inhalt paßt: kräftig, verhalten, hell oder dumpf ... wie im Bühnenspiel. Die Sätze, die sich zum Beispiel mit den Kommunisten befassen, verlangen: nachsetzen, einfangen, entlarven und vernichten!"

Ich habe wohl zu sehr „geschulmeistert“; denn Hitler hört nicht mehr zu. Sein Redetext interessiert ihn, wie es aussieht, sehr viel mehr. „Wer finanziert die Roten?“, fragt er mich wie einen zufälligen Straßenpassanten. Ich zucke die Schultern. „Sie sind“, tadelt er mich, „der typische Künstler, der erst erwacht, wenn es zu spät ist ... Meine Feinde leben nicht vom Fanatismus. Sie sind nur zu besiegen, wenn man sie vom Geld abschneidet — meine ‚allererste Tat‘ nach dem Sieg, worauf Sie sich verlassen können! Woher stammt das Geld der Gegner? Unsere ‚Systemregierung‘ weiß angeblich von nichts! Ich aber weiß es: aus Moskau! Eine klare Überlegung: fällt Deutschland, fallen auch die anderen! Ich habe Beweise ... Daß diese blinden ‚Sozis‘ das dulden und sogar fördern, obwohl sie nach einem Umsturz als erste gehängt werden, beweist deutlich, daß sie niemals geeignet sein werden, Politik für die Zukunft zu machen.

Der politisch naive Schöngeist Devrient, der mit Hitlers Weltanschauung und politischen Zielsetzungen nichts anzufangen weiß, erkennt nicht, daß Hitlers Sprechweise mit seiner Zielkontinuität und Weltanschauung korrespondiert. Hitler will nicht Schauspieler werden[98], und er hat auch nicht die Absicht, auf einer „Bühne schön zu sterben"[99]. Er will seine gigantischen weltpolitischen Ziele realisieren, was er, wie er weiß, nicht ohne Demagogie erreichen kann. So setzt er denn alle Möglichkeiten als Redner ein, über die er von Natur aus verschwenderisch verfügt. Tempoverschiebungen, Lautstärken-, Klangfarben- und Stimmveränderungen, nutzt er variationsreich, wo und wann immer er es für angebracht hält. Der englische Historiker Alan Bullock ist einer der ersten Hitler-Biographen, der auf diese Zusammenhänge aufmerksam gemacht hat. In seiner Hitler-Biographie heißt es u. a.: „Einer der üblichen und von Hitler am meisten gebrauchten Tricks war der, in die Defensive zu gehen und die anzuklagen, die ihm widersprachen oder ihm bei einer Aggression oder bösen Absicht hinderlich waren, und dann rasch vom Ton der beleidigten Unschuld zum Donnergetöse der moralischen Entrüstung überzugehen. Schuld hatten immer die anderen; der Reihe nach klagte er die Kommunisten an, die Juden, die republikanische Regierung, die Tschechen, die Polen und die Bolschewisten; ihres ‚unerträglichen' Verhaltens wegen sei er gezwungen, drastische Maßnahmen zur Selbstverteidigung zu ergreifen.

Geriet Hitler in Wut, so schien er alle Selbstbeherrschung zu verlieren. Sein Gesicht wurde fleckig und schwoll vor Zorn an; er schrie aus voller Kehle, stieß eine Flut von Beschimpfungen aus, schwenkte wild die Arme und trommelte mit den Fäusten auf den Tisch oder gegen die Wand. Und so plötzlich, wie er begonnen hatte, brach er ab; er glättete dann sein Haar, rückte seinen Kragen zurecht und sprach wieder mit normaler Stimme. Dieses geschickte und völlig bewußte Auswerten eines eigenen Temperaments wandte er auch an, wenn er nicht zornig war. Wollte er jemand überreden oder für sich gewinnen, konnte

[98] Von Devrient notierte Hitler-Äußerung.
[99] Vgl. die letzte Anmerkung.

er bezaubernd sein. Bis zu den letzten Tagen seines Lebens bewahrte er die un-
heimliche Gabe einer persönlichen Anziehungskraft, die sich nicht analysieren
läßt, aber von vielen, die ihm begegneten, beschrieben worden ist. Sie hing zu-
sammen mit der merkwürdigen Macht seiner Augen, von denen immer wieder
gesagt worden ist, daß ihnen eine Art hypnotischer Kraft innegewohnt habe.
Ebenso erwies sich Hitler als ein Meister brutaler und drohender Sprache, wenn
er jemand erschrecken oder Angst einjagen wollte."[100]

Nicht zufällig wählt Hitler schon zur Zeit des von Devrient geschilderten Un-
terrichts stets eine besonders intensive Klangfarbensteigerung, sobald er jeman-
den — vor allem gegen seine stille Einsicht — ins Unrecht setzen oder ihm
Vorwürfe machen — und den Eindruck einer begründeten Verärgerung und
entrüsteten Bestürzung erzeugen will. Immer geschieht dies auch im Zusam-
menhang mit seinen Bemühungen, bestimmte Maßnahmen zu rechtfertigen, die
nach ihrer Realisierung nicht mehr haltbar sind und zum Teil sogar seinen als
„grundsätzlich" bezeichneten eigenen Vorstellungen widersprechen, und er tut
es, wenn er wirklich ergriffen ist — oder sich in einer bestimmten Gefahr zu
befinden glaubt[101].

Für Devrient ist alles das ein Buch mit sieben Siegeln. Lehrer und Schüler kön-
nen hier einander nicht auf einer Ebene begegnen. Die Voraussetzungen sind
zu verschieden[102].

Am nächsten Tag[103] erkläre ich Hitler, wie wichtig das „Improvisieren" ist,

[100] Bullock, Alan: Hitler. Eine Studie über Tyrannei. Frankfurt/Main 1964, S. 385.
[101] Vgl. dazu besonders die hervorragende Studie von Schnauber, Cornelius: Wie Hitler sprach und schrieb. Frankfurt 1972, u. a. S. 102 f. Vgl. dazu auch Trojan, Felix: Der Ausdruck der Sprechstimme. Eine phonetische Lautstilistik. Wien und Düsseldorf 1952 (2. Auflage) und Essen, Otto von: Sprecherische Ausdrucksgestaltung. Hamburg (Bredow-Institut) 1953.
[102] In Devrients Aufzeichnungen folgt hier der Bericht über einen Hitler-Besuch der Wagner-Oper „Siegfried" in einem kleineren Ort. Vgl. dazu S. 183 ff. Um eine Kontinuität herzustellen, wurden an dieser Stelle die — bei Devrient — dann folgenden Notizen vorangestellt, die mit den oben behandelten Details zusammenhängen.
[103] Vgl. die letzte Anmerkung.

das Bereithalten von jederzeit abrufbaren Redethemen, über die ein bedeutender Redner stets ohne Vorbereitung mit Bravour verfügen müsse.

„Wie lange arbeiten Sie an einer Rede?" frage ich Hitler zu Beginn. „Verschieden lange!" antwortet er, offensichtlich nur ungern darüber redend, „zwischen einem Tag und vier Tagen, längstens ein Woche. Aber ich habe auch nie Gelegenheit, mir länger Zeit zu lassen. Die Zeit drängt immer. Man kann sich nur immerfort notieren, was man dann später als Vorrat benutzt". Meine nächste Frage zielt auf das Quellenreservoir. Hitlers Antwort: „Vorbereitet wird mir nur wenig. Das kann ich nur selbst richtig machen: aus Erlebtem, Gehörtem, Gelesenem — und natürlich auch aus eigens zum Thema beschafftem Material. Ein bestimmtes Thema ist nicht immer von vornherein da!"

Immer wieder höre ich von ihm, daß er wenig Zeit habe. Auf meinen Vorschlag, sich „mehr Zeit" zur Vorbereitung der Reden zu nehmen, entgegnet er: „Abgesehen davon, daß mir jede Vorbereitungszeit immer als zu kurz erscheint, wäre es im Gegenteil schlecht, wenn ich sie zu lang ausdehnte. Ich verliere mich zu leicht in Einzelheiten[104]. Nein, es ist besser für die Wirkung auf meine Zuhörer, wenn ich gedrängt werde."

„Und was tun Sie mit Ihrem fertigen Konzept?" frage ich Hitler.

„Ich notiere meist nur Stichworte, rede hiernach frei. Um sie meinem Gedächtnis einzuprägen, spreche ich sie erst mal leise für mich, ohne alle Leidenschaft und Deklamation . . . nur lesen und genau einprägen!"

Ich steuere auf mein Ziel los und sage: „Nehmen wir aber mal an, daß der Redner zu faul oder verhindert gewesen ist, oder einfach unvorhergesehen sprechen soll — also sich nicht mit einer ausgearbeiteten Rede vertraut gemacht hat. Er tritt vor das Publikum ohne Konzept . . . Ein Volksredner, der diesen

[104] Vgl. dazu jedoch die Feststellungen S. 133.

Namen verdient, darf keine Sekunde Unsicherheit empfinden; er hat die Pflicht und Schuldigkeit, gerade dann seine Anhänger nicht zu enttäuschen und sich von der besten Seite zu zeigen."

„Ihr Wort in Gottes Ohr!" pflichtet Hitler bei — und fährt dann fort: „Aber wie? Verstehen Sie meine Frage: wo nichts ist, hat auch der Kaiser sein Recht verloren!"[105]

„Vergessen Sie bitte einmal, daß Sie Ihre Reden jahrelang schriftlich ausgearbeitet haben", sage ich. „Stellen Sie gewissermaßen eine völlige Ahnungslosigkeit her, das heißt, tun Sie, als reichte Ihre Kenntnis immer nur stückchenweise. Mit anderen Worten: tun Sie, als hätten Sie nichts Ganzes in petto. Sie wollen aber der Menge viel ‚Zucker' geben, um diese Redegelegenheit so stark wie nur möglich zu nutzen. Sie öffnen Ihre Vorratskiste im Kopf. Sie wissen, daß Sie Ihre Zuhörer überzeugen müssen . . . Und nun bitte ich Sie: Jetzt gleich, beginnen Sie mit einer solchen ‚Gemischtwarenrede'."

Ich bin neugierig, was dabei herauskommen wird.

Hitler fühlt sich als wahrhaftiger „Artist". Diese „Sache" reizt ihn ganz offensichtlich. Er steht auf — sich sammelnd, und schon im Aufstehen „schießt" er (dem Sinne nach) los: „Aus meinem Heimatland ist leider mitzuteilen, daß dort ein Jude zum Baron aufstieg, obwohl er bezeichnenderweise Leib Bronstein heißt. Es war zwar nur der Kellner in einem Kaffeehaus zu Wien, der ihn so titulierte, doch ist das typisch für den Niedergang der Werte. Noch typischer aber ist es für den Juden selber: jahrelang ließ er sich so hofieren, ohne Widerspruch. Er war geschmeichelt: der spätere Trotzki. Denn, so nennt sich einer der Ober-Bolschewisten in Rußland nun . . . die Juden sind eitel!"

Nach einem kurzen Zwischenspiel mit der Nennung weiterer Juden als führen-

---

[105] Die an dieser Stelle unmittelbar folgenden Aufzeichnungen (ca. 20 Druckzeilen) Devrients sind so belanglos, daß darauf verzichtet werden kann, sie zu zitieren.

den Bolschewisten, schwenkt Hitler zum jüdischen Soldaten über: „Die Uniform", sagt er, „reizt seine Eitelkeit!", und über diese „Brücke" als angeblichem Anlaß für einige Juden, Soldat zu werden, ist er auch schon „bei den Folgen". Er spricht von „Sektgelagen reicher Judenoffiziere fern ·der Front". Er wettert gegen die „Spießer-Ideologie vom Alkohol als Manneszier", gegen „trinkfeste Studenten, Jäger und Krieger" und so weiter ... und so weiter. Es sprudelt nur so aus ihm heraus. Sicher könnte er stundenlang so weitersprechen; aber ich hebe die Hand und bedeute ihm damit, sein Improvisieren zu beenden.

Während Hitler sich setzt, bitte ich ihn, alles, was er eben geredet habe, einmal nur zu fühlen. Ich sage: „Alles ohne Worte: die Verachtung, den Abscheu, die Entschlossenheit — und so weiter!"

Hitler bemüht sich. Doch es gelingt ihm nicht. „Solange ich rede", meint er, „habe ich keine Schwierigkeiten zu fühlen. Doch so, ganz ohne Worte, das geht nicht!"

„Ein Redner", erkläre ich ihm, „muß aber — wie ein Bühnendarsteller — jederzeit auch ohne Worte Gefühle intensiv empfinden können..." Mein Schüler winkt unwirsch ab und beginnt wieder angestrengt, Gesichter „zu schneiden" ... ein komischer Anblick. Er tut, als wisse er nicht, wie er „in sich" Gefühle erzeugen könne, die nach außen hin wirklich echt wirken. Außerdem ist er wieder einmal störrisch.

„Warum soll ich hier, zwischen Stuhl, Bett und kahlen Wänden Gefühle vorgaukeln? Kommt es darauf an, kann ich es! Mit Hilfe des Publikums, mit zündenden Worten und Beifall, klappt es jederzeit!"

Er will „so etwas" ganz einfach nicht „vorspielen". Ich muß nach Umwegen suchen, um mein Ziel zu erreichen. Und so sage ich dann: „Bitte legen Sie sich doch dort einmal auf Ihr Bett!"

„Hinlegen? Mit Vergnügen!" lacht Hitler, und schon wirft er sich krachend auf das Bett.

„Das ist doch kein ,Sich-Hinlegen'!" tadle ich und erkläre: „Darunter versteht man doch: ruhen wollen und nicht Lärm machen, damit — zum Beispiel — außerhalb des Zimmers niemand von dieser Faulheit etwas merkt. Man sollte doch am lichten Tag nicht im Bett liegen."

„Das Bett knarrt von selbst!" verteidigt Hitler sich lächelnd und deutet nicht ohne Humor auf die Drahtmatratze unter sich. „Um so mehr Behutsamkeit ist nötig", beharre ich. Hitler erhebt sich wieder und versucht nun, sich betont vorsichtig hinzulegen. Und er schafft es, diesmal ohne Geräusch.

„Bravo! Gefühlsmäßiges und bildhaft überzeugendes Sich-Hinlegen!" lobe ich. „Wieso — bitte gefühlsmäßig? Ich legte mich nur hin, das war alles!" reagiert Hitler knapp. Ich teile seine Ansicht nicht, und sage es ihm auch: „Sie wollten keinen Lärm machen. Wo aber ein Ziel verfolgt wird, entsteht ein entsprechendes Gefühl ... das ist Naturgesetz!"

„Das ist bloß Theorie", beharrt Hitler, „gefühlt habe ich dabei gar nichts!" „Weil Sie nichts fühlen wollen", entgegne ich und deute an, daß es denn doch wohl besser sei, den Unterricht einfach abzubrechen. Hitler, der ungeduldig geworden ist, belehrt mich: „Ich brauche Publikum. Ist es da, gelingt mir leicht, was Sie ,theaterreif' nennen. Mühelos schaffe ich, was ich schaffen will, wenn es sein muß."

Deprimiert frage ich ihn: „Erklären Sie mir doch bitte, was Sie hindert, hier intensiv und echt nachzuempfinden?"

„Ich kann mich nicht einfach hinlegen und dadurch ein Gefühl zu erzeugen versuchen, das sich auf andere überträgt", entgegnet Hitler und ergänzt: „Da muß noch etwas ganz anderen vorhanden sein; das müssen Sie doch einsehen!"

„Sie können", doziere ich nun, „aus jeder Handlung, Vorgänge und starke Gefühle herausholen. Nehmen wir als Beispiel Ihr ‚Hinlegen‘. Was kann, so denken Sie sicher, gefühlloser sein als eine so ‚fade‘ Handlung. Doch stellen Sie sich einmal vor, daß in eben diesem Bett, in diesen Bezügen, kurz zuvor noch die Geliebte geruht hat, die Sie verließ — Was fühlen Sie dann?“

„Dadurch werden natürlich spontan Gefühle frei“, sagt Hitler: „Zorn, Ärger, Haß, Entrüstung, aber auch Enttäuschung, Kummer, Verlassenheit … Gefühle … Gefühle.“

„Das ist“, schließe ich, „das Mittel, mit dessen Hilfe alles vom Gefühl durchdrungen wird. Man braucht nur Phantasie. Der Redner muß sie haben — und der Schauspieler auch … Gefühle kann man nicht nur jederzeit in sich erzeugen, sondern ebenso auch mitteilen. Bühnendarsteller aller Zeiten bedienten sich dieser Tricks.“

Hitler hat zugehört. Er klopft mir jovial „landesväterlich“ auf die Schulter und bemerkt ironisch witzelnd, daß er daran denken werde.

„Heiße Rede, Beifallsgeschrei … und schon wieder gefuchtelt, grimassiert!“ folge ich seinem Ton und gehe vorsichtig weiter: „Nur wenn Sie die ‚leere‘ Fuchtelei unterlassen und so reden, wie Sie wirklich fühlen, nur dann folgt Ihr Publikum Ihnen. Dann wirken Sie überzeugend. Dann werden Sie siegen!“ Und um das „Maß voll“ zu machen, fahre ich pathetisch fort: „Ich werde Sie mit Gefühlen aufladen, die zum Himmel lodern, die alles mit sich reißen! Bis es aber so weit ist, müssen wir ‚Schuhe ausziehen‘, ‚Löffel aufheben‘ — und ähnlichen Kleinkram mehr üben.“

„Nur nicht zu langsam dabei vorgehen! Es eilt! Das wissen Sie!“ sagt Hitler ungeduldig.

„Wir werden aber Geduld haben müssen“, weiche ich aus. Hitler läßt sich auf einen Stuhl fallen — und seufzt.

Ein „Redner wirkt durch seine Worte, ohne sich auch nur von einem Gedanken an seine Zuhörer ablenken zu lassen", zitiere ich in der nächsten Unterrichtsstunde aus einem Lehrbuch. Um Hitler nicht sogleich in eine Abwehrposition zu drängen, schwäche ich unmittelbar ab: „Aber glauben Sie bitte solche größenwahnsinnigen Behauptungen nicht. Die beste Rede bleibt wirkungslos, wenn der Redner nicht an sein unmittelbares Publikum denkt. Wir Theaterleute nennen das ‚Einfühlung‘, und es bedeutet nichts anderes, als daß der Schauspieler sich stets der Wirkung bewußt sein muß, die seine Worte im Herzen oder Kopf seines Publikums hervorruft. Ohne ihre Hilfe kann auch kein Redner sein Publikum erobern."

„Wenn ich Sie richtig verstehe, soll ich nun wohl auch noch in die ‚Seele‘ der Zuhörer hineinkriechen?", ironisiert Hitler seinen Einwand verächtlich. Er wirkt besonders ungeduldig und ungehalten. „Natürlich", versuche ich die Situation zu entschärfen, „kann man das nicht Wort für Wort einhalten. Schaffen Sie sich ‚Wirkungszentren‘ in Ihrer Rede. Wo das sein muß, wissen Sie am besten, da Sie ja den Text verfaßt haben. Nur diese Schwerpunkte vergegenwärtigen Sie sich. Transponieren Sie sie in die Seele Ihrer Hörer ... Bei dieser Methode bekommen die ‚Hauptaussagen‘ Ihrer Rede bestimmt hypnotische Überzeugungskraft ... Erst dann verdient ein Redner — genau wie ein Bühnendarsteller — einen Namen."

Hitler bringt, wie schon mehrfach, die „Seele" ins Spiel, der er mehr Gewicht als der Technik einräumt. Ich erreiche ihn mit meinen Argumenten nicht; aber ich bemühe mich, es dennoch zu tun.

In diesem Punkt erreicht Devrient lediglich, daß Hitler sich mit der Technik der Bühnenkünstler auseinandersetzt, weil er sie für ganz besonders geeignet hält, ihm als „Mittel zum Zweck" zu dienen.

Devrients Unterrichts-„Protokoll" über diese Stunde ist daher denn auch relativ uninteressant, wie der folgende Auszug bezeugt:

„Um sich in das Innere seiner Hörer hineinzufinden", sage ich, „bedarf man einer überaus erregbaren Einfühlungsgabe, um gewissermaßen immer die Richtung zu spüren, wo's lang geht... aber diese Gabe muß ein Redner ebenso von Haus aus mitbringen wie Schauspieler. Stetige Wirkung — und die wollen Sie ja — verlangt stets auch Technik und Schulung... So müssen Sie Ihr Redekonzept zuerst Wort für Wort durchsehen mit der intensiven Frage: wie würde ich als Zuhörer darauf reagieren? Was fiele mir ein? Was bewegte mich dabei? Es ist also die erste Maßnahme, Ihre Rede selbst als Zuhörer zu erleben. Arbeiten Sie so die ganze Rede durch und Sie werden verblüffende Wirkungen erzielen."

„Die Technik", befiehlt Hitler, „will ich kennenlernen!"

Ich erkläre ihm, daß er seine Stimme und seine Bewegungen, die gesamte Ausstrahlung darauf einstellen müsse, was ein Werk des Unterbewußtseins sei.

Hitler, der widerwillig zugehört hat, aber zugibt, eben das (die Begeisterung der Zuhörer) anzustreben, ist nur an der „Technik" interessiert; aber „Mehrarbeit", wie er es ausdrücklich nennt, will er dafür nicht auf sich nehmen.

Devrient, der „Mein Kampf", das Hauptwerk seines Schülers, offenbar nicht gelesen hat, weiß nicht, daß er auch hier an eine für Hitler grundsätzliche Grenze gestoßen ist. Über diese Theorien und Probleme meint Hitler besser informiert zu sein, sie weitaus genauer als sein augenblicklicher Lehrer zu kennen und zur Verwirklichung seiner Ziele einsetzen zu können. 1925 hat er in „Mein Kampf" geschrieben:

„Die breite Masse eines Volkes besteht weder aus Professoren noch aus Diplomaten. Das geringste abstrakte Wissen, das sie besitzt, weist ihre Empfindungen mehr in die Welt des Gefühls. Dort ruht ihre entweder positive oder negative Einstellung. Sie ist nur empfänglich für eine Kraftäußerung in einer dieser beiden Richtungen und niemals für eine zwischen beiden schwebende Halbheit.

Ihre gefühlsmäßige Einstellung aber bedingt zugleich ihre außerordentliche Stabilität. Der Glaube ist schwerer zu erschüttern als das Wissen, Liebe unterliegt weniger dem Wechsel als Achtung, Haß ist dauerhafter als Abneigung, und die Triebkraft zu den gewaltigsten Umwälzungen auf dieser Erde lag zu allen Zeiten weniger in einer die Masse beherrschenden wissenschaftlichen Erkenntnis als in einem sie beseelenden Fanatismus und manchmal in einer sie vorwärtsjagenden Hysterie.

Wer die breite Masse gewinnen will, muß den Schlüssel kennen, der das Tor zu ihrem Herzen öffnet. Er heißt nicht Objektivität, also Schwäche, sondern Wille und Kraft . . .

Die Gewinnung der Seele des Volkes kann nur gelingen, wenn man neben der Führung des positiven Kampfes für die eigenen Ziele den Gegner dieser Ziele vernichtet.

Das Volk sieht zu allen Zeiten im rücksichtslosen Angriff auf einen Widersacher den Beweis des eigenen Rechtes, und es empfindet den Verzicht auf die Vernichtung des anderen als Unsicherheit in bezug auf das eigene Recht, wenn nicht als Zeichen des eigenen Unrechtes.

Die breite Masse ist nur ein Stück der Natur, und ihr Empfinden versteht nicht den gegenseitigen Händedruck von Menschen, die behaupten, Gegensätzliches zu wollen. Was sie wünscht, ist der Sieg des Stärkeren und die Vernichtung des Schwachen oder seine bedingungslose Unterwerfung.

Die Nationalisierung unserer Masse wird nur gelingen, wenn bei allem positiven Kampf um die Seele unseres Volkes ihre internationalen Vergifter ausgerottet werden."[106]

Diese Theorie korrespondiert nicht mit den traditionellen Vorstellungen des

[106] Hitler, S. 371 f.

Bühnenkünstlers, der liebenswürdig und betörend wie ein Freier um sein Pu-
blikum werben will. Geringschätzung und Mißachtung gegenüber denen, die
kommen sollen, nicht um zu hören, sich zu erbauen und schließlich objektiv
abzuwägen, sondern um „Wille und Kraft" als „Tor zu ihrem Herzen" zu
sehen und zu vernehmen und mit so negativen Gefühlen wie Haß, Fanatismus,
„vorwärtsjagender Hysterie" und rücksichtsloser Aggressionsbereitschaft auf-
geladen zu werden, müssen den darstellenden Künstler abschrecken. Seine Re-
aktion ist denn auch entsprechend. Er versucht Hitler umständlich — und in-
folge seiner totalen Unkenntnis der Weltanschauung Hitlers — zu erklären,
daß man „das Publikum" (für Hitler: „die Masse") auch auf dem Wege über
die von ihm verfochtene Weise „beherrschen" könne, was Hitler nicht akzep-
tieren kann. Allein schon Hitlers — zu der Zeit mindestens 13 Jahre alten —
Vorstellungen über „die Bedeutung der Rede"[107] und deren „Wirkung auf die
Masse"[108] deuten an, wie aussichtslos Devrients Position sein mußte. In „Mein
Kampf" heißt es z. B.:

„. . . das mögen sich alle die schriftstellernden Ritter und Gecken von heute
besonders gesagt sein lassen: die größten Umwälzungen auf dieser Welt sind
nie durch einen Gänsekiel geleitet worden!

Nein, der Feder blieb es immer nur vorbehalten, sie theoretisch zu begründen.

Die Macht aber, die die großen historischen Lawinen religiöser und politischer
Art ins Rollen brachte, war seit urewig nur die Zauberkraft des gesprochenen
Wortes.

Die breite Masse eines Volkes vor allem unterliegt immer nur der Gewalt der
Rede. Alle großen Bewegungen aber sind Volksbewegungen, sind Vulkanaus-
brüche menschlicher Leidenschaften und seelischer Empfindungen, aufgerührt
entweder durch die grausame Göttin der Not oder durch die Brandfackel des

---

[107] Hitler, S. 116.
[108] ebenda, S. 117.

unter die Masse geschleuderten Wortes, und sind nicht limonadige Ergüsse ästhetisierender Literaten und Salonhelden.

Völkerschicksale vermag nur ein Sturm von heißer Leidenschaft zu wenden; Leidenschaft erwecken aber kann nur, wer sie selbst im Innern trägt.

Sie allein schenkt dann dem von ihr Erwählten die Worte, die Hammerschlägen ähnlich die Tore zum Herzen eines Volkes zu öffnen vermögen.

Wem aber Leidenschaft versagt und der Mund verschlossen bleibt, den hat der Himmel nicht zum Verkünder seines Willens ausersehen.

Daher möge jeder Schreiber bei seinem Tintenfasse bleiben, um sich „theoretisch" zu betätigen, wenn Verstand und Können hierfür genügen; zum Führer aber ist er weder geboren noch gewählt."[109]

Weiter heißt es bei Devrient:

Nach einer Rede vor fast 6 000 Zuhörern ist Hitler am Abend Gast bei einer tragisch überschatteten Aufführung der Wagner-Oper „Siegfried".

Vor dem Theater drängen sich Schaulustige und ihre „Heil"-Rufe schwellen an, als Hitlers Wagen vor dem Portal hält. Er springt heraus — eckig, ja ein wenig linkisch. Die Hosenbeine sind etwas zu kurz. Er eilt über den roten Teppich und verschwindet im Vestibül. Von dort strebt er der „Fürstenloge" zu, die man ihm reserviert hat. Dichtauf folgt im festlichen Frack, die weiße Künstlermähne gewellt, der Intendant. In der Loge, die mit dem Stadtwappen — und zu Ehren von Hitler mit einer Hakenkreuzfahne — geschmückt ist, läßt Hitler sich in einen der Lehnsessel nieder, den ihm der Intendant eilfertig zuschiebt.

Von meinem Parkett-Platz aus höre ich seine Begrüßungsworte: „Mein Theater, meine Künstler, freuen sich über Ihren Besuch!", und dann dem Publikum

---

[109] ebenda, S. 116 f.

zugewendet: „Unserem heutigen Ehrengast, dem Parteiführer Adolf Hitler von der Nationalsozialistischen Deutschen Arbeiterpartei ein herzliches Willkommen . . . Heil!" Er hat eine schöne Baritonstimme . . .

Das Publikum, der Loge von Hitler zugewandt, also mit dem Rücken zur Bühne, reckt die Hände zum Parteigruß. Es antwortet „Heil, Heil, Heil!" Erst nach längerem Klatschen erhebt er sich aus seinem Sessel, reckt seine Hand, grüßt hinunter — und zwar (wie ich zu meinem Leidwesen bemerke) besonders verkrampft und linkisch!

Und da, in dem Moment, als der Intendant in glänzender Pose an Hitlers Seite Platz nimmt, ertönt aus dem erleuchteten Zuschauerraum ein verächtlicher Ruf: „Nazi!" Die Köpfe der Zuschauer fahren herum zu dem Platz, von dem der Zwischenruf kam. Der Störenfried unterscheidet sich von der guten Gesellschaft durch ärmliche Kleidung, bleiche, ungesunde Gesichtsfarbe, ungepflegtes Haar — ganz wie ein Außenseiter aus dem Schulbuch, der Übles im Schilde führt. Um so mehr zieht er die Blicke auf sich.

Die Theaterpolizei erscheint in Gestalt eines kräftigen Beamten. „Raus, raus!" gibt er knarrend von sich, zieht den blassen Jüngling hoch, drängt ihn zur Tür. Es ist still im Zuschauerraum, so daß diese Aufforderung gut zu hören ist. Hitler, in seiner Loge, verzieht keine Miene, auch als sich der Zwischenrufer jetzt lautstark wehrt. Zwei Männer springen hinzu und helfen dem Beamten, den jungen Mann hinauszuwerfen.

Der Intendant, über die Brüstung gebeugt, wechselt einige Worte mit Hitler; ob es eine Entschuldigung ist, kann ich nicht verstehen. Dann wird es dunkel. Nach dem Vorspiel öffnet sich der Vorhang zu dem traditionellen Bühnenbild. Ich lausche den oft gehörten Klängen . . .

Gegen Ende der Vorstellung, mitten im Ton, hört der Sänger des „Hagen" auf zu singen, verharrt wie ratlos auf der Bühne. Dann schlägt der große, breite

Mann, mit schauerlichem Krachen vornüber zu Boden. Das Orchester hält nach ein paar verklingenden Takten inne. Im Zuschauerraum ist es totenstill. Dann springen einige auf. Man hört erregtes Laufen, Frauenschreie.

Der Vorhang schließt sich, ohne daß das Licht im Zuschauerraum angeht. Poltern, Krachen, Durcheinander im Dunkeln, einer Panik nicht unähnlich. Das Publikum drängt vor zum Orchester, man schreit aus den Rängen . . .

Endlich geht das Licht an. Der Vorhang teilt sich. Der Intendant tritt bleich, mit wirrem Haar, vor das Publikum.

„Ich bitte um Ruhe!" tönt er mit geschulter Stimme. Doch dann, in der jäh einsetzenden Stille, schluckt er, bringt es kaum über die Lippen:

„Unser lieber Herr Kammersänger . . . bitte, gehen Sie nach Hause!"

Die Schließer öffnen die Türen. Verstört schleicht das Publikum hinaus. Der Zuschauerraum leert sich; es ist wie ein Trauerzug. Als ich zu Hitlers Loge blicke, ist sie leer . . .

Auf der Bühne umstehen Menschen entsetzt den auf künstlichen Rasen gebetteten Sänger, dessen geschminktes, bartbeklebtes Gesicht schweißüberströmt ist. Der Theaterarzt kniet neben ihm, macht Belebungsversuche. Dann kommen Sanitäter. Einige Ritter in silbernen Rüstungen greifen mit an, und durch die auseinanderweichende Gasse seiner Kollegen, vorbei an Kulissen und Requisiten, wird die Bahre mit dem reglosen Sänger davongetragen.

Atemloses Schweigen! Geführt vom Intendanten, erscheint Hitler auf der Bühne. Er tritt zum Arzt und fragt halblaut: „Haben Sie noch Hoffnung?" Der Arzt hebt die Schultern. Da tritt Hitler zur Frau des vom Schlag Getroffenen; bleich und erschreckt, steht sie ihm gegenüber, gut einen Kopf kleiner. Hitler hebt die Hände, läßt sie auf ihre Schultern sinken, umarmt sie. — Ganz der Vater und die Tochter, oder: der „Führer und sein Volk!" — Ich bin beeindruckt. Die Szene wirkt ungeheuer! Doch dann versimpelt Hitler den tragischen Anlaß mit einer Stegreif-Wahlrede:

„Die soziale Lage der Künstler ist katastrophal!", erklärt er emphatisch, „ich bringe die Sicherheit den Kunstschaffenden, die Besserung ihrer unzureichenden Altersversorgung, ihres fehlenden Schutzes bei Krankheit und Unfall, sobald ich die Macht habe!"

Und dann — nicht ungeschickt — fährt er fort: „Ich liebe die Schauspieler, aber noch mehr die Sänger, weil ihre Stimmen uns Zugang verschaffen zu den großen Musikwerken der Vergangenheit. Natürlich weiß ich, daß auch schauspielerisches Können dazugehört. Es hilft den Sängern, etwas zu schaffen, das ewig bleiben wird!"

Minutenlang, ohne ein einziges Mal zu unterbrechen, redet er dann von großen Theaterplänen, die er verwirklichen will. „Meine Damen und Herren!", sagt er über den Kopf der noch immer von seinen Händen gehaltenen Frau. „Ich bin glücklich, Ihnen an dieser Stelle versichern zu können, daß ich alle meine Kräfte für Sie und Ihr Schaffen einsetzen werde, als Begründer und leidenschaftlicher Förderer der Weltgeltung des Volkes der Dichter und Denker . . ."[110]

Die ihn umstehenden Theaterleute erkennen, daß seine Rede zu Ende ist. Sie klatschen, während der Intendant, der offenbar die ganze Zeit über auf diesen Moment gewartet hat, auf Hitler zutritt. Beide Männer ergreifen sich bei den Händen, sehen sich theatralisch (also zum Ort passend) in die Augen. Mehrere der Künstler treten näher, um dieses Schauspiel besser sehen zu können . . .

„Ich werde siegen, wenn Sie mir helfen!", höre ich Hitler noch verkünden, dann

[110] Hitler weiß sich in guter Gesellschaft. Schon vor Beginn seiner Wahlreisen haben Exponenten der Theater- und Geisteswelt ihn öffentlich und ostentativ als ihren Kandidaten bezeichnet. Vgl. dazu u. a. S. 15 und S. 129 ff.

nötigen sich der Intendant und er vor der Bühnentür gegenseitig zum Vortritt, wobei Hitler die Ehre entschieden mit den Worten zurückweist: „Sie sind Künstler, also haben Sie hier das Vorrecht!"

Darauf schreitet er, ohne mich zu sehen, an den „Heil!" rufenden Bühnenarbeitern, Requisiten und Versatzwänden vorüber hinaus zu seinem Kraftwagen. Der Intendant, zum Wagenschlag eilend, redet mit überschwenglichen Abschiedsworten auf ihn ein.

Die nächste Unterrichtsstunde findet im tristen Trockenraum eines Gasthauses statt, in dem Hitler „Wohnung genommen hat". Es ist ein langer, fensterloser Raum, durch den Leinen gespannt sind, an denen viele Wäschestücke hängen. Ich will Hitlers Partei-Gruß noch einmal nach allen Regeln der Darstellerkunst „durchleuchten" und beginne wie folgt: „Ihr Gruß, Ihre typische Haltung, ist Ihr zweites Partei-Emblem!"

Hitler blickt mich erwartungsvoll an, und als ich ihn bitte, ans andere Ende des Raumes zu gehen, dort stehen zu bleiben und in vier Versionen zu grüßen, tut er es ohne Widerrede. Ich habe ihm nicht erklärt, *wie* er grüßen soll, sondern lediglich, welchen Anlaß er sich dabei jeweils vorstellen möge. Seine Aufgabe lautet also:

1. Grüßen Sie Ihr Publikum, wenn Sie mit der Rede beginnen wollen.

2. Ein intimer Anlaß: Sie treten zu höchstens zehn Personen, die Sie erwarten.

3. Ein Festanlaß. Dabei einige Schritte gehen. Zum Beispiel: Begräbnis, Kranzniederlegung oder dergleichen.

4. Ihr Gruß unterwegs, aus dem Kraftwagen, aus dem Flugzeug beim Einstieg oder Verlassen. Also auch ein Gruß in der Bewegung.

Hitler richtet sich auf, macht einen Schritt und grüßt „seine Zuhörer" bei seinem Auftritt. Er macht das starr, beinahe stocksteif, jedenfalls übertrieben.

Mammoth-Hotel. Suite des Ui. Zwei Leibwächter führen einen zerlumpten Schauspieler vor den Ui. Im Hintergrund Givola.

ERSTER LEIBWÄCHTER

Er ist ein Schauspieler, Chef. Unbewaffnet.

ZWEITER LEIBWÄCHTER

Er hätte nicht die Pinkepinke für einen Browning. Voll ist er nur, weil sie ihn in der Kneipe was deklamieren lassen, wenn sie voll sind. Aber er soll gut sein. Er ist ein Klassikanischer.

UI (Hitler)

So hören Sie: man hat mir zu verstehen gegeben, daß meine Aussprache zu wünschen übrig läßt. Und da es unvermeidlich sein wird, bei dem oder jenem Anlaß ein paar Worte zu äußern, ganz besonders, wenn's einmal politisch wird, will ich Stunden nehmen. Auch im Auftreten.

DER SCHAUSPIELER

Jawohl.

UI (Hitler)

Den Spiegel vor!
Ein Leibwächter trägt einen großen Stehspiegel nach vorn.

UI (Hitler)

Zuerst das Gehen. Wie geht ihr auf dem Theater oder in der Oper?

DER SCHAUSPIELER

Ich versteh Sie. Sie meinen den großen Stil. Julius Cäsar, Hamlet, Romeo, Stücke von Shakespeare. Herr Ui, Sie sind an den rechten Mann gekommen. Wie man klassisch auftritt, kann der alte Mahonney Ihnen in zehn Minuten beibringen. Sie sehen einen tragischen Fall vor sich, meine Herren. Ich hab mich ruiniert mit Shakespeare. Englischer Dichter. Ich könnte

---

Die Seiten 54 und 55 in Brechts Parabelstück „Der aufhaltsame Aufstieg des Arturo Ui". Ui ist Hitler, dessen Namen vom Herausgeber hier jeweils in Klammern hinzugefügt wurde. Zit. des Auszuges aus der Suhrkamp-Edition mit freundlicher Genehmigung des Suhrkamp-Verlages. Vgl. dazu auch die Feststellungen in der Einleitung.

heute am Broadway spielen, wenn es nicht Shakespeare gäbe. Die Tragö-
die eines Charakters. „Spielen Sie nicht Shakespeare, wenn Sie Ibsen
spielen, Mahonney! Schauen Sie auf den Kalender! Wir halten 1912,
Herr!" — „Die Kunst kennt keinen Kalender, Herr", sage ich, „ich mache
Kunst". Ach ja.

GIVOLA

Mir scheint, du bist an den falschen Mann geraten, Chef.
Er ist passé.

UI (Hitler)

Das wird sich zeigen. Gehen Sie herum, wie man bei diesem Shakespeare
geht.
Der Schauspieler geht herum.

UI (Hitler)

Gut!

GIVOLA

Aber so kannst du nicht vor den Karfiolhändlern gehen.
Es ist unnatürlich!

UI (Hitler)

Was heißt unnatürlich? Kein Mensch ist heut natürlich. Wenn ich gehe,
wünsche ich, daß es bemerkt wird, daß ich gehe.
Er kopiert das Gehen des Schauspielers.

DER SCHAUSPIELER

Kopf zurück. *Ui legt den Kopf zurück.* Der Fuß berührt den Boden mit
der Fußspitze zuerst. *Uis Fuß berührt den Boden mit der Fußspitze zuerst.* Gut. Ausgezeichnet. Sie haben eine Naturanlage. Nur mit den Armen muß noch etwas geschehen. Steif. Warten Sie. Am besten Sie legen
sie vor dem Geschlechtsteil zusammen. *Ui legt die Hände beim Gehen vor
dem Geschlechtsteil zusammen.* Nicht schlecht. Ungezwungen und doch ge-
rafft. Aber der Kopf ist zurück. Richtig. Ich denke, der Gang ist für Ihre
Zwecke in Ordnung, Herr Ui. Was wünschen Sie noch?

UI (Hitler)

Das Stehen vor Leuten.

Es herrscht Stille, wie vor dem Beginn einer Rede. Da gleitet Hitler auf dem Linoleum aus. Er vermeidet gerade noch einen Sturz.

Ich rege mich nicht. Dennoch fragt er mißtrauisch, fast drohend: „Haben Sie gelacht?"

„Überhaupt nicht!" antworte ich. Ich verschweige, daß ich am liebsten weinen würde — über seine Unfertigkeit.

Hitler läßt den Arm sinken. „Nun Beispiel zwo!", fordere ich. Hitler fixiert mich; zweifellos diene ich ihm als Vorstellung des „intimen Personenkreises". Gemessen, zugleich vorsichtig, macht er zwei Schritte auf mich zu, hebt nur wenig den Arm, halb nach hinten gebeugt . . . wie wir es schon früher einge- übt hatten. Seine Augen suchen weiter eine imaginäre Personenversammlung. Doch er erstarrt wieder zur Unbeweglichkeit. Ich warte, und seine Haltung wird natürlicher. — Diese Unterrichtsstunde unterstreicht wieder seine Anla- gen zu einem Schauspieler; verdeckt zwar, weil unbeholfen, doch deutlich fest- zustellen.

Wahrscheinlich glaubt Hitler, es sei nötig, etwas zu unternehmen. Ohne Auf- forderung hört er auf, beginnt mit der Situation Nr. 3: dem ernsten Fest- Anlaß. Dies gelingt ihm ausgezeichnet. Alles wirkt dekorativ und eindringlich. Man hat das Gefühl, er sieht einen Kranz, ein Denkmal vor sich. Er wirkt nicht vorwurfsvoll, wie es bei Dilettanten oft geschieht, sondern groß und mah- nend. Selbst ein Denkmal. Das ist also geglückt!

Und nun die vierte Übung, den Gruß aus dem Fahr- und Flugzeug und so weiter, also aus einer behinderten Situation.

Hier wirkt er schlecht. Kann sein, daß er sich keine Technik denken kann. Erst legt er die Linke an den Bauch, reckt erst danach seine Rechte, senkt da- bei den Kopf so niedrig (aus einem imaginären Fenster?), daß nur noch sein Scheitel anstatt des Gesichts erscheint . . . eine quälende Pause tritt ein.

Endlich. Im Gefühl einer beengten Lage, blickt Hitler zu mir, wendet sich aber sogleich wieder ab, als ob er unsicher wäre. Er beginnt seine Stellung zu ändern und damit eine immer verkrampftere Pose einzunehmen. Erst beugt er sich zurück, dann wieder vor, beginnt nach verschiedenen Richtungen hin zu grüßen, verklemmt die Grußhand zu werfen . . .

„Wie haben Sie sich gefühlt?" frage ich, als er abbricht und zu mir kommt.

„Gefühlt?" staunt er und meint: „Ich tat doch nichts Besonderes!"

„Sie grüßten, und zwar in vier grundverschiedenen Situationen!"

„Ich fühlte nichts. Das hier war doch nicht Wirklichkeit! Höchstens Unwohlsein durch Lüge, Zurschaustellung. Ich fühlte mich am unpassenden Ort. Wenn ich grüße, brauche ich das Publikum. Dieses Loch stört mich. Etwas in mir wünscht, daß wirklich Menschen zusehen. Meine Hände gehorchten mir zwar, doch alles blieb Pose. Dies ist nach meiner Meinung viel schwerer als die Wirklichkeit. Die Lüge liegt mir eben nicht!"

„Dieses ‚Durchspielen‘ bestimmter Möglichkeiten war jedoch sehr wichtig für Sie, da es sich um Szenen aus Ihrem Alltagsleben handelt", rechtfertige ich mein Experiment und doziere: „Jeder Anlaß fordert ein anderes Grüßen. In der Öffentlichkeit muß man den Anlaß ‚spiegeln‘ . . . Ihr Gruß, erkenntlich abgewandelt, muß die Reaktion sein. Das ist bisher leider nicht immer der Fall. Dem Zuschauer wird nicht immer zwingend deutlich, was in Ihnen vorgeht. Sie zeigen nicht selten sogar eine Art Hilflosigkeit mit dem Wunsch, Eindruck zu machen. Der Zuschauer aber muß ‚gezwungen‘ werden, ausdrücklich ‚auf Sie zu schauen‘."

„Worin also liegt das Geheimnis?", fragt Hitler spöttisch. Statt einer Antwort, gehe ich dorthin, wo er gestanden hat und grüße viermal grundverschieden mit dem „Hitler-Gruß", jede der vereinbarten Situationen berücksichtigend. Mein

Schüler hat jede meiner Bewegungen aufmerksam verfolgt und sagt danach spontan anerkennend: „Darin sind Sie besser als ich!"

„Von Haus aus", knüpfe ich sofort an, „ist ein solcher Gruß durchaus noch nicht ein ‚Ereignis' — Erst was Sie, gerade Sie, in ihn hineinlegen können — und hineinlegen müssen, zeichnet ihn aus. Sie machen ihn zu einer beschwörenden Zauberformel, die beschwörend wirken kann."

Das geht Hitler unter die Haut, und ich kann hoffen, in diesem Punkt an mein Lehrziel zu gelangen.

Die nächste Unterrichtsstunde beginne ich mit einer „Manöverkritik", wie sie nach Generalproben und Premieren immer durchgehechelt wird. Zuerst analysiere ich seine letzte Rede, d. h. ich sage ihm, wie ich ihn als Redner sah, und wie er auf mich wirkte. „Leider muß ich immer noch den Redner verreißen", moniere ich, „das heißt, den ‚Darsteller'. Der ‚Sprecher' hingegen wirkt leidlich . . . Seine Stimme befindet sich auf dem Weg des Fortschritts!"

„Was hat der Darsteller denn falsch gemacht?", fragt Hitler, auf diese Diktion eingehend.

„Wie immer noch: die Grimassenschneiderei, das Fuchteln und die Zappelei!"

„Wann denn?" meint Hitler entsetzt. „Die ganze Zeit denke ich doch daran, es nicht zu tun . . . Das dachte ich wenigstens!" „Offenbar nicht genug!" beharre ich. Dann spiele ich ihm extrem ausführlich vor, wie er grimassierte, und wie er zappelte. Weil ich dabei stumm bleibe, muß ich komisch aussehen; denn Hitler beginnt augenblicklich schallend zu lachen. Doch dann hält er inne und sagt ernst: „Und mir war, als habe sich meine Rede nur aus echtem Empfinden zusammengesetzt, was die Bewegungen anbelangt!"

„Das war nur bei einer Szene der Fall", bestätige ich. „Nicht bei Ihrer Rede, sondern im Theater, genauer gesagt, auf der Bühne mit der Ehefrau des zusammengebrochenen Sängers. Da wirkten Sie überzeugend in Ihrer Anteilnahme, ja mitreißend ... Dort wurden Sie mitgerissen von der zwingenden Situation! Der geschulte und erfahrene Könner braucht keinen Holzhammer. Selbst auf den flüchtigsten Anlaß reagiert er perfekt, mit geringstem Aufwand, größter Wirkung, überzeugend in Stimme, Geste und Haltung. Und natürlich ... kein Zuschauer argwöhnt da Technik! Ohne diese Fertigkeit können Sie nicht als Redner siegen!"

„Ist die Technik da nicht nur das Salz in der Suppe?", schränkt Hitler ein.

„Aber nein!", beharre ich, „sie ist die Suppe selber!"

„Das ist Zynismus", belehrt Hitler mich, „wenn ich Technik verwenden soll, wo ich erschüttern will."

„Ach Gott", entgegne ich, „mir schien bei beiden Anlässen, daß es Ihr Bestreben war, Zuhörer und Zuschauer nur in Bewunderung zu versetzen! Mit zudem noch zum Teil schlecht gespielten Einlagen, die überhaupt nicht zu Ihrer Person passen ... Es war kein ideales Anpassen an die Gegebenheit. Ich bin mir nicht sicher, ob alles nur Lob ist, was nun diese Ehefrau von Ihnen verbreitet, nachdem Sie zwar trösteten, dann aber als Reaktion auf das tragische Vorkommnis nur ‚wahlredeten‘, also nur an sich gedacht haben. Bei Ihnen dominieren Ihre Absichten und Vorhaben und drängen sich bei Erschütterungen nach vorn ... Das ist dilettantisch! Die Person des geschulten Schauspielers reagiert niemals ichbezogen. Bei solchen Regungen hat der Nichtkönner meistens keine Sorge, wie er ‚gesehen‘ wird. Er begnügt sich mit der Auslebung seines Dranges. Doch die ‚Natürlichkeit‘ des erfolgreichen Darstellers ist anders: er zeigt sich als Werkzeug und ist nicht bloß ein Spiegel!"

Ich vermute — aus Erfahrung, — daß Hitler wieder mit der „Seele" operieren wird und beuge vor: „Der Dilettant wirkt lächerlich dadurch, daß er das Gefühl darstellen will, das in Wahrheit nicht existiert. Er schreit, fuchtelt und zappelt. Er schüttelt die Hände und preßt den Kopf. Und all diese grundfalschen Gebärden haften auch Ihnen leider noch immer an, wenn auch weniger häufig als zuvor ... Doch es wird immer deutlicher, was Sie wirklich können!"

„Ich verstehe", antwortet Hitler und fährt fort, „diese unpassenden Fehler entstehen sozusagen aus unserer heutigen verbildeten Natur. Um sie zurückzubilden zur Echtheit, ist Ausbildung nötig ... Aber um Himmelswillen, wie lang' soll das denn noch dauern ... Ich habe keine Zeit zu verlieren! Verstehen Sie? Es eilt."

Zwischen dieser und der nächsten Unterrichtsstunde liegt ein Besuch beim Chef eines Stahlwerks[111], zu dem Hitler mich mitnimmt. Wir werden an den vor Geschäftigkeit summenden Arbeitshallen entlanggeführt. Durch endlose Korridore gelangen wir in das „Allerheiligste", das im ersten Stockwerk des Direktionsgebäudes liegt.

Obgleich Hitler angemeldet ist, läßt man ihn schier endlos warten, so daß er —verärgert — bereits wieder gehen will. Doch da öffnet sich die Tür des prunkvollen Warteraums. Ein junger Mann mit geschultem Lächeln bittet uns einzutreten, weist auf zwei Klubsessel, schreitet weiter zu einem gewaltigen Schreibtisch, hinter dem ein hagerer Mann mit graumeliertem Bart „thront". „Der Führer der Nationalsozialistischen Deutschen Arbeiter-Partei", wird Hitler ihm vorgestellt.

„Guten Tag, Herr Direktor!" sagt Hitler — für mich fast ein wenig unterwürfig. Man erkennt, daß er als Bittender kommt.

„Sehr erfreut!" erwidert der hagere Mann hinter dem Schreibtisch. Er steht nicht auf (weil er eine Beinprothese trägt, wie ich später bemerke). Sein langes Gesicht verzieht sich zu einem Lächeln. Die hohe Stimme paßt ebensowenig zu ihm wie die auffällig kleinen Hände. Auf der Bühne wäre er als Fabrikdirektor eine Fehlbesetzung!

[111] Vermutlich Ende Oktober in Dortmund.

„Jetzt erkenne ich Sie wieder!" beginnt Hitler. „Ich sah Sie in der ersten Reihe bei einer meiner Versammlungen, ohne allerdings Ihren Namen zu wissen!"

„Ihren Namen kenne ich um so besser!" lächelt der Direktor und lobt Hitlers Sprache und Sprechweise.

„Warum", fragt Hitler, „sind Sie meiner letzten Kundgebung ferngeblieben, Herr Direktor?"

„Ich schickte meinen Sekretär", entschuldigt er sich und betont: „Er hat mir Bericht erstattet!"

Hitler reckt sich stolz auf. „Dann wissen Sie sicher, welch' unerhörten Beifall ich hatte!"

„Nein, leider nicht", bedauert der Fabrikant höflich, „mein Sekretär mußte zu einem Termin und hat Ihre Kundgebung daher früher verlassen müssen!"

Hitler kann seinen Ärger nicht verbergen. Sein Gesicht drückt es deutlich aus, als der Sekretär lächelnd fragt: „Habe ich etwas versäumt?"

Hitler wartet ein paar Sekunden, bis er sich wieder gefaßt hat. Dann erhebt er sich und bemerkt schroff zu dem jungen Mann: „Ich fürchte: Ja!"

„Aber er hat mir genau berichtet, was er gehört hat!", beschwichtigt der Fabrikant vornehm lächelnd. „Dann wissen Sie sicher auch", kommt Hitler zum Zweck seines Besuches, „daß mich nur zweierlei Dinge schlagen können: ein schlechtes Wahlergebnis und Geldmangel!"

Jetzt verzieht der Fabrikant keine Miene. Hitler aber trumpft sofort auf: „Mein Anhängerzuwachs beträgt volle 50 Prozent, also um die Hälfte mehr in nur einem einzigen Jahr!"

„Die Wirtschaftskrise ist in diesem Jahr noch drückender geworden", bemerkt der Industrielle. Er sagt es beiläufig, fast unbeteiligt. „Je schlechter es den Leuten geht, desto mehr neigen sie zu Extremen!"

„Mag sein", reagiert Hitler so eisig, daß ich mich im stillen frage, ob er hierher gekommen ist, um zu streiten, oder für seine Partei Geld zu erbitten. „Hätte ich einen solchen Zuwachs mit einem schlechten Programm erzielen können?", fragt er kalt und sagt ebenso frostig: „Menschen, denen es schlecht geht, besitzen einen untrüglichen Sinn für Erfolgversprechendes. Deswegen bin ich hier, Sie zu bitten, für meine Partei, den Sieger von morgen, eine bemerkenswerte Summe zu spenden!"

„Ich halte es für möglich, daß Sie Erfolg haben werden", stimmt der Fabrikant höflich zu und schränkt aber gleich ein: „Ich befürchte nur, daß Sie mit Ihrem Wunsch zu spät kommen. Mein Sekretär ist über unsere Spendemöglichkeiten besser informiert als ich, und er wird Ihnen Auskunft geben." Und zu dem jungen Mann gewandt: „Bitte sagen Sie doch Herrn Hitler, ob wir ihn noch in unsere Liste aufnehmen können!"

„Es ist zu spät. Unsere Liste ist bereits komplett", erklärt der Sekretär.

„Im letzten Herbst wurde mir gesagt, daß es zu früh sei", sagt Hitler empört. „Kommen Sie im nächsten Herbst doch bitte wieder", meint der Fabrikant daraufhin mit verbindlichem Lächeln. „Im nächsten Herbst bin ich ein Jahr älter", reagiert Hitler ungeduldig: „Und um etliche Anhänger reicher. Wie alt sind Sie denn?", fragt der Fabrikant.

„Unzählige Wahlreisen, Kundgebungen und Reden alt!", sagt Hitler ironisch, „Ich habe lange genug gewartet".

„Was habe ich in diesem Alter gemacht?", fragt der Industrielle — gespielt überheblich — seinen Sekretär. „Sie waren als kriegsverletzter Pförtner hier im Werk und wurden zum Oberpförtner befördert!", buckelt der junge Mann respektvoll. Der Generaldirektor lächelt schwach: „Damals dachte ich, daß damit der Gipfel meiner Möglichkeiten erreicht wäre. Mein Vorgesetzter behauptete, ich sei ein brauchbarer Mitarbeiter — anscheinend hatte er recht: heute bin ich Direktor!"

196

„Die Geschichte Ihres Aufstiegs kenne ich", behauptet Hitler jetzt unbeeindruckt. „Dann wissen Sie sicher auch, daß ich erst mit fünfzig in meine heutige Position gelangt bin — und daß Sie somit noch viel Zeit haben", kontert der Industrielle.

„Manchmal wird man aber gar nicht erst fünfzig als Politiker. Darum habe ich es eilig!", fängt Hitler ihn frostig ab. „Warum versuchen Sie es nicht bei anderen Firmen? Die geben doch auch Spenden?" „Das sind nicht die Firmen, die ich gewinnen will!", sagt Hitler diplomatisch, „Ihr Unternehmen ist die Firma, die mich interessiert."

Und dann kommt etwas, was ich peinlich finde. Der Fabrikant sagt kalt: „Ich frage mich, ob Sie nicht zu ungeduldig sind ..."

„Ich weiß nicht, ob ich ungeduldig bin", antwortet Hitler mit drohendem Unterton, „ich weiß nur, daß meine Anhänger und Parteigenossen ungeduldig sind — und nicht mehr zuwarten wollen. Sie wollen mich an der Macht sehen!", und um das Maß voll zu machen, wendet er sich unvermittelt an mich und fragt: „Was sagen Sie dazu?"

„Eines Tages wird Ihre Chance kommen!", ziehe ich mich aus der Affäre. Doch Hitler nimmt diese Floskel zum Anlaß eines schier endlosen Monologs: „Wenn einmal mein Tag kommt, dann wird es ein gerechter Tag! Ich habe gekämpft mit offenen Augen und wachem Verstand, kenne sämtliche Hindernisse, sämtliche Tücken meiner Widersacher und Feinde. Ich weiß, wie man neue Kraft schöpft, wenn man am Ende zu sein scheint, wann man sich zurückzieht und wann man erneut vorgeht. Ich bin jahrelang im harten Kampf Schritt für Schritt vorangekommen, habe eine gute Schule durchgemacht. Mir fehlt nur noch eins: die Macht ...!"

„Reden wir im kommenden Herbst noch einmal darüber", unterbricht der Fabrikdirektor. Er erhebt sich, zum Zeichen, daß es nichts weiter zu besprechen gibt. „Übrigens", sagt er beiläufig, während er uns, ein Bein nachziehend, zur

Tür begleitet, „haben Sie schon gehört, daß die Bolschewisten mit uns Handel treiben wollen?"

Hitler bleibt mit einem Ruck stehen: „Die? Mit uns Handel . . .?" fragt er, Ungläubigkeit vorspielend. „Bis jetzt sind es nur Gerüchte", sagt der Direktor, „aber meine Werke würden sich daran beteiligen. Schon ihr Begründer belieferte einst den Zaren. Wenn Sie Näheres herausfinden sollten, würde ich mich freuen, wenn Sie mich unterrichteten. Jede Information wäre für uns wertvoll — unter gewissen Umständen — ein Spenden-Anlaß!"

„Sie können auf mich zählen!" gibt Hitler spürbar diplomatisch zurück. Draußen erklärt er mir dann auch geradezu entrüstet, daß „der" nicht auf ihn werde „zählen" können.

Es bleibt das einzige Mal, daß Hitler mich auf einen „Bettelgang" mitgenommen hat, wie er das nennt.

Immer wieder betont Hitler, daß er die „Zeit nutzen" müsse, nur „wenig Zeit zu verlieren" habe und in dieser Hinsicht keinen Tag ohne Erfolge für sich verstreichen lassen könne. Schlecht informierte Hitler-Biographen machen daraus eine „jagende Hysterie" oder „Reisesucht", die sie infolge ihrer unzureichenden Kenntnis der Dokumente (zusammen mit Hitlers Redeeifer) auch noch als wesentlichstes Stimulans für Hitlers Aktivitäten und Entscheidungen interpretieren.[112]

Tatsache ist dagegen, daß Hitler, während er von einer Stadt zur anderen hastet, redet, beschwört und in den kurzen Pausen autogenes Training zur Beruhigung und Energieanreicherung praktiziert[113], fürchten muß, von der Zeit schon überholt zu sein und alte, allgemein bekannte und immer noch auch

[112] Am wortreichsten und zugleich die Tatsachen am wenigsten berücksichtigend, von Joachim Fest behauptet. Vgl. Fest, Joachim: Hitler. Berlin 1973.
[113] Vgl. S. 120 f.

maßgebliche Anhänger zu verlieren. Gottfried Feder beispielsweise, der einen Teil des NSDAP-Programms verfaßt und Hitler nach dem Ersten Weltkrieg erheblich beeinflußt hat, wie er selbst freimütig zugibt[114], ist 1932 überzeugt, daß „die Bewegung den Höhepunkt bereits überschritten" habe und die NSDAP „aus dem Wahlkampf . . . mit einem großen Mandatsverlust herauskommen"[115] werde. Hitler, dem solche Informationen von Rudolf Hess und Martin Bormann stets unmittelbar zugeleitet werden, fühlt darüber hinaus instinktiv, daß sein Glanz und seine Anziehungskraft verblassen müssen, wenn sie nicht bald durch die Übernahme der Macht auf eine neue Ebene gehoben werden können. Hitlers „Bettelgang", den Devrient miterlebt hat, ist 1932 kein singuläres Ereignis. Daß die Industrie Hitler durch umfangreiche Finanzierungen die Wege geebnet und ihn „in den Sattel gehoben" habe, wie nach wie vor behauptet wird, ist eine Legende, die auch durch ständige Wiederholungen nichts an den zweifelsfrei belegten historischen Tatsachen ändert. Friedrich Flick hat Hitler 1932 zwar 50 000 Mark gespendet, der Chemie Konzern IG-Farben rund eine Viertelmillion Mark gestiftet, obwohl der Konzernherr Carl Bosch nicht gerade als Parteigänger Hitlers bezeichnet werden kann; aber das sind Ausnahmen, die Hitler allerdings leichter ermöglichen, Flugzeuge für seine Deutschlandflüge zu chartern. Die Industrie des Ruhrgebiets, wo Hitler während seiner Wahlreisen am 8. April, am 24. Juli und am 30. Oktober gesprochen hat, unterstützt die von Paul v. Hindenburg eingesetzte, konservativ-elitärem Geist verpflichtete Regierung v. Papen allein während der Wahlen im Juli 1932 mit mehr als 350 000 Mark. Der Hitler (im Gegensatz zu den meisten Industriellen) vertrauende Fritz Thyssen hat zwar erreicht, daß Hitler am 26. Januar

---

[114] Vgl. Hitler, S. 228, 232 und 237.
[115] Zit. aus einem Bericht des NSDAP-Ortsgruppenleiters Otto Engelbrecht aus Murnau vom 5. 1. 1933 an die Reichsleitung der NSDAP. Engelbrecht datiert bei der Unterschrift des Berichts, den er auf Weisung Martin Bormanns verfaßt hat: 5. Januar 1932. Aus dem Inhalt geht jedoch eindeutig hervor, daß er Gottfried Feder am 30. 12. 1932 aufgesucht und sich mit ihm u. a. auch „über die allgemeine politische Lage" unterhalten hat. Dok.: Maschinentext. 3 Seiten. Nationalarchiv Washington.

1932 vor dem Industrie-Klub in Düsseldorf sprechen konnte, und er hat ihn, zusammen mit Hitlers Vertrauten Hermann Göring und Ernst Röhm — und mit Generaldirektor Albert Vögler und seinem Freund Ernst Poensgen, am 27. Januar zu sich nach Westfalen auf sein Schloß Landsberg eingeladen, doch Geld ist dabei für Hitler und seine Partei nicht „abgefallen".

Von der Industrie wird Hitler zu dieser Zeit nur sehr vorsichtig unterstützt.[116] Seine Gönner sind nicht immer zugleich auch seine unbedingten Anhänger, was nicht nur der „Fall" IG-Farben beweist. Krupp ist ihm distanziert gewogen; aber viel kann er damit nicht beginnen. Ähnlich verhält es sich mit den Sympathien, die ihm der rheinische „Braunkohlenkönig" Paul Silverberg entgegenbringt, der, obwohl er protestantisch getaufter Jude ist, ausgerechnet in Hitler die rettende Figur in der politischen Arena sieht.[117] Er, den die von Hitler repräsentierte „nationale Massenbewegung" beeindruckt, hat Hitler (über den Sekretär des „Herrenklubs" und als politischen Makler mit vorwiegend finanziellen Interessen bekannten und nicht gerade von jedermann als seriös bezeichneten Werner v. Alvensleben) wissen lassen, daß er auf ihn zählen könne, obwohl er dem als „maßvollen" Nationalsozialisten bezeichneten Gregor Strasser mehr als Hitler gewogen ist. Hitler, der jetzt jedoch mit Strasser große Schwierigkeiten hat[118], weiß natürlich, daß er in finanzieller Hinsicht auf „den Juden" Silverberg nicht rechnen kann, sobald es zwischen ihm und Strasser zu dem bereits feststehenden Bruch gekommen ist. Für Silverberg, der die politische Szene — durch sein defektes Prisma — auf seine Weise beobachtet, ist Strassers Ausscheiden aus Hitlers „Bewegung" bald danach denn auch der entscheidende Grund, Hitler nunmehr nur noch freundlich hinzuhalten. Bis Hitler

---

[116] Zur Finanzierung Hitlers und der NSDAP vgl. u. a. Maser: Der Sturm auf die Republik ... u. a. S. 261 ff., S. 282 ff. und S. 396 ff.
[117] Bereits im März 1933 verließ der „als Jude" seiner Posten in der deutschen Braunkohlenindustrie enthobene Silverberg Deutschland.
[118] Gregor Strasser, der Reichsorganisationsleiter der NSDAP, der seine Ämter in der NSDAP infolge seiner Meinungsverschiedenheiten mit Hitler Ende 1932 aufgab, wurde von Silverberg ganz offensichtlich auch finanziell unterstützt.

diese Erfahrung jedoch registrieren muß, „bettelt" er weiter wie bislang. Die Mitgliedsbeiträge seiner Parteigenossen — und die Spenden der Gönner — reichen für den Aufwand nicht aus, den er jetzt treiben muß, wenn er „im Rennen" bleiben soll.

Rund 14 Tage nach dem von Devrient beschriebenen „Bettelgang" schreibt v. Alvensleben an Hitler den im folgenden abgedruckten Brief:

Werner von Alvensleben   Berlin W 35, den 15. September 1932.
Fernsprecher: B 2, Lützow 4728   Magdeburger Str. 3
             und 4729
        v. A./V.

Sehr verehrter Herr Hitler!

Der Herausgeber der „Deutschen Führerbriefe", der Herr Dr. Meynen, hat sich — wie Sie aus den beifolgenden Nummern der Führerbriefe ersehen wollen — konsequent für die Heranziehung unserer Bewegung zur vollen Verantwortung der Reichspolitik eingesetzt.

Herr Dr. Meynen ist gleichzeitig die rechte Hand des Herrn Dr. Silverberg, des Generaldirektors der Rheinisch-Braunkohlen, einer unserer größten Wirtschaftsführer.

Ich darf vertraulich sagen, daß ich die Veranlassung für diese Stellungnahme der Führerbriefe bin. Nun hat Papen einen starken Druck eingesetzt, um die Führerbriefe zu einer Aenderung ihres Standpunktes zu veranlassen. Da diese Führerbriefe die tägliche Correspondenz für 1200 große und mittlere industrielle Wirtschaftsführer sind, so sind diese Briefe von einer sehr weittragenden politischen Bedeutung. Mir liegt alles daran, zu verhindern, daß Papen bei den Führerbriefen durchdringt. Ich darf daher sehr bitten, mich gütigst wissen zu lassen, ob Sie den Dr. Meynen (ein protestantischer Westfale) empfangen wollen. Ich glaube, daß dies aus allen möglichen Gründen bedeutungsvoll wäre. Ich wäre dankbar für eine telefonische Mitteilung, ob Sie Dr. Meynen morgen im Kaiserhof sehen wollen.

                                                    Immer Ihr
                                                von Alvensleben

---

Dok.: Eine Seite Maschinentext mit aufgedrucktem Kopf. Nationalarchiv Washington.

*Hitler, der unmittelbar reagiert hat, erhält von Alvensleben am 21. September
1932 einen weiteren Brief. Sein Text:*

Werner von Alvensleben   H   Berlin W 35, den 21. September 1932.
Fernsprecher: B 2, Lützow 4728   Magdeburger Straße 3
        und 4729
    v. A./V.

Sehr verehrter Herr Hitler!

Die National-Zeitung in Essen bringt den beifolgenden Artikel, der sich
auch mit General von Schleicher befaßt. Ich habe den General über diese
Dinge befragt und festgestellt, daß der General den Herrn Otto Wolff sehr
gut kennt, seinen Rat auch wiederholt für Staatsgeschäfte in Anspruch genommen hat, über das Rüstungsgeschäft aber mit dem Herrn Wolff bisher
noch mit keinem Wort gesprochen hat.

Ich persönlich darf bei dieser Gelegenheit darauf hinweisen, daß der Herr
Otto Wolff mit sehr großer Vorsicht zu genießen ist, und ich darf dringend
raten, daß Sie Ihre Herren anweisen, keinesfalls irgend eine Verbindung
mit dem Herrn Otto Wolff aufzunehmen, selbst wenn er etwa irgendwelche
Gelder für unsere Bewegung zur Verfügung stellen wollte. Er ist der Typ
des Kriegsgewinnlers, der skrupellos „Verdienen" groß schreibt, und der
nur als Händler von Eisen und Aktienpaketen tätig gewesen ist.

Irgend eine ernsthafte nähere Beziehung, sagen wir einmal eine von Herzen
kommende Beziehung besteht zwischen dem General und dem Herrn Wolff
nicht.

Im Gegensatz zu ihm ist der Herr Silverberg ein Mann, der sich auf wirt-
schaftlichem Gebiete außerordentliche Verdienste erworben hat. Er ist das
Gegenteil des Herrn Wolff, und hat nur den einen Fehler, daß er ein Juden-
abkömmling ist. Die „Deutschen Führerbriefe" stehen ihm nahe. Ich darf
noch einmal bitten, die Herausgeber — Herrn Dr. Meynen und Dr. Reuter
— empfangen zu wollen.

Der Herr Gregor Strasser hat eine Rede gehalten, in der er behauptet: man
habe Gröner das S.A.-Verbot aussprechen lassen, um auf diese Weise ihn
und dann Brüning umzubringen. Der Name des Generals ist zwar nicht genannt, aber es ist ja klar, auf wen diese Rede Strassers abzielt. Der General

---

ist um so empörter hierüber, als er völlig offen und ehrlich gegen das S.A.-Verbot gekämpft hat, um dann — als es trotzdem ausgesprochen wurde — gegen Gröner und gegen Brüning zu kämpfen. Er hat sich in der damaligen Angelegenheit völlig loyal verhalten, und es wäre besser, wenn Herr Strasser in Zukunft solche unrichtigen Anwürfe unterließe.

Ich habe, Ihrer direkten Anweisung folgend, die Verbindung mit meinem Freund, dem General, aufrecht erhalten, und im übrigen selbstverständlich mit keiner einzigen Regierungsstelle auch nur mit einem Wort verhandelt. Ich stehe unter dem Eindruck, als ob Herr von Schmidt-Pauli — hoffentlich ohne jeden Auftrag von Ihnen — geschäftig Verhandlungen führt. Unsere Position wird durch das Verhandeln unverantwortlicher Leute empfindlich geschwächt. Es dürfte sich empfehlen, Herrn von Schmidt-Pauli mit aller Energie darauf hinzuweisen, daß er seine persönlichen guten Beziehungen zu den Mitgliedern des Herren-Clubs nicht für die N.S.D.A.P. verwertet.

Ich habe heute dem Herrn Hess die letzten Nummern der „Führerbriefe" zugesandt. Ich kann Ihnen vertraulich sagen, daß der Gedanke der Wiederaufnahme unseres ursprünglichen Planes der maßgeblichen Beteiligung von meinem Freunde sehr begrüßt wurde.

Ich bin felsenfest überzeugt, daß Sie in ganz kurzer Zeit mit Ihren Wünschen durchdringen werden, denn ich glaube nicht, daß die jetzige Regierung auch nur die nächsten Monate überleben wird.

> *Mit bestem Gruß, bin ich*
> *immer Ihr*
> *Werner von Alvensleben*

Dok.: Drei Seiten Maschinentext mit aufgedrucktem Kopf. Nationalarchiv Washington.

Da die NSDAP trotz der Mandatsverluste im November 1932 immer noch die stärkste Fraktion im Reichstag stellt, erwägen Paul Reusch und einige seiner Gesinnungsgenossen wie Poensgen, Vögler und Thyssen, dem von Hitler geschätzten Hjalmar Schacht die Möglichkeit zu geben, auf dem Wege über eine „Arbeitsstelle" Hitler zwar vorsichtig, aber wirkungsvoll, an die Zügel zu legen.[119] *Ehe dieser Plan jedoch verwirklicht werden kann, hat ein treuer und beziehungsreicher Hitler-Anhänger, der Ingenieur Wilhelm Keppler, einen Kreis von westdeutschen adeligen und bürgerlichen Industriellen und Bankiers um sich vereinigt, die zwar nur „diskutieren" wollen, Hitler in der Tat jedoch auch finanziell unterstützen.*

Am 19. Dezember 1932 schreibt Keppler an Hitler:

Wilhelm Keppler   *Berlin-Charlottenburg, den 19. Dezember 1932.*
                          Ahornallee 34/35
                          F.: J 3 Westend 5742

Sehr verehrter Herr Hitler!

Dieser Tage war ich mit Dr. Schacht und Baron Schröder, Köln zusammen, wobei ich meine Auffassung über die politischen Dinge klarlegte. Dr. Schacht schloß sich meinen Anschauungen an; Baron Schröder stand ihnen ungläubig gegenüber.

Soeben hatte ich einen Anruf von letzterem; er berichtete mir, daß er mit Herrn v. Papen zusammen war, und daß dieser meine Darlegungen 100⁰/₀ig bestätigt habe. V. Papen habe selbst langsam die Persönlichkeit seines Nachfolgers erkannt, der ständig seine Mitarbeiter getäuscht und betrogen und sein eigenes Spiel gespielt habe. Bei Ihren Verhandlungen mit dem alten Herrn habe Schleicher stets dazwischen geschossen, und auch sein eigener Sturz sei durch ein Torpedo des Herrn v. Schleicher erfolgt. Die Stellung des Kanzlers sei recht schwach; denn der alte Herr sei jetzt über die „Manieren", die zur Anwendung gekommen seien (insbesondere auch bei dem

---

[119] Vgl. dazu die Memoiren von Gottfried Treviranus „Das Ende von Weimar. Heinrich Brüning und seine Zeit." Düsseldorf 1968. Dort zu Paul Reusch: S. 116, 194 und 310, zu Albert Vögler: S. 121 und 298, zu Fritz Thyssen: S. 31, 212, 309 f., 337 und 342 und Hjalmar Schacht: S. 66 f., 102, 110 f., 190, 201, 208, 227, 233, 314 und 396. Zu Schacht vgl. auch: Heinrich Brüning. Briefe und Gespräche 1934—1945. Hrsg. Claire Nix. Stuttgart 1974, S. 33 f., 77, 81, 97, 107, 109, 112, 114, 119 f., 125 f., 129, 142, 155, 182, 192, 201 f., 269, 406, 468, 474, 476, 539 f. und 542.

Sturz v. Papens), aufgeklärt, und stehe dem Kanzler sehr ungünstig gegenüber, während v. Papen nach wie vor sein Vertrauen besitze.

Herr v. Papen hält eine baldige Änderung der politischen Dinge für möglich und erforderlich und tritt voll für Ihre Kanzlerschaft ein. Herr v. Papen wünscht mit Ihnen eine vertrauliche Aussprache zu haben, um Sie über die früheren Vorgänge aufzuklären und mit Ihnen über die weitere politische Gestaltung zu sprechen. Ich würde es außerordentlich begrüßen, wenn diese Besprechung stattfinden würde, und ich bin gerne bereit das erforderliche zu vermitteln, wenn Sie mir einen Ihnen genehmen Zeitpunkt mitteilen würden. Als Ort wurde das Haus des Kurt Baron Schröder, Köln vorgeschlagen, über dessen unbedingte Zuverlässigkeit ich mich schon früher geäußert habe.

Wenn die politische Lage von vielen auch als ungünstig angesehen wird, so stehe ich auf dem Standpunkt, daß wir unser Ziel ohne vorherige Reichstagswahlen werden erreichen können.

Über die Persönlichkeit des Kanzlers gibt seine Rundfunkrede besten Aufschluß; trotz des oben geschilderten sprach er von seinem Freund Papen, dem Ritter ohne Furcht und Tadel, dessen Nachfolger zu werden, ihm peinlich gewesen sei; er lobte Brüning, den er auf das Schlimmste zum Sturz brachte; er lobte Neurath, den er häufig anderen gegenüber als einen gänzlich unfähigen Diplomaten darstellte; er lobte Dr. Luther als den Gralshüter unserer Währung, während er ihn nach den Mitteilungen Dr. Schacht's auf das schwerste bekämpft.

Darf ich Ihnen herzlichen Dank sagen für Ihre Glückwünsche zu meinem 50. Geburtstag.

Meine Mutter und ich erlauben uns, Ihnen alles Gute zu den bevorstehenden Feiertagen zu wünschen. Möge das neue Jahr es Ihnen ermöglichen, erfolgreich den Grundstein für ein neues Reich zu legen!

Ihr stets treu ergebener

Keppler

Dok.: Zwei Seiten Maschinentext mit aufgedrucktem Kopf. Nationalarchiv Washington.

Die von Keppler und seinem Kreis angestrebte Begegnung zwischen Hitler und Franz v. Papen findet am 4. Januar 1933 in Köln im Hause des Bankiers Kurt v. Schröder statt, wo die Grundlage zur Bildung der nationalsozialistisch-konservativen Koalitionsregierung unter Adolf Hitler als Reichskanzler geschaffen wird. Hitler muß zunächst weiterhin „betteln" gehen. Sein „Kapital bestand nun einmal nicht in Millionen-Subventionen aus dem Ausland oder dem Kreis der deutschen Industrie, sondern in seiner dämonischen Rednergabe, in seiner fast medialen Fähigkeit, Massen zu fanatisieren, in Marsch zu setzen und zu lenken."[120]

„Wenn Sie abermals so einen („Bettel"-) Gang planen, dann unterrichten Sie mich doch bitte rechtzeitig darüber!!' sag ich in der nächsten Lehrstunde.

„Warum?", fragt Hitler harmlos. „Damit wir Ihr Auftreten möglichst gut einstudieren können. Sie wirkten nämlich alles andere als glücklich!" „Ich war auch nicht glücklich!" antwortet Hitler. „Das meine ich nicht", sage ich und ergänze: „Falsches Auftreten zum Glück!" womit er nichts anzufangen weiß. „Warum zum Glück?" fragt er denn auch . . . „Ich will nicht sagen, daß Ihnen der Geizhals Geld gespendet hätte, wenn Sie ‚geschult' aufgetreten wären; der Eindruck aber, den Sie auf ihn machten, wäre doch eine bessere Reklame für Sie und Ihre Partei gewesen!"

„Was hätte ich denn anders machen sollen?" meint Hitler skeptisch. Ich versuche ihm umschreibend klar zu machen, daß es besser sei, bei solchen Angelegenheiten in der Defensive zu bleiben, den Gesprächspartner „kommen" zu lassen, Debatten auszuweichen und keine „Ansprachen" zu halten, was seiner Mentalität allerdings zu widersprechen scheint.

„Man kann doch nicht schweigen wie ein Grab, wenn man etwas haben will!" unterbricht Hitler mich.

---

[120] Walter Görlitz im Manuskript für ein gegenwärtig im Econ Verlag in Düsseldorf zur Publikation vorbereitetes Buch über die Frage der Finanzierung der Diktatoren Lenin, Stalin, Mussolini, Hitler, Mao Tse-tung u. a.

„Das nicht!" entgegne ich und bemühe mich, ihm meinen Eindruck über seine „Unterhaltung" mit dem Industriellen zu schildern. „Sie sind ein kluger Mensch", beginne ich, „aber wieso war alles, was Sie in der Fabrik getan und gesagt haben, mit Ausnahme weniger Momente, ungeschickt? Glauben Sie wirklich, daß Generaldirektoren, geübt in geschäftlichen Dingen, nur darauf warten ohne Gegenleistung zu spenden, nur weil Sie, oder Ihre Partei ihnen sympathisch sind? Ich meine das so: der von Ihnen besuchte Direktor wurde von Ihnen beinahe angebrüllt, bedroht, in die Enge getrieben. Sie haben sogar bei allgemeinen Themen, die nichts mit der Spende zu tun hatten, drastisch geredet. Erklären Sie mir doch bitte einmal, wie Sie zu dieser Fehlhaltung kamen! War es vielleicht deswegen, weil Ihnen die Rolle des Bittstellers einfach nicht liegt? Ich glaube das jedenfalls erkannt zu haben, und deshalb meine ich, sollten wir auch das schauspielerisch einüben!"

„Sie könnten recht haben!" pflichtet Hitler seufzend bei. Diese Reaktion ermuntert mich, ihm folgendes vorzuschlagen: „Man muß das noch nicht stattgefundene Treffen vorher gedanklich durchspielen, alle nur möglichen Dialoge ersinnen und alles wie ein Theaterstück aufschreiben! Ist es dann soweit und das Geprobte wird Wirklichkeit, bleibt man beim Thema. Man ist somit nicht so leicht verwundbar. Dazu hat man dann stets noch Reserven und bleibt so sicher im Auftritt, und nichts beeindruckt mehr als Sicherheit."

„Ich soll also vor jedem Besuch dieser Art ein Theaterstück dichten?" schüttelt sich Hitler vor gekünstelter Heiterkeit. „Sie müssen es sogar, wenn Sie Ihre Würde und Überlegenheit hüten und bewahren wollen", erwidere ich nun und schildere ihm, was ich als Bühnenmann tausendfach durchexerziert habe. „Meine These, Ergebnis bewährter Erfahrungen, läuft darauf hinaus, daß es gut ist, in solchen Fällen mehrere Modelle einstudiert und abrufbereit zu haben."

„Vorschlag von mir!" unterbricht Hitler mich lächelnd und ergänzt: „Jetzt, gleich, will ich den ‚Bettelgang' umdichten!" Gesagt, getan. Bereits nach zwanzig Minuten hat er die Szene skizziert, wie sie nach seinem Dafürhalten ein Erfolg hätte werden können.

Schon beim Eintreten funktioniert die Person ‚A', wie Hitler sich in seinem Konzept (nach seinem Vornamen Adolf) bezeichnet, ganz anders: Knapper Gruß, höflich, doch nicht zu höflich, Platznehmen — und dann rundheraus ohne Hemmung das Anliegen (nicht linkisches Katzbuckeln). Kein Widersprechen und Wortabschneiden bei Themen, die weder dazugehören noch notwendig sind. „Den Partner, auf den alles ankommt", so hat er tatsächlich geschrieben, „nur so kurz belasten wie möglich. So hat er kaum Zeit zu ermüden (es gibt Ablehnungen aufgrund von Ermüdung). Man hat . . . Raum, das Anliegen noch einmal, ja zweimal zu wiederholen usw." Selbst dramaturgische Kniffe, die für Bühnenstücke gelten, hat er eingefügt.

Dann beginnt unsere Probe: Ich bin der „Geizkragen", eine Figur wie bei Nestroy. Hitler, auf mich zugehend, spricht seinen erdichteten Part. Zunächst antworte ich, wie er es für mich vorgesehen hat. Um das Spiel der Wirklichkeit anzupassen, springe ich plötzlich absichtlich ab. „Sie sind heut' der siebzehnte, der etwas möchte!", schocke ich ihn. Doch er hat jetzt seinen Faden. Er wartet nur kurz und parliert dann so weiter, wie sein Vorhaben es erfordert. Ich muß darauf antworten und werde gezwungen, zu seinem einzigen Thema Stellung zu nehmen. Mir bleibt nur ‚Ja' und ‚Nein' zu sagen, weil Hitlers Sicherheit und Zielstrebigkeit so imponierend auf mich einwirken, daß ich, anders als mein Vorbild in der Fabrik, kapituliere. „Ich glaube, ich würde jetzt ‚ja' sagen!", beende ich unsere gemeinsame Privatvorstellung.

Die folgenden Unterrichtsstunden sollen Hitlers Wirkung und Überzeugungskraft steigern, auch im ungünstigen Rahmen: in häßlichem Auftrittsraum, bei Lärm, auf provisorischem Podium und unzureichendem Zubehör. Er entscheidet nämlich, wie mir scheint, oft zuerst mit den Augen. Immer wieder bemerke ich, wie er sich von einer unschönen Umgebung negativ beeinflussen läßt.

Eisige Konzentration vor dem Beginn

Hitler am 30. Januar 1941 im Berliner Sportpalast.   Bundesarchiv Koblenz

Der „Start"

Hitler am 30. Januar 1941 im Berliner Sportpalast.   Bundesarchiv Koblenz

Noch kalt und gesammelt

Hitler am 30. Januar 1941 im Berliner Sportpalast.   Bundesarchiv Koblenz

Die Haltung lockert sich

Hitler am 30. Januar 1941 im Berliner Sportpalast.   Bundesarchiv Koblenz

Kurze Pause vor dem eigentlichen Beginn

Hitler am 30. Januar 1941 im Berliner Sportpalast.   Bundesarchiv Koblenz

Erneute Konzentration — und letztes Abwägen von Realität und Hoffnung auf Erfolg

Hitler am 30. Januar 1941 im Berliner Sportpalast.   Bundesarchiv Koblenz

Das Thema...

Hitler am 30. Januar 1941 im Berliner Sportpalast.   Bundesarchiv Koblenz

Sicherheit und Überlegenheit werden suggeriert

Hitler am 30. Januar 1941 im Berliner Sportpalast.   Bundesarchiv Koblenz

Vortäuschung einer realistischen, nüchternen Bestandsaufnahme . . .

Hitler am 30. Januar 1941 im Berliner Sportpalast.

Bundesarchiv Koblenz

Die Anklage

Hitler am 30. Januar 1941 im Berliner Sportpalast.   Bundesarchiv Koblenz

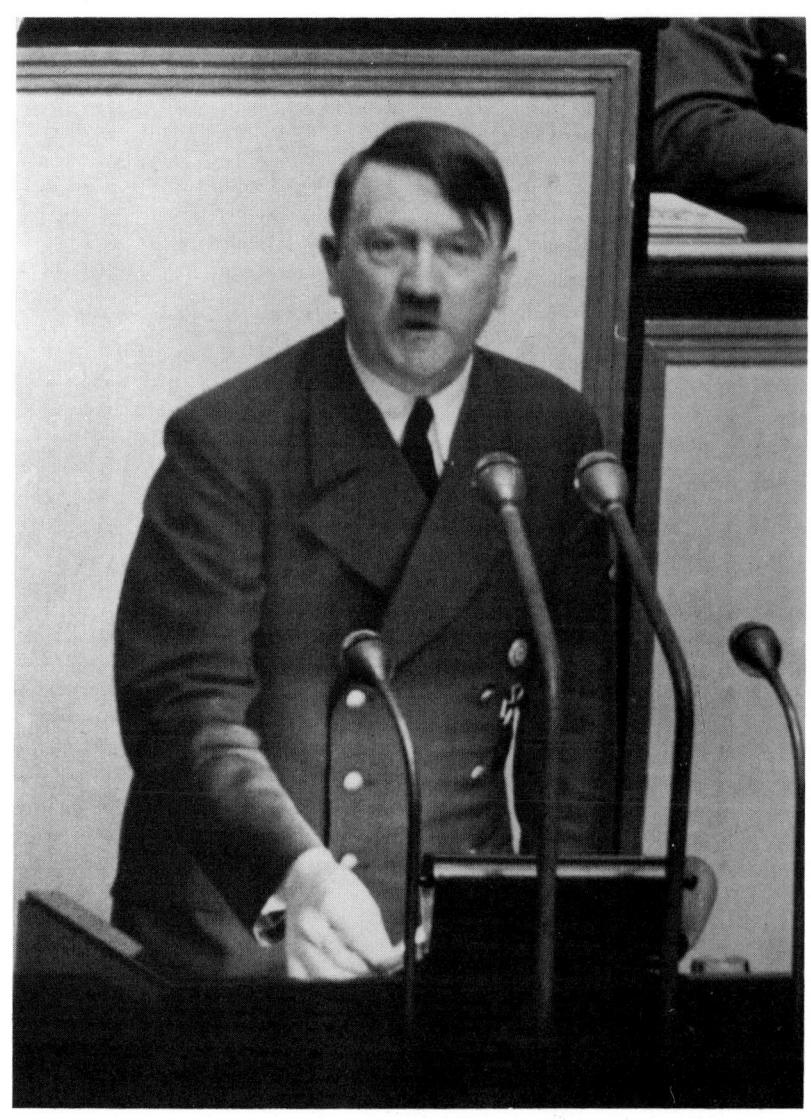

Die Entrüstung

Hitler am 30. Januar 1941 im Berliner Sportpalast. Bundesarchiv Koblenz

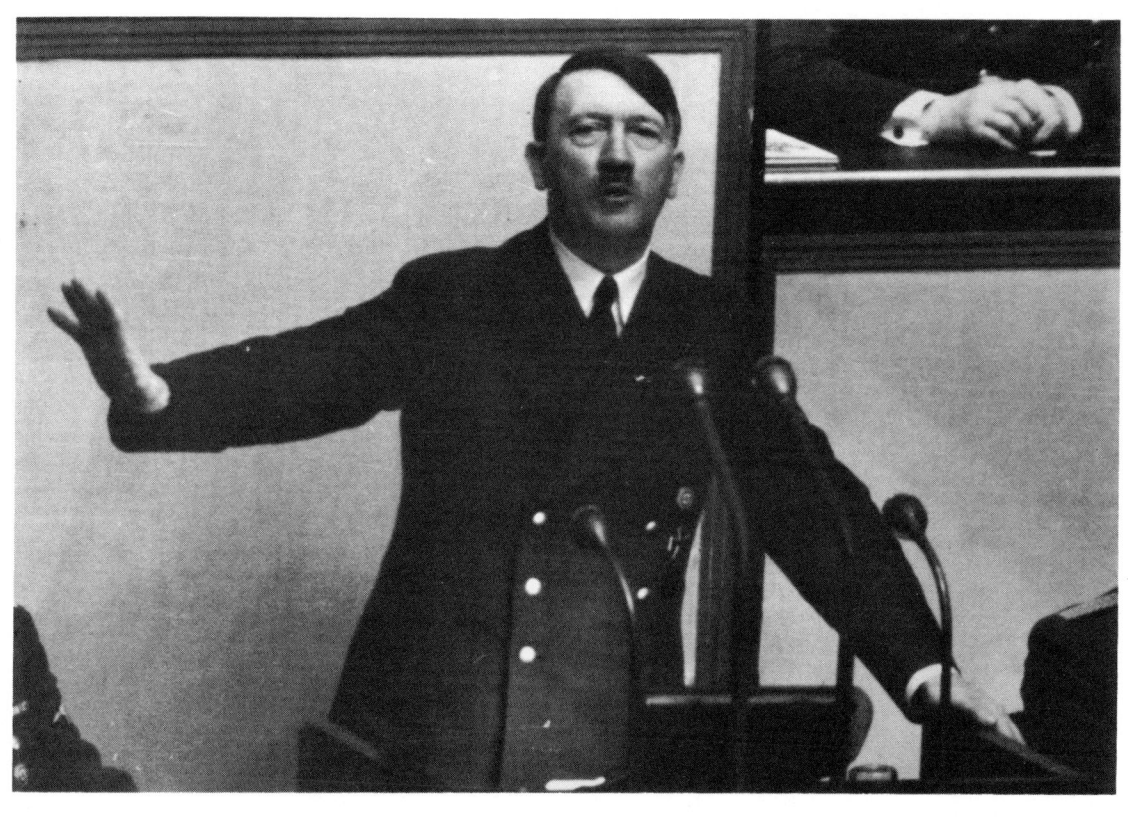

Die Pose des überlegen moralisierenden Siegers

Hitler am 30. Januar 1941 im Berliner Sportpalast.   Bundesarchiv Koblenz

Der Lehrer...

Hitler am 30. Januar 1941 im Berliner Sportpalast.   Bundesarchiv Koblenz

Abweisung der Gegenargumente

Hitler am 30. Januar 1941 im Berliner Sportpalast.   Bundesarchiv Koblenz

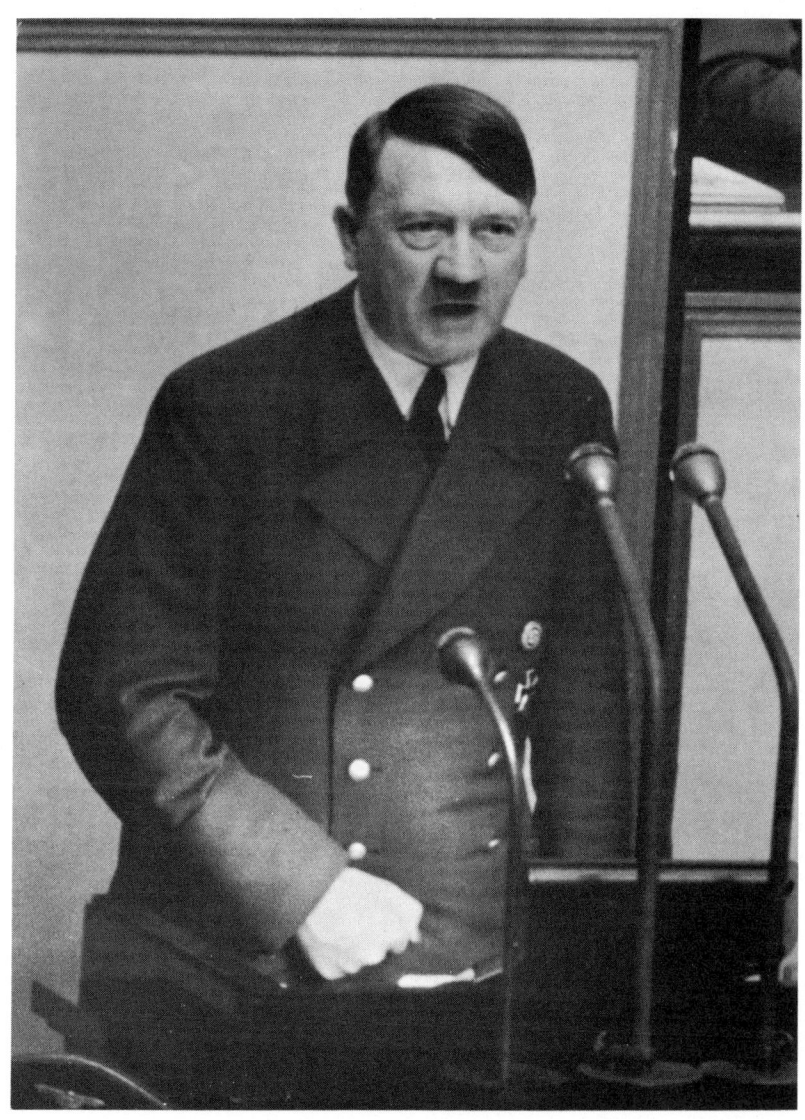

Warnung vor Widerspruch

Hitler am 30. Januar 1941 im Berliner Sportpalast. Bundesarchiv Koblenz

Symbol der rücksichtslosen Unbeugsamkeit

Hitler am 30. Januar 1941 im Berliner Sportpalast.   Bundesarchiv Koblenz

Gespielter Hochmut

Hitler am 30. Januar 1941 im Berliner Sportpalast.   Bundesarchiv Koblenz

Gezielte, unmißverständliche Drohung

Hitler am 30. Januar 1941 im Berliner Sportpalast.　　　　　　Bundesarchiv Koblenz

Theatralische Unterstreichung der eigenen Schuldlosigkeit

Hitler am 30. Januar 1941 im Berliner Sportpalast.   Bundesarchiv Koblenz

Der von der „Vorsehung" berufene „Priester", der nicht zu bitten braucht

Hitler am 30. Januar 1941 im Berliner Sportpalast.   Bundesarchiv Koblenz

Die „Verkündigung"

Hitler am 30. Januar 1941 im Berliner Sportpalast.   Bundesarchiv Koblenz

Abschätzung der Reaktion des Publikums

Hitler am 30. Januar 1941 im Berliner Sportpalast.   Bundesarchiv Koblenz

Von der Wirkung überzeugt?

Hitler am 30. Januar 1941 im Berliner Sportpalast.   Bundesarchiv Koblenz

Gesagt, was zu sagen war

Hitler am 30. Januar 1941 im Berliner Sportpalast.   Bundesarchiv Koblenz

Wie die Wahlreisen im April und im Juli, so hat Hitler auch seinen „Deutschlandflug", den er am 11. Oktober beginnt, durch aufwendige, propagandistische Kampagnen vorbereitet. Entsprechend wird er kommentiert. „Beginn der großen Propagandafahrt Adolf Hitlers durch Deutschland", so eröffnet der Völkische Beobachter vom 13. Oktober die Berichterstattung über Hitlers Versuch, „den Sammlungsprozeß unseres Volkes zu vollenden", womit die Reichstagswahlen am 6. November 1932 gemeint sind. Die Öffentlichkeit erfährt, daß Hitler diese Reise erstmals mit einer Maschine des Typs „Ju 52" absolviert, was seine Gegner aufhorchen läßt. Hans Baur, der auch diese Junkers fliegt, schreibt in seinen Erinnerungen: „Nach zwei Monaten Streckendienst zwischen München—Venedig—Rom, München—Berlin und Zürich—Wien, war ich vom 13. Oktober bis zum 5. November wieder mit Hitler unterwegs. Diesmal mit der Ju 52. Bekanntlich war diese Maschine im Jahre 1932 in den Luftverkehr gekommen. In Zürich hatte sie beim internationalen Flugmeeting den ersten Preis erhalten. Die beiden Maschinen der Lufthansa sollten dann auf der Alpenstrecke eingesetzt werden. So ohne weiteres jedoch gab die Lufthansa die Ju 52 für Hitler nicht her, zumal auch noch eines der beiden Flugzeuge beim Rückflug Zürich—München—Berlin zu Bruch gegangen war. Die eine Ju 52, die nur noch zur Verfügung stand, sollte unter allen Umständen für die Alpenflüge bleiben, vor allem weil sie bis auf 6 500 Meter Höhe kommen konnte. Aber Göring — als Reichstagspräsident — war Hitler behilflich. Er bekam die Ju 52 und konnte nun sechzehn Gäste mitnehmen, das waren sieben mehr — außerdem war diese Maschine um dreißig Kilometer schneller als die Rohrbach. Wieder hatten wir einen Korrespondenten der Auslandspresse bei uns. Nach Sefton Delmer und Ward Price war es diesmal ein Vertreter des Reuterbüros, James Kingston.

Dieser Flug brachte uns in rund sechzig deutsche Städte."[121]

[121] Baur, Hans, Ich flog Mächtige der Erde. Kempten 1962, S. 92.

Hitler redet vom 11. Oktober bis zum 5. November 1932 an folgenden Orten:

11. Oktober in Günzburg,

11. Oktober in Nördlingen,

12. Oktober in Pocking (Inntal),

13. Oktober in Gunzenhausen,

13. Oktober in Nürnberg,

13. Oktober in Weiden,

14. Oktober in Hof,

14. Oktober in Selb,

15. Oktober in Coburg,

16. Oktober in Schweinfurt,

16. Oktober in Würzburg,

17. Oktober in Königsberg/Ostpr.,

17. Oktober in Tilsit,

17. Oktober in Insterburg,

18. Oktober in Elbing,

19. Oktober in Oppeln,

19. Oktober in Breslau,

20. Oktober in Sonnefeld,

22. Oktober in Halle,

22. Oktober in Magdeburg,

22. Oktober in Stendal,

23. Oktober in Zwickau,

23. Oktober in Eisenach,

23. Oktober in Weimar,

24. Oktober in Köslin,

24. Oktober in Stettin,

25. Oktober in Pasewalk,

25. Oktober in Anklam,

25. Oktober in Rostock,

26. Oktober in Schwerin,

26. Oktober in Bad Schwartau,

28. Oktober in Bremervörde,

28. Oktober in Altona,

29. Oktober in Oldenburg,

29. Oktober in Aurich,

30. Oktober in Dortmund,

30. Oktober in Essen,

30. Oktober in Köln,

 1. November in Pirmasens,

 1. November in Karlsruhe,

 2. November in Berlin,

 3. November in Hannover,

 3. November in Kassel,

 4. November in Ulm,

 5. November in München,

 5. November in Augsburg,

 5. November in Regensburg.

Hitler eröffnet seine Wahlkampagne mit heftigen Angriffen auf Papen. „Am gleichen Tage", läßt er der Redaktion des Völkischen Beobachters am 11. Oktober 1932 von unterwegs per Funk durchgeben, „an dem Herr von Papen in München vor einem kleinen Kreis geladener Gäste um Zustimmung zu seinen Katastrophenplänen bittet, geht Adolf Hitler hinaus zum deutschen Volke . . ."[123] Immer wieder erklärt er: „Was wir erstreben, sind nicht Ämter und Würden, was wir erstreben, ist . . . die Macht".[124] Er erinnert an sein Durch-

---

[122] Auf die Aufzählung kleinerer Orte und unwesentlicher Zwischenstationen wird an dieser Stelle verzichtet.
[123] Völkischer Beobachter vom 13. 10. 1932.
[124] ebenda.

haltevermögen[125], *beschimpft seine politischen Gegner, buhlt um die Gunst der von ihm verachteten Massen*[126], *klagt an, spielt sich als Richter und Retter auf und beschwört eindrucksvoll „die Vorsehung".*[127]

Täglich wiederholt sich dies in 3 bis 4 Städten. Dennoch nimmt er sich Zeit für Devrient, dessen Unterrichtserfolge er längst selbst spürt. Diese Wahlreise strengt ihn — dank Devrient — nicht so an, wie es bei ähnlich vielen Reden früher immer der Fall war.[128]

Devrient schildert den Beginn des Unterrichts während dieser Reise wie folgt:

Ich frage Hitler: „Was geschieht, wenn Sie auf eine Umgebung treffen, die gar nicht zum Inhalt Ihrer Reden paßt?"

[125] „Wir sind", sagt er z. B., „den Kampf 13 Jahre gewohnt, solange wie Herr Papen das Stillsitzen". Völkischer Beobachter vom 15. 10. 1932.
[126] Vgl. S. 100 ff.
[127] Vgl. z. B. Völkischer Beobachter vom 13. 10. 1932.
[128] Vgl. Völkischer Beobachter vom 7. 11. 1932.

„Das ist immer sehr schlecht für mich, weil ich die Schönheit brauche und liebe", entgegnet Hitler, „ihr Fehlen lenkt mich ab, baut ein Hindernis auf zwischen meine Rede und mich!"

„Was dann?", frage ich.

„Anstatt mich ganz in den Vortrag meiner Rede zu versenken", überrascht er mich, „gleitet meine Aufmerksamkeit dann immer in das Publikum, will der Häßlichkeit entfliehen; denn ein Ausgleich für die gräßliche Umwelt um mich herum ist es schon, wenn die Zuhörer Beifall spenden".

„Dann können Sie sich vorstellen", entgegne ich, „wie ein kahler Bretterboden, der Blick in Kulissen und Requisiten, einem Bühnendarsteller trotz aller Übung die Konzentration auf das Spiel erschweren. Wie bei Ihnen, so fordert auch sein Publikum dennoch Überzeugungskraft. Keine Rede, kein Spiel, sind gut, wenn sie nicht innerlich mitgefühlt werden! Leere Worte bleiben hier wie dort wirkungslos."

Wie gewöhnlich, wenn Hitler weiß, worauf es ankommt, wartet er auch jetzt nicht weitere Erläuterungen ab. Er unterbricht mich und fordert mich auf, ihm die entsprechenden „Theater-Tricks" zu erklären. „Man muß in diese lahme Schablone zuerst einen Sprengsatz einführen", rate ich ihm, „treten Sie (das tun auch die Schauspieler) aus solcher Häßlichkeit entschlossen nach vorn, so weit wie irgend möglich. Lassen Sie alles hinter sich und widmen sich ganz und mit voller Inbrunst nur Ihren Worten und Ihrer Aufgabe".

„Leicht gesagt", meint Hitler. „Wo sind solche Gemütsathleten, die das zwischen rohen Brettern und kalten Lichtkabeln fertigbringen?"

„Mit diesem ,Trick' aus der Theaterpraxis, er heißt ,Gefühlsspeicherung', kann es fast jeder", kontere ich.

„Gefühlsspeicherung?" sagt Hitler und grollt: „Wenn Sie nicht sofort mit der Erklärung beginnen, ist Schluß für heute!"

„Echtheit ausstrahlen", beginne ich — und wiederhole noch einmal etwas ausführlicher: „Aus unserer Vorratskammer an erlebten Gefühlen Echtheit ausstrahlen! Mit ihnen wird der spärlichste Aufguß zur fetten Suppe."

„Wie macht man das, diese Anreicherung?" fragt Hitler nur knapp. „Psycho-
technik, sagen die Fachleute", erwidere ich.

„Wollen Sie mich veralbern?", droht Hitler barsch. „Durchaus nicht!" wehre
ich ab und doziere: „Verhindert die triste Umgebung Ihren Glauben an Ihre
Worte, dann suchen Sie sich ein Teilchen, und sei es das kleinste, an das Sie
trotzdem innerlich glauben können. Und von diesem neuen Glauben strahlt
es machtvoll und immer mehr aus auf Ihre Rede. Ihr Publikum geht mit . . .
der winzige Glaube ist der Kern einer mitreißenden Wirkung. Er liefert den
richtigen Ton. Er hat eine erstaunliche Kraft."

„Das ist alles?" fragt Hitler wenig überzeugt. Ich kann, von Hitlers Frage
ausgehend, in der Erklärung fortfahren: „Es gibt noch mehr: man stellt sich
Erregendes vor, zum Beispiel einen Fußtritt, den Ihnen ein Schuft oder Be-
trunkener verpaßte, so überraschend, daß Sie ihn hinnehmen mußten. Vergegenwärtigen Sie sich ganz diese Schmach. Ihre starke Empörung reißt auch Ihre
Worte mit sich. Die dahinplätschernde Rede gewinnt plötzlich an Kraft. Frei-
lich nur, wenn Sie ein solches Erschütterungsgefühl in Ihrer Erinnerung ge-
speichert haben, das Sie jederzeit abrufen können. Wo allerdings nichts ist,
kann auch nichts werden. Also heißt es: ‚Gefühle speichern'!"

„Woher aber nehmen?" fragt Hitler nun sichtlich gelangweilt. „Aus Eindrük-
ken, Erlebnissen, Gefühlen, aus Wirklichkeit und Traum (ja, auch daher!), aus
dritter Hand von Gelesenem, Gehörtem. Und durch fleißiges Beobachten!",
antworte ich.

„Meine Zeit reicht nicht aus für das ‚Gefühlsspeichern', das ja doch wohl nichts
anderes ist als die Anlegung eines Archivs von Reaktionen. Dazu braucht man

Zeit. Man muß sein Leben ständig nach ‚Inhaltsreichtum‘ absuchen und in Stadt und Dorf beobachten, was vor sich geht". Daß ein Volksredner aber das Leben der Leute, zu denen er spricht, beobachtet haben muß, versuche ich meinem Schüler nun klar zu machen, in dem ich wie folgt auf die Konsequenzen hinweise: „Dann bricht auch auf Befehl die erwähnte Beleidigung wieder auf, weckt Zorn und Glut und macht auch andere Worte ‚heiß‘. Verfügt ein Sprecher — gleich ob auf dem Podium oder der Bühne — über solch einen gespeicherten Schatz, macht es ihm keine Mühe, die gleichen Gefühle wieder zu spüren, wie sie sich einst bei ihm einprägten. Das geschieht von allein. Die Natur selber hilft! Aus all dem folgt zwingend, welch große Rolle die Gefühlsspeicherung spielt!" sage ich. „Je umfangreicher Ihr Speicher, desto größer Ihre Wirkung als Redner."

„Ihr Theaterleute besteht nur aus Berechnung!" meint Hitler verächtlich. „Nicht nur", verteidige ich mich und frage sogleich: „Warum wollen Sie nicht auch von den Erfahrungen profitieren?"

„‚Wenn man dir gibt, so nimm!‘, lautet ein jüdisches Sprichwort!" lacht Hitler. „Ich teile nur lang’ Erprobtes mit. Nur die Redner verwenden diese Weisheiten selten. Denken Sie daran, daß Urtheater zunächst nur Reden war, die Wurzel also eine gemeinsame ist!"

„Gut — unter dem Aspekt bin ich bereit, ein ‚schauspielernder‘ Redner oder redender Schauspieler zu werden. Der erste der Welt!", scherzt Hitler.

„Sagen Sie", frage ich ihn, „lieben Sie Blumen . . . welche?"

Hitler: „Nelken!"

„Bestimmte Speisen?"

Hitler: „Apfelkuchen, Milchreis, Tomatensuppe!"

„Und Tiere?"

Hitler: „Meinen Schäferhund!"

„Und Sie erinnern sich leicht an den Nelkenduft, den Geschmack Ihrer Leibspeisen, an das Fell Ihres Hundes?"

Hitler: „Jederzeit, wenn ich es will!"

„Und an Musik ebenso?"

Hitler: „An Bach, Beethoven, Wagner, Grieg — ich habe kein schlechtes Tongedächtnis!"

„Und an Malerei?"

Hitler: „Dürer, Rembrandt, Menzel . . .!"

„Sie sehen diese Bilder vor sich?"

Hitler: „Das kann ich immer!"

„Und menschliche Gesichter?"

Hitler: „Die mich anziehen oder abstoßen, andere vergesse ich!"

„Sie sind geradezu geschaffen zum Speichern von Gefühlen", sage ich spontan und rate ihm: „Ziehen Sie aus allem, was Ihnen begegnet, wie ein Magnet, wie ein Schauspieler, das an, was zu Ihnen paßt."

„Ich will kein Schauspieler sein", wehrt Hitler unwillig ab. „Sie sind Redner", versuche ich noch einmal einzulenken und sage: „Aus Ihren Antworten ist eine enge Verbindung zur Schauspielerei zu sehen: die gleichen Fundamente . . . Sie sind imstande, nicht nur im Gedächtnis zu speichern und jederzeit wiederzugeben, was Sie erlebten, sondern ebenso, was nur in Ihrer Einbildungskraft entsteht. Es genügt, daß man Ihnen sagt, was man meint, und sogleich finden Sie das entsprechende Gefühl . . ."

„Hören Sie auf! Ich habe Ihnen eben gesagt: Ich will nicht als Schauspieler

264

auftreten, und will auch nicht lernen, auf einer Bühne womöglich ‚schön zu sterben‘, sondern meine Gaben als Redner mit größtem Erfolg einzusetzen!'“, unterbricht Hitler mich so eisig-energisch, daß es einfach nutzlos ist, heute noch weiterzumachen.

Paul Devrient hat zu dieser Zeit das — durch entsprechende Hinweise bestätigte — Gefühl, daß sich seine Lehrtätigkeit dem Ende nähert. Das Ende der Wahlreden und Wahlreisen Hitlers bedeutet für ihn zugleich auch, daß seine mit 1 000 Mark monatlich verhältnismäßig sehr hoch dotierte Aufgabe, die er dem Hals-, Nasen- und Ohrenarzt Dr. Dermitzel verdankt[121], beendet ist. So schreibt er denn auch:

Ich mache Bilanz . . .

. . . Hitlers nächstes Auftreten, in einem riesigen Bierzelt, ist schon bedeutend besser, was mich mit Stolz und Erleichterung erfüllt. Obgleich sein Thema, das wie immer im wesentlichen eine Mischung von leidenschaftlichen Anklagen gegen die Arbeitslosigkeit, den Bolschewismus und die Juden ist und ihn bislang außer Kontrolle geraten ließ, verläuft zum ersten Mal in richtigen Bahnen. Aussprache und „Plastik“ entsprechen über weite Strecken den fachlichen Anforderungen, die für die Bühne gelten. Hitler spricht phonetisch richtig — in einer zweckdienlichen und darüber hinaus persönlich-typischen Manier: effektvoll, mit sparsamen Gesten.

Als kritischer Zuhörer muß ich erkennen, daß Hitler sich „freigespielt“ hat, wie wir Theaterleute sagen. Schon sein nahezu fugenlos einheitliches Gesamtkonzept als Redner zeigt dies: Steigen und Fallen an beschwörenden Stellen, verstärkt durch eindringliche, doch nie übertriebene Mimik und Gestik. Einzelne Gebärden im Zusammenspiel mit besonders klangvoll gesprochenen Passagen erreichen eine geradezu erschütternde Wirkung! Wenn Hitler jetzt zum

[121] Persönliche Auskunft von Hitlers Hals-, Nasen- und Ohrenarzt Dr. Erwin Giesing (20. 5. 1975). Vgl. dazu im Personenregister die Seitenhinweise auf Dr. Dermitzel.

Beispiel nur die Handflächen gegeneinander preßt, oder vor einer großen Anklage hörbar Atem schöpft, erzeugt das eine derartige Spannung, daß nur „rasender Beifall" sie wieder lösen kann. Unzweifelhaft ist für mich: das Wort und das „Spiel" Hitlers sind durch die altbewährten Regeln des Theaters in ihrer Wirkung ungemein gesteigert worden. Er hat im Handumdrehen gelernt, sie voll zu nutzen.

„Gut!" lobe ich ihn denn auch neidlos und stolz, nachdem er fertig ist. „Sie wirkten hinreißend auf Ihr Publikum . . .", gestehe ich. „Sie waren gut bei Stimme, fesselten durch richtige Intonation und sparsame Bewegungen. Jedermann spürte, daß Ihre eigenen Gefühle ganz mit dem übereinstimmten, was Sie sagten. Mich störte an einigen Stellen nur noch eine gewisse Kälte, wie sie bei Theaterleuten spürbar ist, die noch zu sehr an der eben erlernten Technik ‚kleben'. Alles beherrschen Sie noch nicht . . . Eben wie ein Schauspieler, der noch zu schulmäßig spielt und sich noch ganz auf das Erlernte verläßt . . . In solchen Momenten wirkte Ihre Rede gequält. Abrupt wechselten dann wirksame Teile mit Abschnitten von ‚Maniriertheit', wie wir das beim Theater nennen . . ."

Meine Kritik, mehr jedoch noch mein Lob, machen auf Hitler Eindruck.

„Ich will Ihnen beschreiben", sagt er unmittelbar, „was ich bei dieser Rede gespürt habe. Die ‚Technik' scheint in der Tat auch hier das ‚Mittel zum Zweck' zu sein. Als ich das erste Mitgehen der Zuhörer ‚spürte', riß es mich derart mit, daß ich mich kaum noch bremsen konnte. Doch sobald ich den richtigen Widerhall einkalkuliert hatte, bekam ich alles wieder in den Griff . . . Für mich beginnt nun ein neues Dasein auf ‚dem Rednerpult'."

Kann einem Lehrer eine größere Anerkennung zuteil werden?

Hitlers nächste Rede (am 24. Oktober 1932) geißelt wirtschaftliche Mißstände. „Auf unseren Bauernhöfen", sagt er sinngemäß, „sind die Gerichtsvollzieher Dauergast. Das Vieh und die Ernte werden gepfändet, weil Steuern und Zinsen nicht mehr aufzubringen sind. Zehntausende Bauern wurden durch Zwangsversteigerung schon von ihren Höfen vertrieben. Obgleich es an Wohnungen fehlt, läßt die angeblich ,sozialistische' Regierung die Bauarbeiter stempeln gehen! Unsummen werden stattdessen verpulvert für Streiks und Aussperrungen. Ununterbrochene sogenannte ,Arbeitskämpfe' der Gewerkschaften erzwingen zwar höhere Löhne, hemmen aber die Produktion, was die Waren verknappt, ihre Preise verteuert, somit neue Lohnzulagen erzwingt . . . eine unsinnige Schraube mit tödlicher Wirkung! Mit einer derart ruinierten, vom Zusammenbruch bedrohten Wirtschaft läßt sich keine Besserstellung unseres Volkes erreichen!" donnert Hitler, „Wohlstand setzt Arbeit voraus. Nur was man erzeugt, kann man verbrauchen! Diese Binsenweisheit macht die so zahlreichen parlamentarischen und gewerkschaftlichen Resolutionen, Forderungen und Aufrufe zum Geschwätz. Deshalb werden wir Nationalsozialisten als erstes wieder die Arbeit und das wohlverdiente Geld an die Stelle der unwürdigen Stempelgroschen setzen . . .!"

Dabei geschieht folgendes: Bei diesen Worten (und schon zuvor, als Hitler sich dieser gravierenden Stelle seiner Rede nähert) drückt er mit ganzer Kraft auf das Rednerpult . . . je beschwörender er spricht, desto stärker packt er die Kante. — Und plötzlich hört man es krachen: Er hält plötzlich die von ihm abgerissene Kopfleiste in der Rechten wie eine Waffe . . .

Am 26. Oktober 1932 berichtet der Völkische Beobachter über eine Hitler-Rede vor Bauern in Köslin. Wahrscheinlich beziehen Devrients Notizen sich auf sie. Im Völkischen Beobachter heißt es u. a.:

„Hitler hat den pommerschen Bauern und Landarbeitern, die seine Rede hörten, und die seinen Wagen auf der Fahrt durch das Land grüßten, den Glauben an Deutschland wiedergegeben. Gibt es doch sehr viele rückschrittliche Gutsbesitzer, die in ihrem Haß gegen die nationalsozialistische Freiheitsbewegung soweit gehen, daß sie die bei ihnen als Landarbeiter beschäftigten Natio-

nalsozialisten und SA-Männer entlassen und lieber Kommunisten beschäftigen, die sie mit einem Geschenk von 5 Mark zum Eintritt in den Stahlhelm bewegen."

Bei dieser Rede erscheint er mir wieder etwas verkrampft. Ich weiß nicht, woran es liegt, nehme mir aber sofort vor, in der nächsten Unterrichtsstunde das Thema „Die Verkrampfung des Redners und ihre Entspannung" zu behandeln. Inzwischen aneinander gewöhnt und die Maße und Toleranzpositionen abgesteckt, kann ich mir leisten, ohne viel Gerede unmittelbar ins Thema einzusteigen. Ich tue es so: „Kein Laie weiß", beginne ich, „welch' zerstörender Fehler die körperliche Verkrampfung ist, die einen öffentlich Auftretenden plötzlich befällt oder stets hindert. Es sind meist ganz einfach nur verdrängte Hemmungen oder Differenzen zwischen Wort und Gefühl. Der Redner oder Schauspieler beginnt verkrampft zu sprechen und zu handeln und verliert dadurch jede Wirkung!"

Wohlweislich gehe ich nicht auf die von Hitler vom Podium abgerissene Holzleiste ein. Mein Instinkt warnt mich. Ich erkläre ihm, daß man ab und zu diesen oder jenen Körperteil zwar anspannen müsse, doch dürfe das doch nur geschehen, wenn es die Wirkung der Rede steigere, also eben nur dann und wann — und niemals dürfe der ganze Körper einbezogen werden.

Auch wenn man Hitler — fast intim — zu kennen glaubt, weil man, wie ich, persönliche Schwächen und Fehler ausdrücklich miterleben darf: man kennt ihn nicht! Von sich aus kommt er auf die abgerissene Pultleiste zurück. Er hat genau und instinktsicher gespürt, um was ich herumredete, und er erzählt mir, daß ihm so etwas bei turbulenten Reden schon oft passiert sei, wonach ihn alle Muskeln jedesmal „wie versteinert" (wörtlich) geschmerzt hätten. Trotz dieses „Entgegenkommens" bin ich immer noch etwas unsicher und weiche betont auf meine Bühnenpraxis aus, wobei ich sage: „Schauspieler schreiten, wenn sie verkrampft sind, wie auf Stelzen, spreizen die Finger, sprechen zerhackt, verbiegen ihr Rückgrat ... kein Körperteil ist davor sicher, und obendrein ernten die Ärmsten dann auch noch Gelächter, worauf sie natürlich aus allen Wolken fallen; denn die heimtückische ‚Verkrampfung‘ merkt das Opfer selbst nicht. Genau so kann es den Redner erwischen. Reißt er dazu und dabei beispielsweise sogar noch ein Brett oder dergleichen ab, ist das Kabarett perfekt. Das Publikum lacht."

Hitler will, wie fast immer, sofort (!) das „technische Rezept" wissen, das „die Gesetze der Natur berücksichtigt" und „als Mittel zum Zweck" hilft.

„Von dem Bedürfnis, Gefühle durch körperliche Anspannung (Anpassung?) zu verdeutlichen, kann man sich selbst befreien. Sobald es gelingt, die Verkrampfung der Arme zu lösen", schildere ich noch einmal die negativen Symptome, „verkrampfen sich die Hände; bekommt man andererseits die Hände oder die Arme locker ins Spiel, sind plötzlich die Beine steif, und auch die Mimik und die Sprache sind davor nicht geschützt!"

„Das ist mir alles längst bekannt!", sagt Hitler ungeduldig und fragt: „Was haben Sie endlich dagegen für eine Medizin?" „Nicht ich, sondern die Theaterpraxis kennt das von altersher bekannte Mittel gegen das ‚Krampfen‘, wie wir es nennen. Um nicht bei jedem ‚Krampfen‘-Ausbruch ein Opfer mit Folgen auf der Bühne zu werden, muß man völlig entspannt sein, bevor man auftritt. Ist der Körper übungsgemäß von vornherein entspannt, steigert sich der ‚Ausbruch‘ höchstens ein wenig. Stets bleibt ein so großer Spielraum, daß der Darsteller oder Redner niemals Hölzer zertrümmert oder anderswie ‚aus dem Tritt‘ kommt."

„Sie reden schön, wie immer. Das ist Theorie! Sie zu realisieren ist nicht leicht." „Man muß an- und abschalten lernen!" bleibe ich dabei. „Der Trick: sich selbst in heißester Schlacht stets vorstellen, daß jetzt der Krampf kommen könnte! Und dann sogleich bewußt abschalten!"

Hitler differenziert diese Hinweise und stellt sie geradezu sichtbar päckchenweise neben die Theorie- und Technikweisheiten, die er im Laufe der Monate gelernt hat. Er sträubt sich offenbar gegen die Vorstellung, anstatt sich in den Inhalt der Rede und in die Zuhörer hineinzuversetzen, alle Aufmerksamkeit auf das „Drum und Dran" zu konzentrieren. Seine Rede will er nicht bloß „gekonnt" stilecht vortragen — „wie ein Schauspieler". In dieser „Identifizierung" erblickt er, wie er immer wieder betont, eine Unwahrhaftigkeit, einen Betrug . . .

Ich sage ihm dennoch, daß jeder Bühnenkünstler dies tun müsse, wenn er etwas leisten wolle. Das geht ihm gegen den Strich. Er will „nicht Darstellung", sondern „Identifizierung". Und da zweifelt er die „Lernfähigkeit" des Menschen schlechthin an. Einmal aber auf Neues aufmerksam gemacht, will er es augenblicklich kennenlernen, auch wenn er es ablehnt. Er will es „prüfen". Man sieht meist schon seiner sehr plastischen Mimik an, wie er das Neue jeweils aufnimmt . . . Ich muß also zunächst einmal alles gestrafft vortragen . . .

„Um schon vor jedem Auftritt so locker wie möglich zu sein", erläutere ich, was Hitler meist knapp als „Technik" oder „Rezept" bezeichnet, „muß man simpel beginnen. Erste Übung: sich auf einer harten Unterlage hinlegen und strecken. Dann daran denken, daß alle Muskeln locker seien. Viele Schauspieler praktizieren diese Übung mit hochliegenden Beinen. Dabei reden sie vor sich hin: ‚Die Spannung in den Armen ist weg, in den Schultern ist weg . . .' und so weiter. Das wirkt wie ein elektrischer Schalter, den sie jedesmal einschalten, wenn Spannung sie befallen hat!"

Hitlers Widerstand ist plötzlich erloschen. Er will sogar gleich einmal proben.

Eine ähnliche Übung kennt und praktiziert Hitler bereits seit längerer Zeit auf ärztlichen Rat. Devrient, der ihn einmal dabei überraschte[122] und sich, wie

122 Vgl. S. 121.

seine Aufzeichnungen bezeugen, sehr darüber wunderte, verschweigt es merk-
würdigerweise an dieser Stelle.

Hitler übt bereits. Ein ungewöhnliches Bild heiligen Eifers: auf dem Fußboden liegend, beide Füße (in Hausschuhen) hoch an die Wand gestellt, die Augen geschlossen — im inbrünstigen Bemühen, Muskel um Muskel auf Ver-
krampfungen durchzufühlen und zu lockern, murmelt Hitler: „Die Schultern
— frei! Jetzt der Hals — frei! Die Hände . . .!"

Auf meine Frage, wie „es" denn gehe, erwidert er, während er die Füße wieder herunternimmt: „Überhaupt nicht! Es ist zum Lachen, vielmehr zum Weinen: diese kindisch scheinende Aufgabe nicht zu schaffen! Es gelingt einfach
nicht. Dabei habe ich mich ehrlich bemüht — doch jede Verklemmung, die sich
lockerte, zog sofort eine andere nach sich. Hatte ich die Schultern entspannt,
begann sich ein Arm zu verkrampfen, nach ihm dann die Hand . . . wie ver-
hext! — Ich frage mich: Sind das alles in mir vorhandene Spannungen, oder
entstehen sie neu durch dies Üben? Sogar meine Zehen waren plötzlich wie
Stöcke!"

Devrient, der diese Frage weder während des Unterrichts noch in seinem Ta-
gebuch zu beantworten versucht, weicht Hitler aus und sagt lediglich:

„Für das erste genügt es!"

Hitler erhebt sich und knurrt verächtlich: „Ein wirklich ‚tolles‘ Experiment
zur ‚Entspannung‘! Ich bin davon so gerädert, als hätte ich Bäume gefällt!"

Ich tröste Hitler damit, daß das nur am Anfang so sein werde, was allerdings
heiße, daß auch hier nur die Übung den Meister mache. Er weist mich noch
einmal auf die geringe Zeit hin, die er habe und fragt: „Wann soll ich das
nach Ihrer Meinung üben?" Beim Aufstehen, beim Essen, Telefonieren und
Schreiben und so fort, erläutere ich ihm.

Hitler hört zu, zieht die Augenbrauen zusammen — und geht.

Bald danach überrascht er mich mit einer Erfolgsmeldung, die mir beweist, daß er geübt hat. „Ich habe entdeckt", frohlockt er, „daß das ‚Exerzitium' ein brillantes Einschlafmittel darstellt. Kaum hatte ich Zeit, in meinem Bett mit dem Nachdenken darüber zu beginnen, was bei mir verkrampft sein könnte, wurde ich auch schon so schläfrig, daß mir die Augen zufielen. Von einem Moment zum anderen war ich fest eingeschlafen. Ab sofort werde ich die Übung zum Einschlafen (was mir meist schwerfällt), verwenden, zumal ich nicht nur schnell einschlief, sondern auch nach wenigen Stunden so ausgeschlafen und frisch war — wie selten zuvor."

„Kein Wunder!" sage ich: „Dieser rasche und gute Schlaf entsteht durch die vorherige Lockerung Ihres Körpers!"

Eine nachhaltige Wirkung auf Hitlers Schlafgewohnheiten hat Devrients „Trick" allerdings nicht gehabt. Bis an sein Lebensende bleibt Hitler bis in den Morgen hinein wach und zwingt seine Umgebung, neben ihm (ohne Tabakgenuß) auszuhalten. Nicht selten begnügt er sich im Laufe der Zeit sogar mit nur 2 bis 4 Stunden Schlaf am Tag. Seine Ärzte geben ihm Medikamente, um ihn „in Schlaf zu wiegen", und sie verabreichen ihm Stimulantien, um ihn wieder auf die Beine zu bringen.[123]

In der nächsten Stunde erkläre ich meinem Schüler, daß ein Schauspieler alles noch einmal neu lernen müsse, was er von Natur aus längst beherrscht: Gehen, Stehen, Sprechen, Lachen, Hinsetzen, Aufstehen ... praktisch alles — jede noch so alltägliche Handlung, weil auf der Bühne oder hinter dem Rednerpodium jeder Fehler, jede falsche Bewegung, stets sehr viel schärfer sichtbar sei als sonst. Hitler wirkt ein wenig unfreundlich; aber er will gerade diese Einzelheiten („das Rezept") erfahren, (wohl) nachdem ich besonders pathetisch gesagt habe: „Nicht für uns — für das Publikum, sollte es heißen, nicht ‚in

[123] Vgl. Maser, Adolf Hitler ..., S. 370 ff.

der Öffentlichkeit auftreten, sondern richtiger für die Öffentlichkeit' ... Man dient ihr, muß also gefallen!"

Aus einem kleinen „ABC des Theaters" lese ich ihm sinngemäß folgendes vor:

A: Die Haltung des Körpers stets aufgerichtet, Brust raus, die obere Hälfte der Arme bis zum Ellenbogen stets an den Körper schließen.

B: Nie zum Boden (zur Decke) sprechen, immer ins Publikum. Statt den Kopf zu drehen, mit den Augen spielen.

C: Nie im Profil reden! Wenn einmal unumgänglich, dann nur so weit, daß drei Viertel des Gesichts noch vom Zuschauer gesehen wird.

D: Beachten auf welcher Raumseite Sie stehen: wenn rechts, agieren mit der linken Hand, und umgekehrt — damit Ihr Körper nie durch den Arm verdeckt wird.

E: Aus dem gleichen Grund nur den linken Fuß vorsetzen, wenn Sie links stehen, den rechten auf der rechten Raumseite.

F: Einen Schritt vortreten, wenn Sie zu sprechen beginnen, einen zurück, wenn Sie enden — wirkt gefällig, erhöht die Wirkung beim Zuhörer.

G: Niemals sich festhalten, um Armen und Händen volle Beweglichkeit zu sichern.

H: Die Arme stets nur langsam erheben, „gegliedert", das heißt erst nur die Hand, dann den Ellenbogen, endlich den ganzen Arm.

I: Machen Sie keine Fäuste; auch keine Soldatenhand (am Schenkel anliegend), natürlich wirken müssen beide Hände: locker hängend, beide mittlere Finger zusammen, Daumen, Zeige-, kleiner Finger leicht eingebogen (warum solches „natürlich" aussieht, bleibt ein Rätsel!).

J: Bewegen Sie die obere Hälfte Ihrer Arme stets weniger als die untere; je geringer man sie bewegt, desto stärker wirkt es, tut man es dann doch einmal.

K: Als letzter Trick: Aus keiner einmal gemachten Gebärde eher in Ruhe zurückkehren, bis Sie nicht den dazu gesprochenen Satz beendet haben . . . das wirkt suggestiv!

Als ich fertig bin, blicke ich auf und stelle erstaunt fest, daß Hitler mit privaten Kürzeln und einer eigenwilligen Art von Stenographie mitgeschrieben hat. Ehe ich jedoch mein erfreutes Erstaunen in Worte kleiden kann, sagt er mit undurchsichtiger Miene: „Das beste, was ich bisher von Ihnen gehört habe!"

Ich kann mich nicht mit fremden Federn schmücken, dieses Lob nicht auf mich beziehen und entgegne daher: „Es ist Jahrtausende alt. Schon die alten Griechen spielten danach Theater!"

Hitlers nächste Rede ist eine Wiederholung. Bereits elfmal hat er sie gehalten. Es ist seine übliche Suada gegen . . . die „Unfähigkeit" der Papen-Regierung.

Schon am 11. Oktober, dem 1. Tag seiner „großen Propagandafahrt . . . durch Deutschland"[124], hat Hitler einen Teil dieser Rede gehalten. „Herr von Papen war der Überzeugung", sagt er seitdem in mehreren Reden teilweise wörtlich, „bis zum 6. November würde seine Notverordnung zur Belebung der Wirtschaft glänzende Früchte tragen, und daher setzte er den Termin der Reichstagsauflösung an. Und ich war der Überzeugung, daß in diesen 60 Tagen die Nation sehen würde, daß dieses Werk zur ‚Belebung der Wirtschaft‘ das größte Stümper- und Flickwerk ist, das man sich vorstellen kann. Ich war der Überzeugung, daß schon nach vier Wochen eine Frage von vorneherein beantwortet sein würde, nämlich die Frage: Warum ich am 13. August es ablehnte, in dieses Kabinett einzutreten. Darüber wird am 6. November entschieden.

Nicht etwa die bewußten Gegner warfen mir vor, daß ich den Eintritt in das

---

[124] Schlagzeile im Völkischen Beobachter vom 13. 10. 1932.

*Kabinett ablehnte, sondern sogenannte ,Freunde', insbesondere aus dem bür-
gerlichen Lager.*

*Ich könnte mit gleichem Recht dagegen fragen: Wie konnten sie sich unter-
stehen, mich einzuladen, in diese Regierung einzutreten? Glaubten sie wirklich, daß ich 13 Jahre gearbeitet habe, um dann das Ergebnis dieser Arbeit
einem politischen Irrsinn auszuliefern? Und es wäre ein Irrsinn gewesen, wenn
ich auf eine Karte gesetzt hätte, deren Untauglichkeit mir seit langem bekannt
war. Einen Einfluß im Kabinett hätte ich nicht gehabt, nur die Verantwortung
hätte man mir gnädigst überlassen. Ich scheue mich nicht, die Verantwortung
zu übernehmen, und zwar die ganze Verantwortung; aber ich scheue mich, sie
zu übernehmen dort, wo ich keinen Einfluß besitze.*

*Wenn das Schicksal die Kräfte, die heute nach der Macht drängen, bestimmt
hätte, Deutschlands Führung zu sein, würde es ein Verbrechen sein, sich dagegen zu wehren. Ich glaube aber nicht, daß das Schicksal diese Männer bestimmt haben kann, denn sonst würden sie schon früher in Erscheinung getre-
ten sein.*

*Man kann nicht bis vor fünf Monaten schweigsames Mitglied der Zentrums-
partei gewesen sein und dann eines Tages ,hellerleuchtet' Führer in das Dritte
Reich*[125] *werden. Ich habe nicht den Marxismus bekämpft, um nun an seiner
Stelle ein anderes Klassenregiment aufzurichten. Ich bin in diesen 13 Jahren
vor Millionen deutscher Arbeiter gestanden und habe um sie gerungen. Ich
habe aber nicht gekämpft um diese Seelen, um sie jetzt etwa hinterher zu be-
trügen.*

*Meine Gegner täuschen sich vor allem in meiner ungeheuren Entschlossenheit.
Ich habe meinen Weg gewählt und gehe ihn bis ans Ende.*

---

[125] Hitler meint: in das Dritte Reich zu führen.

Ob ich zur Macht komme, ist nicht so wichtig, als daß ich das erfülle, was ich versprochen habe.

Auch die Partei ist mir nicht käuflich oder abkäuflich. Man soll sich nicht einbilden, daß ich auch nur eine Sekunde diese Bewegung vielleicht herleihe oder andere damit arbeiten lasse."[126]

Hitler trägt die Rede technisch einwandfrei vor, er unterstreicht den Inhalt mit Gebärden, Stimme und Mimik. Dabei schielt er aber die ganze Zeit über in den Zuhörer-Raum, genauer gesagt in die ersten Reihen, wie um zu prüfen, ob man überhaupt noch zuhört. Gelegentlich scheint er sich auch zu schonen. Mit einem Wort: Routine! (Ähnlich verhalten sich Schauspieler in der x-ten Wiederholungsvorstellung).

Nach der Rede diskutieren wir darüber, wie „sie" war, das heißt, wie ich sie fand. „Jetzt wird es Zeit, Ihnen zu zeigen, wie und womit man die Routine bekämpfen muß", erkläre ich Hitler, der ausgesprochen ungehalten reagiert und sich vor allem auf den Beifall beruft, der ihm zuteil wurde.

„Beifall ist noch keine Überzeugung!", beharre ich, wie ich es so oft schon getan habe. „Im Alltag", so fahre ich fort, „schafft das unsere Natur mit immer neuen Gefühlen, Reaktionen als Antwort auf immer neue Vorkommnisse. Auf dem Podium ist das anders. Da zählt am Schluß nur die bewußte Anbiederung an die Besucher im Zuhörerraum".

Hitler protestiert. „Anbiedern" kann er sich nicht, wie er mehr als ärgerlich engagiert betont. Alles in ihm sträube sich dagegen.

„Im Theater wird diese Art Anbiederung immer betrieben!", erkläre ich ihm, „in alten Opern und Schauspielen agieren die Darsteller in den Zuschauer-

---

[126] Zit. des Redeauszuges nach der Hitler-Rede vom 11. 10. 1932 in Günzburg. Völkischer Beobachter vom 13. 10. 1932.

raum hinein, wenden sie sich mit ganzen Monologen nur zu dem Zweck an das Publikum, an die Zuschauer, die sie zum Miterleben veranlassen wollen."

„Ich sagte Ihnen schon mehrfach, daß ich kein Theater-Darsteller bin und auch keiner werden will", wehrt Hitler schroff ab. Er beharrt — trotz meiner Einwände — darauf, daß er sich bei „der Masse" grundsätzlich nicht anbiedern könne.

„So lassen Sie mich doch bitte erst einmal erklären!", entgegne ich und werde diplomatisch: „Sie haben recht und ich ebenso. Direkt darf man sich nicht einlassen — das wäre Schmiere! Doch indirekt, auf die feine Art, da ist es geradezu unerläßlich. Ihr Publikum geht nämlich nicht nur gefühlsmäßig mit, sondern auch mit den Augen, so daß auch hier die Frage entsteht, wie man das technisch ausnutzen kann . . . auch für den Redner."

„Zum Schluß ist vor lauter Methoden kein Platz mehr für die Rede!", entgegnet Hitler. Er ist überzeugt: „Die Augen meines Publikums sehen vor allem meine Bewegungen!" Ich mache ihm klar, daß Gebärden und Schritte nicht die einzigen Mittel seien, wobei ich auf die „bewegungslose" Einflußnahme auf die Zuhörer hinweise.

„Ich habe keine Ahnung, wie das vor sich gehen soll!", meint Hitler mißmutig. „Übermitteln Sie Ihre Absichten ohne Worte, allein mit den Augen!", erwidere ich in der Hoffnung, daß er „anbeißen" werde, und er tut es.

„Trauer, Freude, Begeisterung", erklärt er, „Allgemeines, kann man durch Blicke vermitteln, aber doch nicht präzise Einzelheiten . . .!" „Und was macht die Mehrzahl der Herrn Redner (leider auch viele Schauspieler)?" frage ich dagegen. „Während sie sprechen, richten die meisten von ihnen ihre Augen nach unten in die ersten Reihen, wo die Ehrengäste, Angehörigen, ja Verehrer sitzen. Damit blicken sie keinesfalls so in ihr Publikum, wie das für ihr Auftreten am wirkungsvollsten ist . . . sie verschenken leichtsinnig den Erfolg!"

Hitler, der natürlich weiß, daß von seinen Augen so etwas wie ein magischer Zwang ausgeht, will nun — wieder im Befehlston vorgebracht — wissen, wohin der Redner seine Augen am wirkungsvollsten zu richten habe. Meine Antwort stützt sich auf jahrelange Bühnenerfahrungen: „Immer ganz nach hinten sehen", sage ich, „über den ganzen Raum wie zu einem fernen Horizont in freier Landschaft. Nur wenn Sie bei jedem Satz auf diese Art Ihr Publikum im wahrsten Sinn ‚mit den Augen umfassen', zwingen Sie jeden einzelnen Zuhörer mit Ihnen Blicke zu tauschen. Sie beherrschen damit seine Gedanken!" Er ist zwar der Meinung, sich schon immer so — und damit richtig — verhalten zu haben; aber das ist, so meine ich, nicht der Fall.

Die im Laufe der Monate durch die „Lehrer"-„Schüler"-Beziehungen konsolidierte Position Devrients wird nun von Tag zu Tag zusehends schwächer. Hitler, der diese Wahlreise mit sehr viel größerem technischen und personellen Aufwand[127] als im April und Juli absolviert, kann nun mehr noch als je zuvor seine Wirkung und deren Folgen auf die Öffentlichkeit für sich buchen. Wie schon Ende Juli 1932, so bekennen sich auch jetzt zahlreiche Hochschullehrer in einer offenen Erklärung zu ihm[128], obwohl er nicht gerade selten bekundet hat, die Meinung des letzten sächsischen Königs zu teilen, daß Professoren käuflich seien wie Dirnen an den Straßenecken. 16 dieser Hochschullehrer haben bereits im Juli für Hitler als künftigen Reichskanzler plädiert[129], 40 neue Parteigänger aus ihren Reihen sind inzwischen hinzugekommen[130]. „Wir ... erklären heute ... in aller Öffentlichkeit", so beginnt ihre Wahlhilfe für Hitler, „daß wir nur in der Machtübernahme durch Adolf Hitler ... die Möglichkeit sehen, der wachsenden Not und Verleumdung des deutschen Volkes Ein-

[127] Für die Wahlreise im Oktober 1932 hat Hitler mit Görings Hilfe (vgl. S. 257) eine 18-sitzige Junkers Ju 52 gechartert, die ihn „durch das ganze Reich" tragen soll, wie es im Völkischen Beobachter vom 15. 10. 1932 heißt. Vgl. dazu auch S. 257 ff.
[128] Vgl. Völkischer Beobachter vom 5. 11. 1932.
[129] Vgl. S. 104.
[130] Vgl. Völkischer Beobachter vom 5. 11. 1932.

halt zu gebieten . . ."[131] *Hundert Gemeinden allein aus „der badischen Grenz-mark", wie es im Völkischen Beobachter heißt, überreichen Hitler am 1. November 1932 vor seiner Rede in Karlsruhe Ehrenbürgerbriefe.*[132]

Schauplatz der nächsten und zugleich auch letzten Hitler-Rede, der ich als „Lehrer" beiwohne, ist eine große Fabrik. Sie ist seit Jahren geschlossen. Die Fenster sind zerbrochen, der Fußboden ist von Unkraut übersät. 1 000 Arbeiter sollen seinerzeit hier entlassen worden sein. In der Werkhalle ließ Hitler rechtzeitig einen Rednerstand hoch oben in der kleinen Fahrerbox eines gewaltigen, verrosteten Krans improvisieren. Die Zuhörer müssen auf verrotteten Werkbänken und verfaulten Balken sitzen . . . ein fast gespenstisches Bild.

Bereits Stunden vor Beginn der Hitler-Veranstaltung entsteht um das stillgelegte Werk herum buchstäblich ein Heerlager. Trotz der Herbstkälte kauern die Menschen wartend auf dem Boden, sich kümmerlich an Feuern wärmend, nur um Zugang in die längst überfüllte Halle zu bekommen.

Rhythmische „Heil! Heil!"-Rufe, tausendstimmig wiederholt, begrüßen Hitler, als er erscheint. Die Menschen drängen sich durch die Absperrung, so daß er nur schrittweise vorankommt. Rufen, Schreien . . .

Dann steht Hitler in „Zivil", im Straßenanzug, hoch oben auf dem Kran. Eine „majestätische" Handbewegung, und der Lärm verstummt jäh. Totenstille herrscht nun in dem Riesenraum. 4 000 Menschen sind in lautloser Aufmerksamkeit erstarrt.

Hitlers Rede beginnt (sinngemäß) wie folgt: „Eine Fabrik, eine Zeche, ein Hochofen nach dem anderen, wurden und werden durch die Unfähigkeit dieser korrupten Regierung, dem Krebsschaden unseres Vaterlandes, stillgelegt.

[131] ebenda. Auf den Nachdruck der Erklärung vom 5. 11. 1932 wird verzichtet, da sie nahezu wörtlich mit der Erklärung vom 29. 7. 1932 übereinstimmt. Zum Text vgl. S. 103 f.
[132] Vgl. Völkischer Beobachter vom 3. 11. 1932.

Tausende von Betrieben schlossen ihre Tore, Millionen deutscher Männer und Frauen wurden entlassen, wurden rücksichtslos dem Elend der Massenarbeitslosigkeit überantwortet. Wir Nationalsozialisten richten unseren Kampf für Arbeit und Brot, unseren Angriff auf die elende Arbeitslosigkeit. Unser Sieg wird die geschlossenen Arbeitsstätten wieder öffnen, die Schlote wieder rauchen, die Maschinen wieder produzieren lassen, die Stempelstellen werden veröden, die Lohntüten werden wieder gefüllt sein. Das Räderwerk der Arbeit wird sich wieder zu drehen beginnen, für Arbeit, für Brot, für Deutschland!"...

Und dann sagt er — von tosendem Beifall unterbrochen — unwahrscheinlich effektvoll: „Ich brauche keine Kanonen. Ich brauche nur Euch, meine Volksgenossen!"

Sein Redestil ist eine genau berechnete Mischung aus Anklage und Redlichkeit, ja manchmal sogar ausgesprochener Biederkeit. Binnen einer Sekunde spürt er stets voraus, was sein Publikum fühlt. Er geht darauf ein, angreifend... Im nächsten Augenblick schleudert er hohnvolle Anklagen gegen seine Widersacher. Auch wenn er im Stakkato Worte vor sich hertreibt, sind sie stets verständlich, selbst im letzten Winkel dieses verwitterten, bedrückend wirkenden Riesenraumes.

In der Fabrikhalle sitzen Hitlers Zuhörer, bewußt von ihm so arrangiert, mit ihm zusammen sozusagen im gleichen schiffbrüchigen Boot. Die elende Umgebung schafft automatisch eine trotzige „Verschwörerkameradie", der sich niemand entziehen kann.

Hitler wirkt suggestiv-glaubhaft. Es ist echtes Theater in seiner elementarsten Form, dargeboten von einem begabten Schauspieler, in dessen Kopf allerdings politische Pläne rumoren...

Hitlers Rede strotzt zwar von Binsenweisheiten, doch in der Art und Weise, wie er sie serviert, wirken sie wie Offenbarungen — nicht nur auf schlichte Gemüter.

Hitler macht kein Hehl daraus, daß er das Erfolgsrezept kennt und sich auf die Spielregeln seines Metiers versteht. Seine Zuhörer berauschen sich an seiner kraftvollen Sprache, ihrer Frische und seiner zwingend wirkenden Glaubwürdigkeit...

Als Hitler fertig ist und von „seinem" Kran heruntersteigt, durchbrechen bündelweise Besucher die Sperrketten; ebensoviele Hände strecken sich ihm verlangend entgegen. Ein tausendstimmiger Chor intoniert ein „Hitler-Lied"... Es ist geradezu ergreifend, all' die großen und kleinen Hände zu sehen, die sich Hitler entgegenstrecken, während die Menge immer wieder ekstatisch nach ihm als „Retter" ruft. Auch von draußen, wo diejenigen ausharren, die keinen Einlaß mehr fanden, ertönt nun immer lauter der Ruf: „Wir wollen unseren Führer sehen!"

Hitler verläßt in einer gekonnt dargebotenen Pose die Fabrikhalle, jeder Zoll: „Retter des Vaterlandes".

„Für mich gibt es kein Rednerproblem mehr!", sagt Hitler später zu mir, „und das verdanke ich der Schauspielkunst... verdanke ich Ihnen... Während ich früher manchmal Halsbeschwerden hatte und auch Mißverhältnisse zwischen dem Sinn meiner Worte und deren Wirkung auf die Zuhörer spürte, fühle ich jetzt davon nichts mehr! Mir gelingt es, ohne störende Einflüsse überzeugend zum Ausdruck zu bringen, was ich denke und fühle."

Dann nimmt er mich beiseite, blickt mir in die Augen und drückt mir beide Hände. Ich bin von dieser — für ihn ungewöhnlichen — Dankesbezeugung, die ihm auch eindringlich gelingt, so gerührt, daß meine eigenen „Rezepte" plötzlich versagen. Nicht er ist es, der jetzt mit belegter Stimme redet...

Dann darf ich gehen... Der Mohr hat seine Schuldigkeit getan...

„Der Mohr hat seine Schuldigkeit getan" ... Als die „Ju 52" am Samstag, dem 5. November 1932, um 11.30 Uhr mit Hitler in München landet, ist Devrient nicht mehr dabei. Adolf Hitler, der aus Ulm kommt, wo er am Tage zuvor gesprochen hat, wird von zwei Fliegerstaffeln der SS, einer ihrer Führer ist der Major Ritter von Schleich, von Major Hailer, dem Direktor der Süddeutschen Lufthansa, von Rudolf Hess, Heinrich Himmler, Hermann Esser und zahlreichen anderen Getreuen mit „großem Bahnhof" empfangen. „Frohgelaunt", schreibt der Völkische Beobachter am 7. November, „besichtigt Hitler noch einmal die gewaltige Junkersmaschine, die ihm auf weiter Fahrt treue Dienste geleistet" hat.

Devrient, der „Zivilist" mit „Schillerkragen" und Kniesocken, hätte hier, einen Tag vor den Reichstagswahlen, sicherlich nicht nur Himmler und Hess, sondern vor allem Journalisten zu Fragen veranlaßt, die Hitler in diesen Tagen nicht gerade nützlich gewesen wären.

Anhang

Stationen des Redners und Politikers Adolf Hitler
bis zur „Machtergreifung" im Januar 1933

Juni 1919: Die in Bayern in politischer Hinsicht faktisch maßgebliche „Nachrichtenabteilung" (gelegentlich auch als „Presse- und Propagandaabteilung" und als „Aufklärungsabteilung" bezeichnet) der Abteilung I b/P des Gruppenkommandos 4 der bayerischen Reichswehr, kommandiert Hitler zu Aufklärungskursen an der Münchener Universität, in denen die zu demobilisierenden und aus der Gefangenschaft heimkehrenden Soldaten „bestimmte Grundlagen zu staatsbürgerlichem Denken" erhalten sollen.

Juni 1919: Der an der Münchener Universität lehrende namhafte Historiker Prof. Alexander von Müller, dessen Vorlesungen Hitler besucht, macht Hitlers Vorgesetzten auf Hitlers „rhetorisches Naturtalent" aufmerksam.

Juli 1919: Der Leiter der „Aufklärungsabteilung" des Reichswehrgruppenkommandos ist von einem Diskussionsbeitrag Hitlers derart angetan, daß er Hitler auswählt, die Funktion eines Vertrauensmannes im Rahmen der Reichswehr zu übernehmen.

August 1919: Offiziere, Unteroffiziere und Soldaten, die Hitlers Reden vor heimkehrenden Kriegsgefangenen und Zivilarbeitern hören, bezeichnen Hitler in schriftlichen Protokollen als „einen geborenen Volksredner" und hervorragenden, mit ungewöhnlichen Gaben versehenen Redner, der seine Zuhörer fessele, fasziniere, begeistere und — fanatisiere.

12. 9. 1919: Hitler folgt dem Befehl, als „V-Mann" der Reichswehr eine Versammlung der nur rund 4 Dutzend Mitglieder zählenden Deutschen Arbeiter-Partei (DAP) in München zu besuchen. Er überrascht den Vorsitzenden der Partei durch einen fanatisch-antisemitischen Diskussionsbeitrag und wird einige Tage später (ungefragt) Mitglied Nr. 555 der „Partei".

13. 11. 1919:	Beginn der Tätigkeit als Versammlungsredner der DAP und Übernahme der Funktion des Propagandaobmannes der DAP. Hitler spricht von nun an nahezu über jedes Thema und wirbt ausschließlich durch seine Reden für die DAP, die ab Februar 1920 NSDAP heißt. Im November 1923 sind es 55 787 Mitglieder.
1. 1. 1920:	Eröffnung des ersten Parteibüros im „Sterneckerbräu" in München.
24. 2. 1920:	Bekanntgabe des Parteiprogramms der DAP im „Hofbräuhaus" in München. Kurz danach: Umbenennung der DAP in NSDAP.
13./17. 3. 1920:	Kapp-Putsch. Mit Dietrich Eckart auf Initiative von Epp, Mayr und Röhm in Berlin, um mit Putschisten evtl. Zusammenarbeit zu vereinbaren.
31. 3. 1920:	Entlassung aus der Reichswehr (Schützen-Rgt. 41).
7./8. 8. 1920:	Redner auf der zwischenstaatlichen Tagung der Nationalsozialisten des deutschen Sprachraumes in Salzburg.
29. 9.—11. 10. 1920:	Versammlungsredner in Österreich.
17. 12. 1920:	Erwerbung des *Völkischen Beobachters* (bis 9. 8. 1919: *Münchener Beobachter)* durch die NSDAP.
11. 7. 1921:	Erpresserisch artikulierter Austritt aus der NSDAP. Ultimatum an die Parteileitung.
26. 7. 1921:	(Wieder-)Eintritt in die NSDAP. Mitglieds-Nummer 3680.
29. 7. 1921:	Wahl zum 1. Vorsitzenden der NSDAP durch Entscheidung einer außerordentlichen Mitgliederversammlung.
16. 11. 1921:	Nach eigenen Angaben vor dem Registergericht in München im Besitz aller Anteile des *Völkischen Beobachters* und des Franz-Eher-Verlages in München.
12. 1. 1922:	Verurteilung zu drei Monaten Gefängnis wegen Landfriedensbruches (Störung einer Versammlung des Bayernbundes).

10. 3. 1922:	Die bayerische Regierung diskutiert die Ausweisung Hitlers, unterläßt sie jedoch.
24. 6.—27. 7. 1922:	Strafabbüßung in der Haftanstalt München-Stadelheim (und vorzeitige Entlassung)
14./15. 10. 1922:	Teilnahme an dem vom Herzog von Coburg gemeinsam mit den vaterländischen Verbänden veranstalteten Deutschen Tag in Coburg. Terrorisierung Andersdenkender in den Straßen Coburgs (hier erringt die NSDAP erstmals am 23. 6. 1929 die absolute Mehrheit im Rahmen einer Stadtratswahl).
20. 10. 1922:	Aufnahme Julius Streichers und dessen *Deutsche Werksgemeinschaft* und Zeitung *Deutscher Volkswille* in die NSDAP.
13. 12. 1922:	10 Massenkundgebungen der NSDAP in München.
27.—29. 1. 1923:	Erster Reichsparteitag der NSDAP in München.
15. 3. 1923:	Verwerfung der Beschwerden gegen das Verbot der NSDAP in Preußen, Sachsen, Baden, Mecklenburg-Schwerin, Hamburg und Bremen durch ein Urteil des I. Senats des Staatsgerichtshofs des Deutschen Reiches.
1. 5. 1923:	Aufmarsch bewaffneter SA auf dem Oberwiesenfeld in München. Erzwungene Kapitulation vor der Staatsgewalt.
August 1923:	Besuch von Gesinnungsgenossen und Gönnern in der Schweiz.
1./2. 9. 1923:	Deutscher Tag in Nürnberg — mit General Ludendorff. Gründung des Deutschen Kampf-Bundes, dem weitere rechtsradikale Organisationen angehören.
25. 9. 1923:	Politischer Leiter des Deutschen Kampfbundes.
26. 9. 1923:	Ende des „passiven Widerstandes" an der Ruhr. Ausnahmezustand in Bayern: Gustav von Kahr Generalstaatskommissar mit vollziehender Gewalt in Bayern (während der Röhm-Affäre im Juni 1934 umgebracht). Ausnahmezustand in Bayern.
27. 9. 1923:	Verbot von 14 Massenkundgebungen der NSDAP in Bayern.

8./9. 11. 1923:	Nach Differenzen mit bayerischen Separatisten und Reichsfeinden (v. Kahr u. a.) Hitler-Putsch in München. Ende des Putsches vor der Feldherrnhalle durch Staatsgewalt. Verbot der NSDAP und des *Völkischen Beobachters*.
11. 11. 1923:	Verhaftung (nach Flucht) in Uffing am Staffelsee.
26. 12. 1923:	Tod des Freundes und geistigen Mentors Dietrich Eckart.
26. 2.—1. 4. 1924:	Hitler-Prozeß in München.
1. 4. 1924:	Verurteilung (wegen Hochverrats) zu einer Festungshaft von fünf Jahren und zur Zahlung von 200 Goldmark.
7. 7. 1924:	Verzicht auf die Führung der verbotenen NSDAP während der Dauer der Festungshaft in Landsberg am Lech.
20. 12. 1924:	Vorzeitige Entlassung aus der Festungshaft.
4. 1. 1925:	Empfang durch den bayerischen Ministerpräsidenten Held in München.
26. 2. 1925:	Neugründung der NSDAP und Beginn der Neuerscheinung der NSDAP-Zeitung *Völkischer Beobachter*.
9. 3. 1925:	Redeverbot infolge eines Erlasses des bayerischen Gesamtministeriums (Held) wegen einer Rede vom 27. 2. 1925. Redeverbot dann auch in Preußen, Baden, Sachsen, Hamburg und Oldenburg. Redeerlaubnis in Württemberg, Thüringen, Braunschweig und Mecklenburg-Schwerin.
11. 3. 1925:	Beauftragung Gregor Strassers mit dem Aufbau und der Organisation der NSDAP in Norddeutschland. Nach dem Tod von Friedrich Ebert (28. 2. 1925) Benennung Ludendorffs zum Präsidentschaftskandidaten der NSDAP (Hitler ist noch Österreicher), der nur 1,06 % der gültigen Stimmen auf sich vereinigt.
26. 4. 1925:	Generalfeldmarschall von Hindenburg (der Hitler am 30. 1. 1933 zum Reichskanzler ernennt) im zweiten Wahlgang zum Reichspräsidenten gewählt.
27. 4. 1925:	Antrag auf Entlassung aus dem österreichischen Staatsverband beim Magistrat Linz.

30. 4. 1925:	Auswanderungsgenehmigung der oberösterreichischen Landesregierung; staatenlos bis 25. 2. 1932.
18. 7. 1925:	Erscheinen des ersten Bandes von *Mein Kampf*.
10./11. 9. 1925:	Gründung der „Arbeitsgemeinschaft der nordwestdeutschen Gauleiter" der NSDAP.
9. 11. 1925:	Gründung der Schutzstaffel (SS).
28. 2. 1926:	Rede im „National-Club von 1919" in Hamburg.
11. 5. 1926:	Unterstellung österreichischer Nationalsozialisten unter die eigene Führung.
3./4. 7. 1926:	Zweiter Reichsparteitag der NSDAP in Weimar. Gründung der „Hitler-Jugend".
1. 11. 1926:	Konstituierung einer Obersten SA-Führung. Beginn der „Eroberung des ‚roten Berlin‘ " durch Dr. Joseph Goebbels.
10. 12. 1926:	Erscheinen des zweiten Bandes von *Mein Kampf*.
30. 1. 1927:	Die NSDAP erhält 2 von 56 Sitzen im Thüringischen Landtag.
1. 2. 1927:	Aufhebung des Redeverbots in Sachsen.
5. 3. 1927:	Aufhebung des Redeverbots in Bayern.
9. 3. 1927:	Erstmals wieder Redner in München.
1. 5. 1927:	Redner in einer geschlossenen Mitgliederversammlung (5 000 Teilnehmer) im „Clou" in Berlin.
19.—21. 8. 1927:	Dritter Reichsparteitag der NSDAP in Nürnberg.
9. 10. 1927:	Bürgerschaftswahl in Hamburg. Die NSDAP erhält 1,5 % der abgegebenen gültigen Stimmen und 2 von 160 Mandaten.
27. 11. 1927:	Landtagswahlen in Braunschweig. NSDAP: 3,7 % und 1 von 48 Mandaten.
28. 5. 1928:	Beteiligung der NSDAP an den Reichstagswahlen. Die NSDAP erhält 2,8 % der abgegebenen gültigen Stimmen.

28. 9. 1928:	Aufhebung des Redeverbots in Preußen.
16. 11. 1928:	Erstmals Redner im Berliner Sportpalast.
12. 5. 1929:	Landtagswahl in Sachsen. NSDAP: 4,95 % und 5 von 96 Mandaten.
23. 6. 1929:	Landtagswahl in Mecklenburg-Schwerin. NSDAP: 4 % und 2 von 51 Mandaten.
9. 7. 1929:	Gründung des Reichsausschusses für das deutsche Volksbegehren.
1.—4. 8. 1929:	Vierter Reichsparteitag der NSDAP in Nürnberg.
27. 10. 1929:	Landtagswahl in Baden. NSDAP: 6,98 % und 6 von 88 Mandaten.
10. 11. 1929:	Bürgerschaftswahl in Lübeck. NSDAP: 8,1 % und 6 von 80 Mandaten.
8. 12. 1929:	Landtagswahl in Thüringen. NSDAP: 11,31 % und 6 von 53 Mandaten.
23. 1. 1930:	Dr. Frick erster nationalsozialistischer Minister (Innen- und Volksbildungsminister in Thüringen).
1. 4. 1930:	Beginn des Erscheinens der *Nationalsozialistischen Monatshefte* (Schriftleiter: Alfred Rosenberg).
22. 6. 1930:	Landtagswahl in Sachsen. NSDAP: 14,4 % und 14 von 96 Sitzen. Zweitstärkste Partei im Landtag.
14. 9. 1930:	Reichstagswahlen. NSDAP: 18,2 % der abgegebenen gültigen Stimmen und 107 577 Mandaten. Zweitstärkste Fraktion des Deutschen Reichstages. Landtagswahl in Braunschweig. NSDAP: 22,2 % und 9 von 40 Mandaten. Regierungspartei. Die NSDAP stellt den Innenminister.
15. 9. 1930:	Vor dem Reichsgericht in Leipzig (Ulmer Reichswehrprozeß gegen die Reichswehr-Offiziere Richard Scheringer, Hans Lu-

din und Hans Friedrich Wendt) Leistung des Eides, daß die NSDAP die Legalität achten werde.

Über Hitlers Aussage wurde am 4. Oktober 1930 im Urteil des Reichsgerichts (4. Strafsenat) ausgeführt: „Adolf Hitler hat ... unter Eid ... mit unzweideutigen Worten erklärt, daß er seine Ziele nur noch auf streng legalem Wege verfolge, daß er den Weg in München im November 1923 nur ‚aus Zwang‘ gegangen sei und diesen Weg schon deshalb nicht mehr beschreite, weil er bei dem wachsenden Verständnis, das Deutschland der völkischen Freiheitsbewegung entgegenbringe, ein illegales Vorgehen gar nicht nötig habe; die Gewalt falle ihm mit der Zeit auf legalem Wege von selbst zu.“

5. 10. 1930:	Der Reichskanzler Brüning empfängt Hitler.
13. 10. 1930:	Eröffnung des Reichstages. Die 107 Abgeordneten der NSDAP erscheinen im Braunhemd.
9. 11. 1930:	Erstmals Beteiligung mit eigenen Kandidaten an der Nationalratswahl in Österreich. NSDAP: 5,4 %.
16. 11. 1930:	Volkstagswahl in Danzig. NSDAP: 16,1 % und 12 von 72 Sitzen.
30. 11. 1930:	Bürgerschaftswahl in Bremen. NSDAP: 25,6 % und 32 von 120 Mandaten.
5. 1. 1931:	Ernennung Ernst Röhms zum Chef des Stabes der SA.
1. 5. 1931:	Gründung der Auslandsabteilung der NSDAP in Hamburg.
3. 5. 1931:	Landtagswahl in Schaumburg-Lippe. NSDAP: 26,9 % und 4 von 15 Sitzen.
13. 5. 1931:	Landtagswahl in Oldenburg. NSDAP: 37,2 % und 19 von 48 Mandaten; erstmals stärkste Fraktion in einem Landtag.
9. 7. 1931:	Besprechung mit Hugenberg über eine Zusammenfassung der Nationalen Opposition.
15. 9. 1931:	NSDAP stellt den Innenminister und Volksbildungsminister in Braunschweig (Dietrich Klagges).

10. 10. 1931:	Der Reichspräsident Paul von Hindenburg empfängt Hitler.
11. 10. 1931:	Gründung der „Harzburger Front".
27. 1. 1932:	Hitler-Rede im Industrie-Club in Düsseldorf.
25. 2. 1932:	Anstellung als Regierungsrat beim Landeskultur- und Vermessungsamt Braunschweig mit dem Auftrag, die Geschäfte eines Sachbearbeiters in der Braunschweigischen Gesandtschaft in Berlin wahrzunehmen und die wirtschaftlichen Interessen des Landes Braunschweig zu verfechten. Seitdem deutscher Staatsbürger.
13. 3. 1932:	Wahlkandidat beim ersten Wahlgang zur Wahl des Reichspräsidenten des Deutschen Reiches. 30,23 % der abgegebenen gültigen Stimmen auf sich vereinigt. Der Hals-, Nasen- und Ohrenarzt Dr. Dermitzel rät Hitler, den Operntenor Paul Devrient zu engagieren.
6. 4. 1932:	Devrient, der Hitlers Zusage akzeptiert, trifft erstmals mit seinem „Schüler" Hitler in Berlin zusammen — und ist bis Anfang November 1932 sein Lehrer.
10. 4. 1932:	36,68 % (13,4 Mill. Stimmen, von Hindenburg 19,4 Mill. und Thälmann 3,7 Mill.) der abgegebenen gültigen Stimmen beim zweiten Wahlgang zur Wahl des Reichspräsidenten auf sich vereinigt.
1. 6. 1932:	Franz von Papen Reichskanzler ohne Mehrheit im Reichstag.
4. 6. 1932:	Auflösung des Reichstags.
14. 6. 1932:	Aufhebung des Verbots der SA und SS. Gegenleistung Hitlers: Tolerierung der Regierung.
15.—30. 7. 1932:	Hitlers Deutschlandflug — mit Devrient als „Begleiter".
15.—30. 7. 1932:	Reden in 50 Städten.
31. 7. 1932:	Reichstagswahl. NSDAP mit mehr als 37 % der abgegebenen Stimmen stärkste Fraktion des Deutschen Reichstages: 230 von 608 Mandaten.

13. 8. 1932:	Zusammen mit Papen vom Reichspräsidenten empfangen. Ablehnung des angetragenen Amtes des Vizekanzlers nach Zurückweisung des geforderten Kanzleramts.
Anfang November:	Entlassung Devrients.
6. 11. 1932:	Reichstagswahl: Trotz Stimmenverlusts (statt 37,3 nur noch 31,1 %) bleibt die NSDAP stärkste Fraktion des Deutschen Reichstages.
10. 11. 1932:	Verzicht auf die Dienstbezüge als Regierungsrat während der Zeit der Beurlaubung.
4. 1. 1933:	(Zusammen mit Hess und Himmler) Besprechung mit Papen im Hause des Kölner Bankiers von Schroeder. Vorbereitung des Sturzes des (seit 2. 12. 1932 amtierenden) Reichskanzlers von Schleicher.
15. 1. 1933:	Landtagswahl in Lippe (vom 4. bis 14. 1. 1933: in 16 Orten). NSDAP: 9 von 21 Mandaten.
28. 1. 1933:	Rücktritt der Regierung Schleicher.
30. 1. 1933:	Berufung zum Reichskanzler durch Paul von Hindenburg.

Zit. des Daten- und Faktenkatalogs aus Maser, Adolf Hitler . . ., S. 293 ff. Die Seiten 285 und 292 wurden für dieses Buch ergänzt.

Dokumenten- und Bildquellennachweis

Die in diesem Buch zitierte Literatur wird — mit den üblichen bibliographischen Angaben — jeweils in den Fußnoten genannt, in denen auch die schriftlichen und persönlichen Auskünfte differenziert nachgewiesen werden.

Dr. Werner Maser

S. 8: Berliner Illustrirte Zeitung vom 13. 12. 1931
S. 12: Hans Stieber
S. 13: Völkischer Beobachter vom 1. 4. u. 3./4. 4. 1932
S. 14: Völkischer Beobachter vom 10./11. 4. 1932
S. 15: Völkischer Beobachter vom 10./11. 4. 1932
S. 17: Privatbesitz Hans Stieber
S. 19 oben: Völkischer Beobachter vom 17./18. 7. 1932
S. 19 unten: Hans Baur
S. 22: Völkischer Beobachter vom 9. 4. 1932
S. 23: Völkischer Beobachter vom 8. 4. 1932
S. 24: Völkischer Beobachter vom 10./11. 4. 1932
S. 25: Völkischer Beobachter vom 7. 4. u. 8. 4. 1932
S. 27: Dokument Dr. Giesing
S. 30: Bundesarchiv Koblenz, NS 26/49
S. 33: Völkischer Beobachter vom 3./4. 4. 1932
S. 48: Völkischer Beobachter vom 13. 4., 15. 4. u. 17./18. 7. 1932
S. 49: Bundesarchiv Koblenz, NS 26/7
S. 51: Bundesarchiv Koblenz, NS 26/5
S. 53: Bundesarchiv Koblenz, NS 26/6
S. 55: Bundesarchiv Koblenz, NS 26/6
S. 57: Bundesarchiv Koblenz, NS 26/5 und NS 26/6
S. 59: Bundesarchiv Koblenz, NS 26/5 und NS 26/6
S. 61: Bundesarchiv Koblenz, NS 26/5 und NS 26/6
S. 62: Völkischer Beobachter vom 13. 10. 1932
S. 63: Bundesarchiv Koblenz, NS 26/5 und NS 26/6
S. 81: Bundesarchiv Koblenz, NS 26/5
S. 83: Bundesarchiv Koblenz, NS 26/5
S. 85: Bundesarchiv Koblenz, NS 26/5
S. 87 oben: Zeitgeschichtliches Bildarchiv Heinrich Hoffmann
S. 87 unten: Zeitgeschichtliches Bildarchiv Heinrich Hoffmann
S. 92: Völkischer Beobachter vom 15. 7. 1932
S. 97: Völkischer Beobachter vom 17./18. 7. 1932
S. 99: Völkischer Beobachter vom 31. 7. 1932
S. 101: Zeitgeschichtliches Bildarchiv Heinrich Hoffmann
S. 103: Zeitgeschichtliches Bildarchiv Heinrich Hoffmann
S. 106: Völkischer Beobachter vom 19. 7. 1932
S. 109: Völkischer Beobachter vom 20. 7. 1932
S. 110 ff.: Niedersächsisches Staatsarchiv Hannover
S. 120: Völkischer Beobachter vom 1./2. 5. 1932
S. 122: Bundesarchiv Koblenz, NS 26/49

S. 126: Völkischer Beobachter vom 24./25. 7. 1932
S. 127: Völkischer Beobachter vom 20. 7. 1932
S. 131: New York American vom 5. 1. 1930
S. 141: Bundesarchiv Koblenz, NS 26/65
S. 143: Zeitgeschichtliches Bildarchiv Heinrich Hoffmann
S. 147: Berliner Illustrirte Zeitung vom 13. 12. 1931
S. 154: Zeitgeschichtliches Bildarchiv Heinrich Hoffmann
S. 155: Zeitgeschichtliches Bildarchiv Heinrich Hoffmann
S. 158: Wochenzeitung „7 Tage", München, 1975, Nr. 20, S. 39
S. 165: Berliner Illustrirte vom 13. 12. 1931
S. 167: Bundesarchiv Koblenz, NS 26/65
S. 188 f.: Suhrkamp-Edition
S. 201: National-Archiv Washington
S. 202 f.: National-Archiv Washington
S. 204 f.: National-Archiv Washington
S. 209: Bundesarchiv Koblenz
S. 211: Bundesarchiv Koblenz
S. 213: Bundesarchiv Koblenz
S. 215: Bundesarchiv Koblenz
S. 217: Bundesarchiv Koblenz
S. 219: Bundesarchiv Koblenz
S. 221: Bundesarchiv Koblenz
S. 223: Bundesarchiv Koblenz
S. 225: Bundesarchiv Koblenz
S. 227: Bundesarchiv Koblenz
S. 229: Bundesarchiv Koblenz
S. 231: Bundesarchiv Koblenz
S. 233: Bundesarchiv Koblenz
S. 235: Bundesarchiv Koblenz
S. 237: Bundesarchiv Koblenz
S. 239: Bundesarchiv Koblenz
S. 241: Bundesarchiv Koblenz
S. 243: Bundesarchiv Koblenz
S. 245: Bundesarchiv Koblenz
S. 247: Bundesarchiv Koblenz
S. 249: Bundesarchiv Koblenz
S. 251: Bundesarchiv Koblenz
S. 253: Bundesarchiv Koblenz
S. 255: Bundesarchiv Koblenz
S. 259: Völkischer Beobachter vom 13. 10. 1932
S. 260: Völkischer Beobachter vom 13./15. 10. u. 7. 11. 1932
S. 274: Völkischer Beobachter vom 13. 10. 1932
S. 276: Völkischer Beobachter vom 13. 10. 1932
S. 278: Völkischer Beobachter vom 5. 10. u. 5. 11. 1932
S. 279: Völkischer Beobachter vom 3. 11. 1932
S. U. 1: Zeitgeschichtliches Bildarchiv Heinrich Hoffmann
S. U. 4: Bundesarchiv Koblenz, NS 26/65

Personenregister

Die zeitgeschichtliche Buchsensation

Werner Maser
Adolf Hitler
Legende — Mythos — Wirklichkeit

668 Seiten Text mit 93 zum Teil bisher unveröffentlichten Dokumentarfotos

Der Historiker und Hitler-Forscher Dr. *Werner Maser* veröffentlichte nach einer 20jährigen Forschungsarbeit über Hitler und die NSDAP diese *Hitler-Biographie,* die nach Ansicht der Fachleute zeitlos sein wird. Dokumente, die unbekannt waren oder als verschollen galten, und Aussagen von Zeugen aus Hitlers Umgebung (darunter zahlreiche Verwandte Hitlers) dienten ihm als Quellen.

„Es lag nahe, von Maser eine große Biographie Hitlers zu erwarten."
Norddeutscher Rundfunk

„... endlich eine umfangreiche Hitler-Biographie. Maser breitet in seiner Hitler-Biographie ... das ganze Material seiner Erkundungen aus ... Die Fachwelt staunt."
Der Spiegel

„... großangelgte Hitler-Biographie."
Deutsche Zeitung

„... aufregende Lektüre ... ungewöhnlicher Erfolg."
Die Welt

„Unschätzbar, ungeheure Fülle von Informationen wie es sie sonst nirgendwo gibt."
A. J. P. Taylor

Die wegen ihrer Objektivität im In- und Ausland gerühmte, detailreichste und am meisten übersetzte Hitler-Biographie, die es gibt.

1. Auflage: November 1971
2. Auflage: Dezember 1971
3. Auflage: Juni 1972
4. Auflage: September 1972
5., vom Autor neu bearbeitete und durch ein Kapitel ergänzte Auflage: März 1973
6., vom Autor (durch Eva Brauns Tagebuch) ergänzte Auflage: März 1974
Taschenbuch-Ausgabe: Juni 1975

Bechtle Verlag München

Eine wichtige Ergänzung zur Hitler-Biographie:

Werner Maser

Der Sturm auf die Republik

Frühgeschichte der NSDAP

524 Seiten

Mit Abbildungen und Dokumenten

In dieser vom Autor ergänzten Neuausgabe erscheint seit 1973 Masers Darstellung der Frühgeschichte der NSDAP und von Hitlers Weg bis 1924.

„Daß die Frühgeschichte Hitlers und der NSDAP fortan auf einer wesentlich breiteren und solideren, für viele aufschlußreiche Einzelheiten sogar ganz neuen Quellenbasis dargestellt werden kann, macht dieses Buch mit seinen Dokumenten zu einer der wichtigsten zeitgeschichtlichen Neuerscheinungen der letzten Jahre."

Süddeutsche Zeitung

Deutsche Verlags-Anstalt
Stuttgart

Die große „Spiegel"-Serie.

Bereits 3 Wochen nach dem Erscheinen stand dieses Buch auf allen Bestsellerlisten

Werner Maser

Hitlers Briefe und Notizen

Sein Weltbild in handschriftlichen Dokumenten

400 Seiten, Leinen

Die zahlreichen Dokumente einer Selbstdarstellung, die größtenteils hier zum ersten Male veröffentlicht werden, zeigen Hitlers Denken und Empfinden, wenn er nicht die Absicht hatte, seine Umwelt zu beeinflussen. Die Briefe von 1906 bis 1943, Gesprächsprotokolle, Skizzen und handschriftliche Notizen vermitteln verblüffende Erkenntnisse über Hitlers persönliche Entwicklung und die Entstehung seiner Weltanschauung.

„. . . als Quellenwerk erstrangige Bedeutung, und wem an der Kenntnis eines authentischen ‚Führerbildes' liegt, wird Masers Bücher lesen."
Westermanns Monatshefte

„Masers Buch hat seiner völlig neuen Hitler-Diktion wegen Aufsehen erregt."
Der Neue Tag

ECON VERLAG GmbH · 4 Düsseldorf 1 · Postfach 9229

Werner Maser

Adolf Hitler
Mein Kampf

Der Fahrplan eines Welteroberers. Geschichte. Auszüge. Kommentare

454 Seiten, mit zahlreichen Abbildungen und Dokumenten

In 11 Kapiteln werden „Mein Kampf" und Hitlers Weltanschauung behandelt, wie es bisher noch nirgendwo geschehen ist. Die für Hitlers Weltanschauung und Denkweise typischen Auszüge, die Werner Maser aus „Mein Kampf" zitiert und kommentiert, ersparen dem Leser die schwerfällige Lektüre des umfangreichen Hitler-Buches, das in Deutschland nicht nachgedruckt werden darf. Der Autor untersucht und belegt durch Hitler-Zitate und Dokumente, was Hitler zur Zeit der Niederschrift von „Mein Kampf" dachte, sagte und wollte, was er davon später realisieren konnte, was richtig — und was falsch war.

„. . . krönende Abschluß einer stattlichen Reihe von Detailuntersuchungen."
Deutschlandfunk

„. . . Analyse . . . wie sie bislang in derartiger . . . Gründlichkeit niemals vorgenommen worden ist." *Die Welt*

„. . . präzise Analyse . . . ein Mosaikbild . . . das . . . als gültig angesehen werden muß." *Vorwärts*

Bechtle Verlag München

Inhalt